JN139618

社員が成長し
業績が向上する
人事制度

㈱ENTOENTO 代表取締役
松本順市
Junichi Matsumoto

日本経営合理化協会出版局

まえがき

本書は、社員のヤル気を賃金で格差をつけて引き出そうとするのが目的ではありません。今、日本では、賃金で社員のヤル気を上げる方法を語る専門家のアドバイスを受けて、自分の手で自分の会社を壊す経営者が増えています。危機的な状況にあります。まさに、日本企業は沈没寸前です。

賃金制度でヤル気を引き出そうとすれば、社員の多くは自分の賃金のことしか考えないようになります。あくまでも出した成果で評価され、それによって賃金が違ってくるのですから、同じ会社で働く社員も互いに敵になります。

自分の周りに困っている人や仕事ができない人がいても助けようとはしません。そうすることが自分のためだからです。

そういう制度を続けていくと会社はどうなるでしょうか。

短期的な利益は得られるかもしれません。しかし社員の多くは成長しないので、会社の持続的成長は望めないでしょう。

本書では、経営者のみなさんに、最初に「**社員の定着と成長**」↓次に「**業績の向上**」↓最後に「**賃金の上昇**」という好循環を生み出す、「**社員を成長させ業績を向上させる人事制度**」をお伝えしようと思います。

※

なぜ私が人事コンサルタントになったかといえば、鮮魚小売業の魚力《うおりき》という会社で、山田《やまだ》勝弘《かつひろ》社長とともに、これからお話しする人事制度をつくってきたからです。数々の失敗もしましたが、その経験があるからこそ、今日《こんにち》の私があります。

私が学生バイトで入ったころの魚力《うおりき》は、年商3億円、社員３０人のいわゆる「きつい」「危険」「きたない」の３Ｋに、さらに「休日が少ない」「給料が安い」の２Ｋが加わった５Ｋ職場でした。

それが１６年間で、社員も会社も様変わりしました。

売上は3億から１７５億円へ、労働分配率は６７％から３７％へと大幅改善して、高収益を稼ぎだす会社となりました。さらに業界初の完全週休2日制導入、業界初のサービス残業ゼロ、そして私が退社したあとも成長を続けて、３０年間連続の増収増益を達成して、東証一部企業となりました。

５Ｋ職場だった魚力が高収益企業へと変貌していった過程は、第1章をお読みいただくとわかりますが、魚力が急成長した理由は、賃金で社員のヤル気を引き出したからではありません。

そうではなくて、まずはどうすれば社員が定着するのか、その次にどうすれば社員が成長するのか、一つひとつ企業としての成長の節目を自力で乗り越えることで、業績が上がり、その結果、社員の賃金も上がっていったのです。つまり、社員の定着と成長が先で、賃金は・・・その後なのです。

※

現在、私は人事コンサルタントとして、多くの中小企業の人事制度づくりをお手伝いしています。

12年ほど前、「私が支援してつくった人事制度を構築して運用できなければ、かかった費用をすべてお返しします」と、日本初のコンサルティングの品質保証をつけはじめたとき、同業のコンサルタントから「そんなバカなことをしたら、返金の山になるだろう」と陰で笑われました。

しかし、おおかたの予想に反して、現在時点（平成28年7月）で、返金した会社は、782社中「3社」。その3社の返金理由は、私が主催する「成長塾」の最初の講座で、

「これから松本式人事制度をお教えするわけではありません。経営者のみなさんはこれま

で勘でやってこられました。あるいは、会社をこうしたいという想いを実践してこられました。それはすべて正しい。私はそれを可視化して人事制度をつくるお手伝いをさせていただきます」と話すと、

「なんだ、決まった制度がないんだ。だったらやってもしょうがないな」とおっしゃって、人事制度をつくる前にお帰りになったためです。

そういう意味では、人事制度をつくった会社で返金を申し出られた会社は、今のところ一社もありません。

そもそも人事制度というのは、本質的に社長の想いや価値観を形にするものだと考えています。社長の想いといってもさまざまです。会社の業種業態もさまざま、規模も状況もみんな違います。ですから、一つの決まりきった人事制度でおさまりきらないのです。

したがって、私が支援できることは、あくまでも社員を成長させて業績を向上させる人事制度の可視化です。今までの人事制度は、ほとんどがモデルハウスを見て家を建てていたのと同じです。この人事制度は100%注文住宅であり、世の中に2つと同じものはありません。

ありがたいことに、私がお手伝いした会社から「本当につくってよかった」という声が多く寄せられています。

「思い描いていた人事制度が形になり、お陰様でずっと黒字できています（消防施設工事業）」

「残業時間を減らしても、顧客数と営業1人当たりの粗利が増えました（自動車ディーラー）」

「歩合給を廃止した当初は当惑していた社員も確実に成長し、会社の業績も順調に伸びています（メディア事業）」

「今では社員が自立型社員になり、経営者としての仕事に注力できるようになりました（コーヒー輸入販売業）」

「精神的に楽になり、経常利益は500倍になりました（食品製造販売）」

などなど、ここに挙げた感想はほんの一部です。

※

これまで3000人以上の経営者にお会いしましたが、激しい競争の中を勝ち抜いてこられただけにどなたも勘が鋭い方ばかりでした。私が勤めた魚力《うおりき》の山田社長も勘の鋭い人でした。そういう経営者特有の勘がなければ、時代の荒波を乗り越えるのは難しいのだと思います。

ただ、こと人事制度に関しては、経営者の勘による判断基準が目に見えないだけに、社員の不平不満につながることが多いのです。

そしてもうひとつ、多くの経営者にお会いして思うのは、どの経営者も社員のことを真剣に考えておられることです。

かつて魚力《うおりき》の山田社長が「うちの社員は最初は魚屋が好きで入ってきた人たちじゃないけれど、でも何かの縁があって入ってきた人たちだ。だから物心ともに豊かに幸せになってほしいんだ」とおっしゃったときのひたむきな姿を20年以上たった今でも時々思い出します。日本には、このような社員の成長と幸福を願う素晴らしい経営者がたくさんおられると信じて疑いません。そういう経営者の想いを伝えるのが、真の人事制度だと思います。

本書が社員の幸せを願う多くの経営者のお役に立ち、そこで働く社員のみなさんがイキイキと輝き、会社も社員も一緒に成長して物心ともに豊かになられることを願ってやみません。

最後に、本書発刊につきまして、魚力《うおりき》元社長の山田勝弘《やまだかつひろ》氏にあらためて心より御礼を申し上げます。

二〇一六年八月

株式会社ENTOENTO
代表取締役　**松本順市**

もくじ

第5章 成長の階段を上る〈ステップアップ制度〉 279

第6章　効果が測定できる〈教育制度〉 339

第7章　社員が納得する〈賃金制度〉　371

装丁　森口あすか

［第1篇］　社員が成長し業績が上がる仕組み

第1章　会社が成長するための〈3つの人事のカベ〉

５Ｋ職場だった「魚力《うおりき》」の成長

「おい松本、魚屋は朝がはやくて、店を閉めた後も後片づけに時間がかかる。１日１６時間労働は当たり前だ。休みも月1回だけ。俺はおやじから家業を継いだ人間だからかまわないが、うちで働いてくれている人たちは気の毒だ。普通の勤務時間で、普通に休みがとれる会社にしたいんだ」

と言われたのは、当時（１９７７年）、東京都立川市で鮮魚小売店を3店舗経営していた魚力《うおりき》（年商3億円）の山田勝弘《かつひろ》社長です。

思い返せば、この山田社長の想いが、その後、魚力《うおりき》を大きく変えていく出発点だったように思います。

私は、当時、魚力《うおりき》でバイトしていた中央大学商学部3年生の大学生。大学が東京都心から電車で1時間ほど離れた八王子市へ移転したため、アルバイト先を大学の近くで探す必要にせまられ、立川市の魚力《うおりき》でバイトを始めたばかりの頃でした。

なぜ魚力《うおりき》でバイトしていたかというと、単純に時給が高かったからです。魚屋といえば、いわゆる「きつい」「危険」「きたない」の３Ｋに加えて、「休日が少ない」「給料が安い」の２つが加わった５Ｋ職場といわれていました。アルバイトは時給を高くしないと応募がなかったのでしょう。

現在、魚力《うおりき》は、首都圏を中心に61店舗をもつ、鮮魚および寿司の小売業、さらに寿司屋や海鮮居酒屋などの飲食業を展開する、連結売上302億円（2016年3月期）、従業員988名（内パートタイマー578名含む）の東証一部企業に成長しています。

創業は1930年（昭和5年）、山田社長の父・山田力蔵《りきぞう》氏が自分の名前の「力」の一字を取って立川市で開店した「魚力商店《うおりきしょうてん》」が始まりです。

昭和5年といえば、戦前、日本で起きた最も深刻な経済恐慌、いわゆる昭和恐慌の真っただ中で、大変な苦労をされたようです。

そして1933年（昭和8年）、山田力蔵《やまだりきぞう》氏の二男二女の長男として生まれたのが、二代目の山田勝弘《やまだかつひろ》社長（以下、山田社長）です。

山田社長は、小学校3年生から家業の魚屋の手伝いをはじめ、中学生時代は父親に連れられて、魚の仕入れに行ったり行商に行かされたり、それこそ終戦直後のことで食べるために家族全員で働くのは当たり前、高校を卒業するとそのままお店で働くようになったようです。

かたや私は、社長より26歳若い、福島県いわき市の高校を卒業して、中央大学に進学するために上京した、どこにでもいる普通の大学生でした。現在はコンサルタントして大勢の人の前で話をする仕事をしていますが、学生時代は人と話すのが苦手で、将来は一人でできる公認会計士か税理士にでもなりたい、と考えていました。

魚力《うおりき》でのバイトはあくまでも生活費を稼ぐためで、当時の魚力には大卒の社員も大学生アルバイトもいませんでした。私がはじめての大学生ということで、「大学生は優秀だから」という理由で、バイトに入って数か月後には社長室に配属され、アルバイトという立場でありながら、山田社長のもとで仕事をするようになったのです。

私は大学の友人たちの顔を一人ひとり思い浮かべて、「大学生というだけで優秀なのかなあ」と首をかしげながら、山田社長がいる社長室に行ってみると、「いろんな課題を出すから、調べて私に教えてほしい」と言われました。そして冒頭の「魚力を普通の会社にしたいんだ」とおっしゃったのです。

「へえ、経営者というのは、こういうことを考えているんだ」と、経営学を学んでいた私は生身《なまみ》の経営者にはじめて接して、そう思ったことを覚えています。しかしその時点では、まさか3年後に魚力の正式な社員となって、山田社長のもとで人事制度をつくることになるとは想像だにしませんでした。

３年で社員が入れ替わる

当時の魚力は、社員の定着率が悪いために1年で3割の社員が辞めてしまうような会社でした。３割というのは、３年で社員がほぼ全員入れ替わるということです。

昼休みに社員が食事に行ったまま、夕方まで戻ってこない。周りがさんざん心配している中、戻ってきたら「いやあ、パチンコの玉が出ちゃって、帰るに帰れなくなっちゃった」と悪びれず答える社員。競馬や競輪に夢中になってお店のお金に手を出す社員。かつての山田社長は問題のある社員が多い中で、何かあると社員を大声でどなりつけ、当時の社員からは「ヒットラーの山田」と怖れられていたそうです。

３年で社員が総入れ替えするわけですから、求人広告はひっきりなしに出ていました。しかし応募者は少なく、面接してもポケットに手をつっこんだまま「なんか仕事ある？」と聞いてくるような、とうてい他社で採用してもらえないような人ばかりが応募してきました。

私が経験したのは、広告を出して一番最初に電話してくるのが魚力の社員だったことでした。求人広告に「月給１８万から４０万円」と書いてあるのを見て、

「おい松本、いったん会社を辞めてから入りなおしたら、４０万円もらえるの？」と会社の外から電話をかけてくるのです。笑い話のようですが、実際にあった話です。

求人広告を出しても、同じような人ばかりが応募してきて、中途採用しても長続きせず、採用しては辞め、採用しては辞め、の悪循環を繰り返していました。

そういう人の出入りが激しい、問題社員が多い中で、社長がヒットラーのように怖かったというのはうなずけます。

幸いなことに、私がバイトするようになった頃には、山田社長は怖い人ではありませんでした。

というのは、社長はもともと体が弱く、自分は長生きできないと思っていたそうで、私が魚力でバイトを始める前のことですが、過労がたたり病気にかかり、１か月ほど入院したことがあったそうです。その入院がきっかけで、社長は社員に対する考え方が変わったと私に話してくれたことがありました。

「松本、病気する前は、社長の俺が社員の手綱《たづな》をしっかりと締めなければならないと思っていた。それが病気で１か月ほど会社を空けることになって、絶対に売上が落ちると思っていたのが、現実は違っていたんだよ、売上は落ちるどころか伸びたんだよ。これには驚いた。社員はみんな可能性をもっているんだ。俺はそのことに気がつかないで、その可能性を伸ばそうともしてなかった。そのことがよくわかったんだ」と。

社長は大病した経験が経営者として大きく変わる転機となったようです。

くわえて、この時期、社長は立川駅にできた第一デパートに出店して、お店は大繁盛し、この成功で事業拡大の可能性を感じていたときでもありました。しかし、魚力がこの先、事業拡大するには、5K職場の個人商店から脱する必要がありました。

どんなに繁盛店をつくって、お店を増やしたいと思っても、長時間労働ではいい人材は集まらないし、人を育てることができないからです。まずは「普通の会社にしたい」というのは、当時の社長にとって大きな経営課題でもあったのです。

先に、「普通の勤務時間で休みが取れる会社にしたい」という社長の想いから魚力が大きく変わっていったと言いましたが、そのことをどうやって業績を落とさず実現するかというところから魚力の改革が始まったのです。

そして、その改革に社長直属の部下としてたずさわったことで、今日の私があるわけです。

当時の魚力には、外部のコンサルタント会社の高額な人事制度を導入する余裕はありません。それが良かったと思います。

社長が「自分たちでやるしかないな、松本、なにも最初から完璧を目指す必要はないよ。間違ったら直せばいいし、問題が起きたら解決すればいい」と言って、そういう姿勢で改革に取り組んだからこそ、うまくいったのだと思います。

それと同時に、当時は、社内で難しいことや複雑なことを言っても誰にも聞き入れてもらえないので、改革といっても、誰でもすぐわかる簡単なことから始めていったのが良かった。

実は、このやり方が社内のあらゆる制度づくりのコツであると、のちのち気がつきました。

つまり、人事制度とは特別なものでなくて、最初から完璧を目指さなくていいのです。そのことは今もいろいろな会社の人事制度づくりをお手伝いするときに、必ずお話しすることです。

労働分配率が６７％から３７％へ大幅改善

１９７７年、私がバイトで入った当時の魚力は年商３億円、従業員数はパートアルバイトを含めて３０人でした。

私がコンサルタントとして独立するために魚力を退社したのは１９９３年、在籍した１６年のあいだに、年商が約６０倍の１７５億円にまで成長しました。

付加価値（粗利益）のうち人件費が占める割合を示すのが労働分配率ですが、魚力の労働分配率は、６７％から３７％にまで改善しました。労働分配率が３０％も下がると、なんと

第１表　魚力の成長

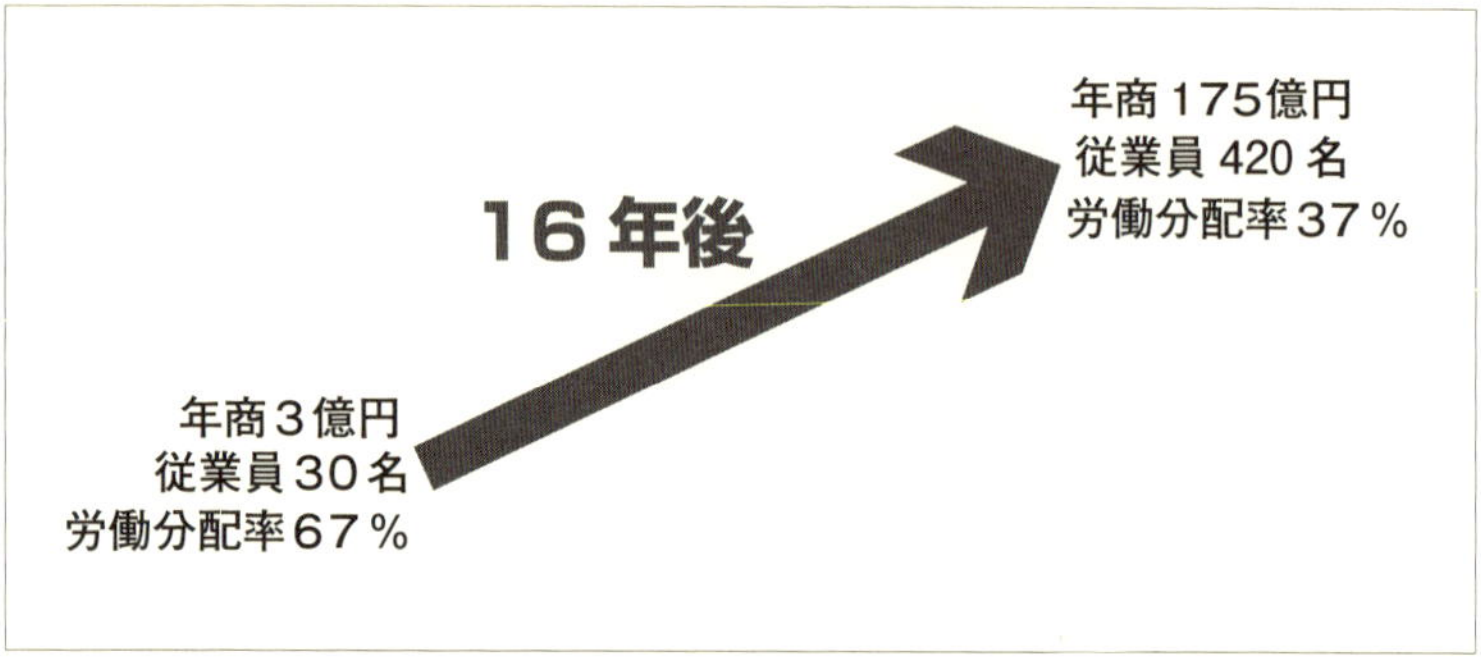

経常利益率は９％もプラスになって、とても儲かる会社となって、社員の給料も増えていきました。

私が魚力の正社員になったとき、大学の友人に「おまえバカだな、なんで魚屋なんかに就職するんだ。給料が高いんだろ、おまえは金が欲しくて入ったんだろ」と言われました。

しかし実際は友人たちと比べて、私が一番初任給が低かった。それが１６年後、大企業に就職した友人より私の給料のほうが高くなっていたのです。

当たり前のことですが、社員が成長して業績が伸びて労働分配率が下がっていくと、無理なく社員の給料や賞与を増やしていくことができるようになります。

どの会社もそうですが、最初から立派な会社であったわけではありません。

どんな立派な会社も成長していく過程で、必ずさまざまな人事上の問題で苦しんだ時期があります。それは会社が成長していくために避けて通れない節目なのです。その節目をひとつひとつ乗り越えていった会社だけが大きく成長できるのです。

会社が成長するための３つの人事のカベ

私は魚力の山田社長のもとで、いろんな人事の問題を解決して業績向上を実現した経験と、人事コンサルタントとして７８２社の人事制度づくりを支援してきた経験から、会社が成長するための人事のカベというべき節目が３つあると思います。その３つとは、

【第１の節目】　社員を定着させる
【第２の節目】　社員を成長させる
【第３の節目】　新卒を採用する

です。

第１の節目は、「**社員を定着させる**」段階です。

第２表　会社が成長するための３つの節目

【第３の節目】　【第２の節目】　【第１の節目】

当然ながら、採用した社員がすぐに辞めてしまう定着率が悪い会社は、社員を成長させることも、会社を継続的に成長させることもできません。社員を育てようと思っても、すぐに辞めてしまうようでは育てようがないからです。

魚力もこの第１の節目で苦しみ、なんとかして長時間労働を改善して休みを増やし、社員が働きやすい環境をつくることで社員の定着をはかろうとしたわけです。

ここで経営者に申し上げておきたいのは、「賃金で社員の定着率を高める」というやり方は絶対にやめていただきたいということです。

多くの経営者が信じ込んでいる「高い賃金を払えば社員のモチベーションが上がる」というのは錯覚です。これについてはとても大事なことなので、次章でくわしくお話しします。

２番目の節目は、**「社員を成長させる」**段階です。

社員の定着に成功したら、社員を育てて成長してもらうことです。社員の成長なくして会社の成長なし。そして、社員の成長と業績の向上をどうやって結びつけるか、これはどの会社にとっても大きな課題です。

先に結論を申し上げると、最も高い成果を上げている優秀な社員のやり方を明らかにして（可視化して）、そのやり方を他のすべての社員にわかりやすく教え、それ（重要業務）を同じようにやらせきること。それが社員を成長させる一番の近道です。

そのことは、魚力が業界初のサービス残業ゼロ、業界初の完全週休2日制の導入、３０年連続の増収増益、そして労働分配率の大幅改善を達成したことで証明済みです。

３番目の節目は**「新卒採用」**です。

まず採用した社員を成長させられなければ、採用が上手になることはありません。なぜなら、自分の会社にとって本当にいい人材を見分けることができないからです。

多くの中小企業が新卒採用ではなく、中途採用で即戦力となる人材を求めようとしていますが、現実は中途でいい人材を採用できるのはまれです。

前にも述べたとおり、私が入社した頃の魚力は、年中、求人広告を出していて、中途採用しては辞め、中途採用しては辞め、の繰り返しでした。なぜこのような悪循環を繰り返していたかというと、言うまでもなく、社員を定着させることも、社員を成長させることもできなかったからです。

まずは、中途採用であれ、新卒採用であれ、採用は社員を定着させ成長させることができる会社しか上手くできないことを頭に入れておいてください。

次に、この3つの節目について、魚力がどうやって乗り越えていったかを詳しくお話しします。魚力はこの節目を乗り越える過程で、社員も会社も成長する人事制度が少しずつ仕組みとなっていきました。出来上がっていった過程をエピソードをまじえてお話しすることで、第Ⅱ篇で解説する人事制度の基本思想を理解していただけると思います。

【第1の節目】社員を定着させる

社員を定着させるために、たんに勤務時間を短くして休みを増やすことは難しいことでもなんでもありません。誰でもすぐにもできます。難しいのは、業績を伸ばしながら、少なく

第３表　人の効率をチェックするモノサシ

従業員１人が１時間にいくら粗利を稼ぐかを示す生産性指標

$$\textbf{人時《にんじ》生産性} = \frac{\textbf{粗利}}{\textbf{総人時《にんじ》（総労働時間）}}$$

とも業績を落とすことなく、勤務時間を短くして休みを多くすることです。

私はアルバイトでありながら、社長室に配属され、社長から「この問題をなんとかしたいから、判断のよりどころとなるものを見つけてほしい」と言われたときに、すぐに大学で学んだ「生産性」という経済用語が頭に浮かびました。

働く人たちの「生産性」を上げることができれば、業績を落とすことなく、勤務時間を短くして休みを増やすことができます。

その後、「生産性」といってもいろいろあって、小売業では「**人時生産性を上げる**」ことが重要だとわかってきました。

「人時《にんじ》生産性」は、従業員が１時間働いて、いくらの粗利を稼いだかをあらわす生産性指標です。計算式は、第３表のとおり、粗利益を総人時《そうにんじ》で割ることで算出できますが、総人時《そうにんじ》とは従業員全員の勤務時間を合計したものです。

この人時《にんじ》生産性を上げるには、粗利益を増やすか、総人時《そうにんじ》（総勤務時間)を減らすか、のどちらかです。

魚力では、この「人時《にんじ》生産性」を判断のモノサシにして、人時《にんじ》生産性を上げながら、つまり業績を落とさないように人時《にんじ》生産性の数字を見ながら、勤務時間を減らし休みを増やしていって、最終的に7、8年かかって業界初の完全週休2日制を実現しました。

ではどうやって人時《にんじ》生産性を上げたか。

まずは現状がどうなっているのかを数字で見て、傾向値を見つけることから始めました。

当時、魚力は店舗が3つあって、各店の日々の売上はわかっていました。各3店舗の過去1か月間の日々の売上と、従業員の勤務時間を調べて一覧表にし、売上と勤務時間数の相関関係を見たのです。

すると、給料日のあとや新聞折込みチラシを入れた日は売上が多くて、ある店舗は水曜日は売上が多い日の半分というように一定の法則で売上が大きく上下していたにもかかわらず、従業員の勤務時間数はそれに関係なくほぼ一定でした。

つまり、売上が多い日と少ない日の傾向値がはっきりと出ていたにもかかわらず、その傾向値を考慮しないで社員の出勤計画が組まれていたのです。

それがわかって、ある店長に、

「水曜日は売上が半分になる傾向があるから、水曜日は働く人は半分でいいじゃないですか？」と聞いてみたところ、

「松本、そんな素人《しろうと》判断でモノを言うんじゃない。忙しいときは休めないから、暇なときに体を休めるんだよ」

「店長、だったら自宅で休んだらいいじゃないですか」

「何もわかってないね。こうやってみんなで疲れを取りながら仕事することが大事なんだよ」

「はあ…」

当時、魚力では休日一覧表があって、毎月店長が「来月はどこ休みたい？」と社員とパートさんに聞いて休みを決めていました。私は社長に提案しました。

「売上が曜日によって違うので、曜日で社員の出勤を決めたほうがいいんじゃないですか」

「そうだなあ、そんなこと考えたことがなかった。店長に人時《にんじ》生産性を説明して、これから人時《にんじ》生産性を高めることにしよう」

ということで、売上高に応じて働く人数を変える、というのが、魚力でやった一番最初の

改革でした。

当然、売上の少ない、暇な日は少ない人数で勤務するので、週1回の休みが月1回週休2日制、月2回週休2日制、隔週週休2日制と増えていきました。そこで不満を言い出したのが、刺身を切ったり、魚をさばく技術をもった職人です。

職人さんたちが、

「社長、休めったって、俺たちは休めませんよ」

「休みたかったら包丁技術をみんなに教えればいいだろうが」

「社長、そりゃ無理ですよ。相当の経験をつまないと」

ということで、職人さんは包丁技術を教えようとせず、そのために職人だけが休みを増やすことができない状況だったのです。

またその頃、私は各店長に日々の総勤務時間を記入してもらうフォーマットをつくって渡したところ、

「おい松本、忙しくてそんな細かいことやってられないよ。おまえはできるのか」と全店長に総スカンをくらいました。困って社長に相談すると、

「そうだな、松本、あれだな、確かにやってみる必要があるな」

「はあ？　社長、私が店長するんですか？」

「うん、やってみろ」ということで、急遽、店長をやることになりました。

しかし、店長になっても包丁が使えず、売り子としても一人前じゃない私は、店でやることがありません。職人さんに「すみません、包丁の使い方を教えてください」と頼んでも、「みんな先輩の背中を見て覚えたもんだよ」と言って、教えてくれません。

いくらなんでも「そうか、背中を見ればわかるんだな」と納得したわけではありませんが、私は完全にみんなから浮いてしまいました。

仕方なく、誰もやりたがらない、強烈な臭いのアラ樽《だる》を毎朝、生ゴミの収集が終わったあと、きれいに洗う仕事をもくもくとやり続けたところ、ある日、職人さんに「おい店長、包丁握ってみるか」と言われて、少しずつ包丁技術を教えてくれるようになったのです。

お陰で今日《こんにち》、私はマグロを解体できる日本唯一の人事コンサルタントになることができたわけです。

冗談はさておき、要するに、職人さんはみんな自分の包丁技術を教えたくなかった。しかし現実には包丁技術をもった人がいないと、お店は回らない。当時、新しいお店を出すときに、職人を探して、住む家も用意して頼み込んで来てもらっていたほどで、お店で一番えらいのは職人でした。

お客さんから「家族が少ないからブリの切り身を3切れでお願い」と言われても、職人が「うちは5切れだ」と言うと、売り子はどうしようもなく、お客さんにあきらめてもらうしかなかったのです。

しかし、包丁技術を教えない職人は昔のまま休めないので、他の人たちの休みが増えるにつれ、「なんだ、あいつらばかりが休めて、俺は休めない」と不満が高まっていきました。

それに対して、社長は「包丁技術を教えて自分のかわりの人をつくらないかぎり休めないよ」とあきらめずに説得しつづけて、このあたりから魚力の多能工化の取り組みが始まり、急速に職人の技術が広まっていったのです。

多能工化というのは、工場経営者はよくご存知ですが、1人の作業者が複数の技能をもち、複数の工程を担当できるように訓練することで、多能工化された作業者のことを多能工といいます。多能工化により、生産効率があがり、仕事の量の変化に応じて柔軟に対応できるようになるのです。

魚力が多能工化の取り組みを始めたことで、人時《にんじ》生産性は急速に高まっていきました。さらに社長が「人時《にんじ》生産性がこれぐらいになったら、月1回週休2日、さらに人時《にんじ》生産性がこれぐらいなったら、月2回週休2日制にする」と社員にゴールを数字で示すことで、魚力は業績を伸ばしながら、最終的には鮮魚小売業初の完全週休2日制導入を実現し、サービス残業時間もゼロにし、社員の定着率が格段に高まっていったのです。

【第2の節目】社員を成長させる

このあたりから、魚力では「魚を加工する仕事」だけが大事なのではなくて、お客さんの要望を直接お聞きする「魚を販売する仕事」も同等に大事だという認識が広まっていきました。

のちに魚力独自の人事制度をつくるときに、一般職層から中堅職層に上がるには、「魚を加工する仕事」と「魚を販売する仕事」の両方ができないと上がれないという仕組みになりました。つまり両方できないと一人前ではないという考え方を人事の仕組みの中に取り入れたのです。

当時、日本で鮮魚を扱う小売で、販売と加工を対等にみなし、両方できないと中堅職層に上げないというルールにしたのは、魚力が日本ではじめてだったと思います。

しかし、「加工」と「販売」の両方ができるようにするには、職人だけでなく、全員がお互いの仕事を教え合うような、人を育てる風土が社内になければできません。

そこで次に不満を言い出したのが、店長たちです。

「社長は人を育てろと言うけれど、『人を育てる』ことが『店の売上を上げる』ことに直接結びつかない。人を育てるより、とにかく優秀な部下を入れてくれたら、売上をもっと伸ばせるのに」と言ってきました。

それに対して、社長は、

「そうじゃなくて、人を育てて優秀な部下にしてほしいんだよ」

「でも社長、人を育てても、売上が上がらなければ評価してくれないでしょ。評価されないことはやりたくありません」

「わかった、人を育てたら、評価するといったらどうだ？」

「社長、それだったら、いいですよ」

ということで、魚力では、人を育てることも評価するようになったのです。

つまり、売上や利益だけを評価するのではなく、どれだけ人を育てたかも評価する対象にしたのです。それによって、人を育てることを嫌がらなくなりました。

その当時、魚力で人が解雇される理由は、会社のお金に手をつけたからです。その原因のほとんどはギャンブルでした。ですから、魚力は民間会社ではじめて公営ギャンブルも一切禁止にしていました。「ギャンブルをやらなかったら、少なくとも会社のお金に手を出すことはないので、解雇せずにすむ」というのが社長の考えでした。

次に、人が辞めていく原因が、実は店長だったのです。新人が入っても、「あの新人、使えないから辞めさせたから」と電話をかけてくるのが店長なのです。つまり人を育てるのは面倒だから、即戦力にならなかったら「おまえなんか辞めろ」と言って店長が人を辞めさせていたのです。

それが、**人を育てることを評価する**ということになって、店長の考え方が変わっていきました。

同時に、社長も変わりました。社長は店長に「売上はどうだ？」と聞くよりも「どうだ、新人は育っているか？」と声をかけることが多くなり、頑張って人を育てている店長には「よくやってくれているな」と褒《ほ》めるようになりました。

まずは、**社員を評価することの第一歩は、「社員を褒《ほ》める」ことです。**お金ではありません。社員は、社長から直接であれ間接であれ、「よくやってくれてるな」と褒《ほ》められて、ヤル気を出すのです。

人のヤル気をお金で引き出そうとするのは大きな間違いです。一回でもお金で社員のヤル気を引き出そうとすると、次からはお金をもらえなかったからヤル気を出さないということになります。ある意味で、お金で社員のヤル気を引き出すやり方は、麻薬と同じなのです。

バブル崩壊後、成果主義賃金が広くもてはやされ、大企業を中心に多くの日本企業に導入されましたが、成果主義賃金でお金で社員のモチベーションを上げるようになって、日本の会社はおかしくなりました。社員が昔ほど成長しなくなったのです。歩合給もそうです。

そういう鼻先にニンジンをぶらさげるやり方ではなく、まずは社員が良い行動をとったら、社長は褒《ほ》めて、その人を認めてあげる。どんなに小さなことでも、褒《ほ》められれば社員はうれしいし、もっと頑張って仕事をしようと思うのです。

人事制度で大事なことは、上に立つ人が部下の良い行動を褒《ほ》めて認めてあげること。評価を賃金に反映させるのはその後でいいのです。社員には、お金は後からついてくると安心してもらって、仕事に専念してもらう。賃金はあたかも空気のように、とても大切だけれど日頃気にしなくてすむというのが一番なのです。

全社員で成果を出すやり方を共有する

この時期、魚力は成果を出している社員や店長がやっているやり方を見つけ出して、それを全店で共有して、全店で同じ成果が出るような仕組みをつくりました。

成果を出しているやり方を見つけるために、毎日、数字の異常値を見つけ出して、どのお店でどの魚が突出して売れているかを調べたのです。

たとえば、ホタルイカは毎年３月から５月の間が旬の時期で売れますが、あるお店だけ突出してホタルイカが売れていたのです。それがＰＩ値の異常値として明らかに目立っていました。

ＰＩ値とは、小売業の経営者ならよくご存知だと思いますが、お店の大きさや立地の良し悪しなど条件の違いを除外して、実際にどのお店で何が売れているかを見る数字です。魚力もお店によって立地条件が異なり、立地の良い店は悪い店に比べて、１０倍以上の客数の差がありました。

たとえば、１日に１０００人のお客さんが来るＢ店で、ホタルイカが１０パック売れたとしたら、Ｂ店のホタルイカのＰＩ値は１０となります。Ｂ店に比べて客数が半分の１日５００人のお客さんが来るＣ店で、同じくホタルイカが１０パック売れたとしたら、Ｃ店の

ＰＩ値は２０となります。

Ｂ店とＣ店を比べて、どちらがホタルイカが売れているかといえば、Ｃ店です。それがわかったら、Ｃ店がその日にどういう売り方をしたかを調べるのです。

ＰＩ値については、店長に日報に主力商品のＰＩ値を計算して出してもらっていました。本当は全商品のＰＩ値を出したいところですが、そんな手間と時間のかかる面倒なことは、店長にお願いしてもやってもらえないので、季節ごとの主力商品だけに限定してＰＩ値を出してもらっていたのです。

話を戻しますが、Ｃ店でホタルイカのＰＩ値が突出して高いことがわかると、Ｃ店長に電話して、何をしたのかを聞いてみました。すると、

「通常はホタルイカは酢味噌をつけて試食販売するけど、お客さんによっては酢味噌が苦手でワサビ醤油はないの？　と聞いてくる人がいるから、試食してもらうのに、酢味噌とワサビ醤油の２つを用意して、食べ比べてどうですか？　どちらが美味しいですか？　とお聞きすると、２つの中から１つを選択して、こっちが美味しいと言って買ってくれる」ということでした。

こういう成果の上がるやり方がわかると、すぐに営業部長が各店に情報として流し、翌日

からは全店で同じ成果が上がるようにしたのです。

これはほんの一例ですが、成果の出るやり方を見つけて、教えることが評価につながるわけですから、社員は隠さず教えてくれるようになっていきました。

このように、人を育てることを評価するということを人事の仕組みに取り入れたことによって、魚力では人を育てるという文化が少しずつ根づいていき、育てる側も育てられる側も、共に成長していく土台がつくられていったのです。

社員の成長にともなって事業を拡大

魚力は第２の節目を乗り越えたことで、業績が右肩上がりに伸び続け、同時に労働分配率が下がり続けたことによって、当然のことながら、利益がたくさん出るようになりました。

そうなると、その利益をどうやって社員の給料と賞与に結びつけていくか、また昇格の基準をどうするか、いよいよ処遇制度をつくらなければならない段階となりました。

それと同時に、社員がどんどん成長していくわけですから、成長した社員が活躍できる仕事とポストを用意する必要に迫られました。そのためには現業の店舗を増やすか、新しい事業を起こすかということになりました。

社長は「これから新しい事業をはじめるから、寿司事業は松本がやれ」ということで、私が寿司事業を一から立ち上げることになりました。ここでもカベとなったのが職人です。寿司職人はプライドが高くて給料が高い。寿司職人がやる仕事をパートさんができたら、収益性の高い事業になることは明らかでした。

その頃、私は魚の加工技術をひととおり身につけていたので、パートさんたちに「時給は変わりませんが、寿司ネタの切り方を教えますので、希望する人は手を上げてください」と呼びかけると、多くのパートさんが手を上げました。希望者が多かったのは、家庭で寿司パーティーをするときに、寿司ネタが切れると便利だと思ったからでしょう。

ある日、職人さんが切る寿司ネタの数と、パートさんが切る数を調べたことがありました。すると、職人さんが切るスピードは明らかに速いのですが、一日終わってみると、職人が切った数とパートさんが切った数は同じでした。職人さんは見ているときは速いのですが、切らない時間が長いのでしょう。それでいて時給はパートさんよりも3倍も高いのです。

ここで大事なのは、「時給を上げますから、寿司ネタの切り方を覚えてください」と言わなかったことです。あくまでも「時給は変わりませんが、寿司ネタの切り方を教えますので、希望する人は手を上げてください」と言った点です。結果的には利益が出るようになったので、あとで時給が上がりましたが、先に「時給を上げるから」と言うのは間違いです。ここを多くの経営者が間違うところです。

一度でも「時給を上げるから」と言ってやってもらうと、次から頼むときに「やるなら、時給を上げてもらえますか？」と言い返されることになります。そうなると「なんだ、まだできもしないでお金のことを先に言って」と頭にきますが、先に言ったのは経営者のほうです。ちょっとしたことですが、大事なことです。

【第３の節目】新卒を採用する

社員がどんどん成長してくると、どのような人材が人を上手に育てて、しかも成果を出す優秀な人材なのかがわかってきます。その優秀さは業種によって、あるいは会社の規模によって違いますが、社員が定着しない段階、社員を成長させられない段階では、その優秀さがわかりません。

ですから、どのような人材が優秀で、どんな人を採用して、どう育てれば成果を出す人材に育つかがわからない会社は、新卒を採用しても育てきれません。中小企業が多くの場合、即戦力を求めて中途採用で人を採用せざるをえないのはそのためです。

魚力も第2の「社員を成長させる」という節目を乗り越えるまでは、中途採用で人を採用し、辞めては採用し、辞めては採用し、を繰り返していました。しかし、思うような人は採《と》れませんでした。

それが、社員が定着するようになり、社員が成長する仕組みをつくることで社員が成長するようになった魚力は、優秀な人を一から育てようと、新卒採用へ大きく舵《かじ》を切ることにしました。

この頃には、第Ⅱ篇でお話しするような、社員が継続的に成長する成長支援制度や賃金制度がある程度形になっており、モデル賃金表やステップアップ(昇進昇格)基準も、完璧ではありませんが、ひととおり出来上がっていました。

成長支援制度の成長シート（※編集注、当時魚力では「考課シート」と呼ばれていました）と**ステップアップ基準**、そして**モデル賃金**の3つは、採用面接のときに応募者に見せながら説明しました。

たとえば、

「入社したらまず包丁の技術を身につけてもらいます。そのあと販売の技術を身につけてもらって、両方できるようになったら、一般職層から中堅職層に上がってもらいます。そうしたら店長になってもらいます。その次は店長を支援するブロック長になってもらいます。

その上は、あなたの成長次第ですが、営業部長や仕入部長にもなれますよ」

「そこまでいっていいんですか？」

「もちろんです。あなたが順調に成長していって、会社の業績が順調に伸びていれば、あなたの賃金はこんなふうに増えていきます」

と、成長シートとステップアップ基準、モデル賃金表などを見せながら、成長するところまでいけるということを具体的に示してあげたのです。

ただ正直に申し上げて、新卒採用をはじめる時点では、魚力はサービス残業が完全にゼロにはなっていませんでした。このとき山田社長が話された言葉を今でもよく覚えています。

「松本、大手企業の内定をけってでも、魚力に入りたいという人を採用しよう。ただ現時点で新卒採用はダマしたことになる。サービス残業ゼロが未達成だ。新卒を入れて魚力がいい会社になれなかったら、嘘つきになる。でも、新卒の人たちが将来定年退職するときに、『この会社に入って本当に良かった』と言ってもらえるような会社にしよう。中途採用で人を採ったときに、そんな気持ちにはならなかった。しかしこれから新卒の若い人たちを採用するのだから、彼ら彼女たちの人生に責任をもたざるをえない」と。

そういう気持ちで新卒採用活動がスタートしたわけですが、しかし現実は甘くありません。

一番最初に訪問したのは、地元の東京立川のある高校でした。

社長と私の2人で立川の高校を訪ね、就職指導部の先生と名刺交換したあと、先生が開口一番、

「いやあ、魚力さんはすごいですね、繁盛してますね。私も利用させていただいてますよ。今日は我が校の卒業生を採用したいということですが、残念ですが、魚屋に就職を希望する生徒は一人もおりません」

以上、はじめての面接はたった5分で終わりとなりました。帰る車の中で、社長は怒りながら、

「松本、高校卒業して魚屋に入る生徒が一人もいないというのは、おかしくないか。職業に貴賤《きせん》でもあるのか！」

「社長、お願いですから、落ち着いて前を向いて運転してください」

こういうレベルから新卒採用がはじまり、そのあと私は1年の3分の1は、全国の高校を回って、「松本は何している？」と社内で言われながら、全国各地の高校を訪ね歩きました。

それでわかったことは、地方の場合、親御さんは子供を手放したくない、地元においてお

きたい。魚屋だったら地元にもあるから、わざわざ東京の魚屋に行かせたくない、という気持ちを強くもっていることでした。

それがわかって、私は東京の魚屋と地方の魚屋との違いをアピールしようといろいろ思案し、鮮魚小売業ではじめてのネクタイ着用の制服を提案し導入することにしました。これは効果がありました。

ネクタイを締めた制服姿で働いている魚力の社員の写真を見せると、先生方が「はあ、なるほど、さすが東京の魚屋は違いますね」と関心をもって話を聞いてくれるようになったのです。

このように試行錯誤を繰り返しながら、少しずつではありますが、高校の新卒採用ができるようになっていったのです。

うれしかったのは、ある地方のS高校を卒業して魚力に入社した2年目のF君を連れて、次の年の卒業生を紹介してもらおうと、彼と一緒に彼の母校を訪ねたときです。F君は久しぶりに会った先生に、今どんな仕事をしているかをイキイキとして話をしました。

すると先生は、

「松本さん、申し訳ない。実はF君は卒業間際に少し度が過ぎた悪戯《いたずら》をしました。そのとき、彼におまえのような者を採用する会社なんかない、と言ったのですが、御社が採用してくれました。今日、F君の成長を目の当たりにして、彼を世に出せない人間だと思った私たちは間違っていました。御社で働いて、こんなに成長したF君を見ることができて、本当にうれしい。松本さん、来年は何人必要ですか？」と。

その後、続けてS高校から採用できるようになりました。

一方、新卒採用者が入社するにあたって、社内では、やっとの思いで採用した新卒採用者が簡単に辞めてしまうことがないよう準備する必要がありました。新卒採用者を現場で教育するのは店長です。以前、店長が若い人をよく辞めさせていたので、社長が「店長にも採用の苦労をわかってもらおう。そのために高校に行って採用活動をしてもらえ」という指示が出たのです。

社長の指示ですから、私のほうから各店長にお願いして、高校を回ってもらいました。そうすると、すぐに何人かの店長が電話をかけてきて、

「松本、俺は金輪際《こんりんざい》、学校には行かない、ほんとに腹が立つよ、魚屋なんかに誰も行きませんよ、とバカにされたよ」と、店長の多くが誇りをつぶされて帰ってきたのです。社長の狙いどおり、採用活動の大変さを経験して、店長は新入採用の大変さを理解したようです。

では、新卒を採用すると何がいいのでしょうか。

社員を育てる仕組みをもっている会社では、新卒が入社したあと、およそ１０年で一人前に成長させることができます。

魚力の場合は、７、８年で魚の加工技術と販売技術を身につけます。すると一般職層から中堅職層に上がり、店長になれます。成長が早い人だと、３０代でエリア店長になれる可能性があり、３０代で大きな責任ある仕事をすることができるようになります。

一方、賃金は年齢も加味しています。いちばんお金がかかる年代は、住宅ローンと子供の教育費が重なって必要になる４０代後半から５０代前半です。ですから、その頃一番多く賃金を受け取れるのは、社員にとっても文句のない話です。つまり、若い人を教育して成長してもらって大きな成果を出してもらうと、直接的な言い方ですが、労働分配率が下がって会社は儲かるのです。

第3の節目である「新卒を採用」することができるようになると、すでに第2の節目「社員を成長させる」を乗り越えている会社は、さらに会社の成長スピードがはやくなるとともに、会社が目指すところの方向へ全社員のベクトルが揃いはじめて、磐石なマンパワーが築かれるのです。

採用のための三種の神器

今、日本では労働人口の減少で、特に若い人の採用が難しくなっています。

私が人事制度づくりをお手伝いした北海道のF牧場は、当時は社員15名の酪農を営む会社ですが、F社長は「乳牛を育てる前に人を育てる」とおっしゃって、私が主催する「成長塾」に参加され、F社長の想いが詰まった人事制度をつくられました。

そして一つひとつ節目を乗り越えられて、3つ目の節目の「新卒採用」に挑戦することになったのです。

F社長は入社5年目の優秀な社員A君を連れて、合同就職説明会に出かけることになり、その東京会場に向かう飛行機の中で、突然、A君に言われました。

「社長、実は私は会社を辞めようと思っていました」

唐突な話で驚いた社長は、「ええ？　どうして？」と動揺を隠すのが精一杯。

「辞めようと思ったのは、この会社での自分の未来が見えなかったからです。でも社長に『成長シート』『ステップアップ基準』『モデル賃金』を見せてもらって、考えが変わりました。辞めるのを止めます。私たちの未来を社長はしっかり考えてくれている。そのことがわかって、これまで以上に頑張って仕事します」と。

この件があって、F社長は「松本先生、うれしいことがありました」と電話をかけてきてくれました。コンサルタントとして、こんなにうれしいことはありません。

経営者は口頭で、折あるごとに会社の未来を社員に語っているから大丈夫だと思っているかもしれませんが、社員は経営者が話す、この手の話については「本当かな?」と話半分で聞いているものです。

ですから、口だけでなく、実際に目に見える形にしたものを見せる必要があるのです。

そういう意味で、「**成長シート**」と「**ステップアップ基準**」そして「**モデル賃金**」の3つは、採用を成功させる**三種の神器**なのです。（この3つについては本書第Ⅱ篇で詳しく解説）

ここ数年、新卒者の採用が厳しくなってきて、企業は初任給を上げたり、奨学金の返済を肩代わりしたり、あるいは快適な寮を用意するなど、お金を使って人材を確保しようとする傾向があります。

私自身、奨学金をもらって大学を卒業したので、奨学金の返済を肩代わりしてくれると言われれば、「いい会社だな」と思って、そういう会社に入ったかもしれません。しかし本来は就職するときに、自分はこれから一人の社会人としてどういう仕事をして社会に貢献していくのかを真剣に考えるべきところ、お金で釣られて、お金のために仕事を決めてしまうことになります。

またお金で釣って新卒者を思うように採用できたとしても、その人たちがその会社で長く働くかどうかは疑問です。つまり、お金で採用に成功しても、その人が定着し成長するかは別問題で、そもそもお金で釣って新卒者を採用した会社は、採用したあとも、お金で社員のヤル気を引き出そうとするでしょう。しかしお金でヤル気を引き出しつづけることは不可能です。

また内定の辞退者を減らすために、内定者のご両親に「大事なご子息をお預かりし、りっぱな社会人に大事に育てていきます…云々《うんぬん》」のお手紙を出したり、ご両親に会社見学をしていただいたり、あるいは事業計画発表会にご招待したりと、各社いろんな智恵を使って辞退者を減らす努力をしていますが、しかし基本は、面接のときに本人に「よし、この会社で働こう！」と思ってもらうことが一番です。

それも大企業に行けなかった人を採用するという卑屈な姿勢ではなく、大企業に入れなかったから中小企業に行きますという人は、こちらからお断りするぐらいの気概で臨んでいただきたい。

経営者にそう言うと、「そんなことを言ったら、松本さん、中小企業は新卒を採用できませんよ」とおっしゃる。しかしそんなことはありません。

今は、名が通った大企業でも経営がおかしくなり、社員を大量にリストラしたり、簡単に海外企業に買収されたりする時代です。大企業に入れたとしても、けっして安泰ではありません。それに大企業の多くが５０歳や５５歳で役職定年制度を設けて、役職をはずします。途中で子会社や関連会社に出されることも多く、定年まで同じ会社で勤めて右肩上がりに給料が上がっていくことはごくわずかです。

それに比べて、中小企業は役職定年制もなく、定年までカーブはなだらかでありながらも６０歳まで給料が上がっていくケースがほとんどです。もちろん会社の業績や景気にもよりますが、それは大企業も同じです。

中小企業の経営者は採用のときに、もっと自信をもって、そういう大企業にはない中小企業の良さを強くアピールしてもいいのではないでしょうか。そのときに先の「三種の神器」を使っていただきたいのです。

人事制度は好循環の経営をするためにある

この章でみなさんにわかっていただきたいことは、まずは魚力の急成長の過程を見ていただいたとおり、最初に固定的な人事制度があって、それを導入することで社員が成長し業績が急速に伸びたわけではないということです。

最初から固定的な人事制度を導入していたら、魚力の急成長はなかったでしょう。

人事制度というのは、社長の想いや価値観、そしてそれぞれの会社のやり方を活かし、問題があれば随時見直していくものでなければ、機能不全に陥り、社員の不平や不満もなくなることはないのです。

したがって、本書では松本式人事制度というものを紹介し、それをそのままみなさんの会社に導入していただくものではありません。私がお伝えするのは、社員が成長し会社の業績が上がる人事制度の基本思想と、その基本思想の土台の上に仕組みとして柱を立てていただくことです。

では、社員が成長し会社の業績が上がる人事制度の基本思想とは何かというと、まさにこの章全体のまとめとなりますが、

「社員が定着して成長し、それによって業績が伸び、社員の給料や賞与を増やしていく、という好循環の経営を実現する」

というものです。

日本の多くの経営者は、欧米の経営者と違って社員を経営資源の一つだと考えていません。縁があって入社した社員を物心両面で豊かに幸せにしてあげたいと考えているのです。

このあとお話しすることは、すべてこの基本思想にのっとったものであることをまずはおわかりいただければ幸いです。

第2章　社員の不平不満がなくなる人事制度

会社の発展と社員の幸福を一致させる

よく経営者と社員の関係は、トレードオフの関係にあるといわれます。トレードオフとは、お互いの利害が対立し、一方が良ければ他方が犠牲になるという関係です。

経営者と社員の関係でいうと、経営者は利益を会社にできるだけ多く残したい。一方、社員はできるだけ楽をしてたくさんの賃金をもらいたい。この両者の関係を見て、双方の利害が一致しないから、経営者と社員はトレードオフの関係だというのです。

しかし、本当に経営者と社員はトレードオフの関係なのでしょうか。

このことは人事制度を考えるうえで、非常に重要なポイントです。

なぜなら、**人事制度の本来の目的である「社員を成長させること」と「業績を向上させること」**の２つを同時に成し遂げるには、経営者と社員の利害が一致しないことには実現不可能だからです。

たとえば、賞与を例にあげて解説しましょう。

多くの社長が「儲かったら賞与をたくさん出すから、頑張ってくれ」と言って社員を鼓舞《こぶ》します。社長は「いつもそう話しているから、社員はわかっているはずだ」と思っています。

しかし残念ながら、社長が口で言うだけでは社員はまったく信用しません。信用していないから、社長にそう言われても、「よし、頑張ろう」とは思わないのです。

私はこれまで40年間で3000人以上の社長にお会いし、その社長のもとで働く、数えきれないほどの社員の方々に会って話を聞きましたが、基本的に社員は社長の話を心の底からは信用していません。こう言うと、「嘘だろ？　私は例外だ」と思うかもしれません。

はっきりと申し上げますが、社員は社長の話をほとんど信じていません。しかし、社長が具体的に示したこと（可視化したこと）は、社員は信用します。

たとえば、賞与でいえば、「利益がたくさん出たら賞与を多く出す」と言っても、社員は信じません。しかし社長が「当期利益の3分の1を賞与原資とします」「経常利益の20％を賞与原資とします」と、具体的な言葉と数式で示すと、社員は「あ、社長の話は本当なんだ」と思うのです。

私の支援先の一社は、「経常利益から2000万円引いた残りの額の20％を賞与原資とする」と決めています。たとえば「経常利益から2000万円引いた額が1000万円だったら、その20％の200万円が賞与原資となり、業績が上がって経常利益が増えて、賞与原資が2倍の400万円になれば、賞与も2倍になります」と具体的に計算式を書いて社員に説明しています。

そうすることで、社員ははじめて「ほんとだ、業績が2倍になったら、賞与も2倍に増えるんだ」と納得できる。ここまで具体的に示して、経営者と社員のベクトルが同じになって、利害が一致するのです。

ですから、「当期利益の３分の１」とか「経常利益の２０％」とか、計算式はその会社その会社の社長の考え方でいいので、とにかく社長が思っていることを目に見える形にして具体的に社員に示してあげることがとても大事なのです。

魚力がまだ上場していない昔のことですが、賞与原資の決め方を説明するのに、幹部社員に集まってもらって損益計算書の仕組みを説明したことがありました。当期利益の３分の１を賞与原資にすることを理解してもらうためです。しかし、話の内容が複雑でその場で寝てしまう人が何人か出てしまい、結局、別の簡単な賞与原資の計算式を全員に示すことにしました。それだけでも、社員は賞与を増やそうと業績に注目するようになりました。

オーナー会社で損益計算書のすべての数字を社員に公表したくないという会社がありますが、その場合はたとえば結果の「当期利益」の数字だけを公表するとか、やり方はいろいろあります。大事なことは、社長の考え方を可視化して具体的に示し、社長が目指すベクトルと社員が目指すベクトルを一致させることです。

ここではわかりやすくするために賞与を例にあげましたが、賞与に限らず、社員を成長させて業績を向上させる人事制度とは、社長の考えや価値観を目に見える形で具体的に社員に示すことで、経営者と社員のベクトルを同じにするものなのです。

仕事を教え合う組織風土が大事

それと同時に、もう一つ大事なことがあります。

社員全員のベクトルを一つに合わせる必要があります。社員同士のコミュニケーションが悪く、協力しあわないようでは、組織として大きな力を発揮できません。

どの会社も組織の原則通りに、上位2割の「仕事のよくできる人」と、中位6割の「まあまあ仕事ができる人」と、下位2割の「仕事ができない人」の3つの階層に分かれます。これまでいろんな会社を見てきましたが、この原則はすべての組織に当てはまります。

社長自身が気づいているかどうかわかりませんが、ふつう、社長は上位2割の仕事のできる社員を、ことあるごとに褒《ほ》めて賃金も厚くします。反対に、下位2割の社員を褒《ほ》めることはほとんどありません。そういう社長の姿勢を社員は敏感に感じ取っているものです。

ですから、「社員」とひとくちに言っても、「仕事ができる人」「普通の人」「仕事ができない人」が混在していて、褒《ほ》められてヤル気のある人もいれば、褒《ほ》められずヤル気のない人もいるといったように、さまざまな社員がいるのです。

そういう、いろんな社員のベクトルを一つに合わせる必要があるのです

では、社員のベクトルを一つに合わせるにはどうすればいいか。

まずは、ご自分の会社の風土が、社員がお互いに助け合って協力しあう風土であるかどうかを客観的に見てください。というのは、社員全員のベクトルを一つに合わせるには、「**仕事を教え合う組織風土**」が欠かせないからです。

かつて日本に成果主義が入ってくる前までは、仕事ができない社員や成果が上がらない社員の周りに人が寄ってたかってうるさいくらいにアドバイスしたり、教えたりするという組織風土が日本の会社にありました。

それがバブル崩壊とともに成果主義がもてはやされ、残念なことに、困っている社員、悩んでいる社員に教えるという良き組織風土が失われていきました。

成果主義とは、出す成果によって賃金に差をつける、成果の高い人は成果の低い人よりも昇給や賞与をたくさんもらう、いうなれば、社員の中で勝者と敗者をつくるものです。

さらに悪いことに、成果といっても絶対的な基準がありません。営業など数字ではっきり

と成果がわかる部署はいいですが、そうでない部署もあります。結局は社員同士を比べて相対的に評価しているので、高い評価をもらうには他の社員よりも常に高い成果を上げ続けなければなりません。

そうなると、同じ会社で働く社員同士であっても、仲間ではなく互いにライバルとなってしまうのです。

お互いにライバルですから、自然の成り行きとして、自分だけ成果を上げて、たくさん賃金をもらおうと考えるようになります。当然ながら、成果が上がる方法をけっして他の社員には教えません。ひどい場合は、ライバルの足を引っぱってでも優位に立とうとするでしょう。

おそらく成果の上がらない社員は、1度や2度、成果の高い社員に「どうしたら、成果が上げられますか、教えてください」と尋ねたことがあったと思います。しかし成果の高い社員は「たまたまだよ、頑張れば君だってできるよ」と言って、ノウハウの核心を明かそうとはしません。

こんなことで、社員全員のベクトルが一つになるでしょうか？　なるはずもありません。

売上額を絶対基準として評価する「歩合給」の場合は、さらにこの傾向が強まります。

ある建売住宅販売会社Ｃ社であったことですが、Ｃ社は歩合給で、Ｄ君はＣ社のトップセールスマンでした。歩合給ですから当然、Ｄ君は社員の中で一番賃金が高かった。しかし、なぜかトップセールスマンのＤ君に、お客さんからのクレームが多かったのです。Ｃ社の経営理念は、地域のみなさんに喜んでいただける住宅をつくることです。その理念に反するクレームがＤ君に多く寄せられたのです。

Ｄ君にしてみれば、会社の理念なんかよりも、いかに自分がたくさんの賃金をもらうかに関心があり、住宅を強引に売っていたのです。それだけでなく、Ｄ君は同僚や後輩に仕事のやり方を教えません。限定された地方都市で歩合給で住宅を販売しているので、他の社員はみんなライバルだからです。

Ｃ社の社長は、ご自身も若い頃、歩合給の会社でトップセールスマンだった経験があることから、歩合給に対してなんら疑問をもっていませんでした。しかし、自分が社長になってみると、歩合給では自分の思い描く経営ができないとして、私が開催する「成長塾」に参加され、思い切って歩合給をお止めになりました。

余談ですが、私は２００３年に『成果主義人事制度をつくる』という本を出版しました。タイトルだけを見ると「なんだ、松本は言っていることと、やっていることが違うじゃないか」と思われる方がいるかと思います。

私は成果によって処遇の差をつける成果主義は、日本の会社の組織風土を破壊するものとして断固反対する立場です。それは一貫して変わることがありません。この本は間違った成果主義がはびこる状況を危惧《きぐ》して、本当の意味での日本の経営者の考えている成果主義とはどういうものかをわかっていただきたい一心で出版しました。タイトルがまぎらわしいですが、私の主張は昔から何ひとつ変わらないことを付け加えておきたいと思います。

すべての社員が高い成果を上げるには

本来、経営者は一部の社員だけでなく、すべての社員に成長して成果を上げてもらいたいと考えているはずです。すべての社員が高い成果を上げるときが、会社の業績が一番良くなるのは言うまでもありません。

数年前、こんなことがありました。

私のところへ相談に来られたG社（売上高3億円）の社長は、ちょうど決算月で、売上高が昨年の3億5000万円から3億円に下がってしまい、うなだれていました。私がG社長の元気のない様子を見て、

「G社長、元気を出してください。売上を上げる方法があります。御社の営業マンは何人いらっしゃって、一番売上高を上げる人の売上金額はどれぐらいですか？」

「営業マンは全部で10人で、トップの売上高は5000万円です」

「では、5000万円かけることの10人で、売上高が5億円になるノウハウがすでにあるということです」と言ったところ、G社長は「えっ」と言って、まさかといった表情で顔を上げました。私は続けて、

「5000万円の売上を上げる社員の仕事のやり方を他の社員に教えれば、全員5000万円になって売上高が5億円になります。売上高が落ちたとうなだれている場合ではありません。さっそくこの5000万円の売上を上げるやり方を全社員で共有しましょう」と、いつもの方法を自信をもって申し上げたところ、G社長は少し苛立った様子で、

「そんなこと、言われなくてもわかっています。ノウハウを教えてやってほしいと、売上高5000万円の社員に何度も言っていますが、彼はそんな特別なことは何もやっていないと言うばかりで、教えようとしません。松本先生の言うことは理想論です」

「いや理想論ではありません。彼がなぜその5000万円を売り上げる方法を教えないか、社長はわかりますか？　それはあなたがやり方を教えることを評価していないからです。他

の社員に優れたやり方を教えたら、その社員を一番高く評価すると社員に宣言してください」

「えっ?」、G社長は今までこのような指摘をされたことがなかったようで驚かれたようですが、私は続けて、

「ここに『**成長シート**(第4章で解説)』というものがあります。この成長シートの成長基準の最高点の所にこう書いてください。『その優れたやり方を他の社員に教えている』これを成長基準の最高点の5点にするのです」

G社長は、「そんなことだけで」と思ったようです。

しかし、わずか3か月後に再びお会いしたときには、いきなりG社長は私の手をギュッと握って、こう言われました。

「先生の言うとおりでした。あの成長基準を社員に示してから、社員はそのやり方を他の社員にどんどん教えているのです。それも嬉しそうに。他の社員はそれを真剣に聞いています。それがすでに実証されている成果の上げ方だからです。だから、社員は真剣です。そしてそのやり方をやり始めました。こんなにすべての社員が同じように成果を上げてくれるとは思いもよりませんでした」

優れた社員のやり方を可視化して、共有化して、仕組化すること(※第4章で解説)、これが

成果を上げるもっとも簡単な方法です。そして同時に、これによって社員全員のベクトルが同じになるのです。

ですから、自分の会社をかえりみて、もし社員同士が「教え合う」「助け合う」というような社内風土がなければ、大至急、人事制度の仕組みを変えて、社員みんなが「教え合う」「助け合う」組織風土を取り戻さなければなりません。

実際のところ、経営者が私が提案する人事制度を導入し、社員に「成果を上げる方法を教える社員を最も高く評価する」と宣言した多くの会社は、「教え合うことが当たり前」の組織風土に戻り、業績を向上させているのです。

社員の不満を引き出す

経営者と社員のベクトルが同じになり、加えて社員同士のベクトルも一つになれば、社員からの不平不満はなくなります。逆に、社員から多くの不平不満が出る人事制度であるならば、この２つのベクトルが同じではなく揃《そろ》っていないことを意味します。

私は１２年ほど前から、「私が支援してつくった人事制度を構築して、もし社員からの不平・不満が１００％解消しなければ、頂いた費用をすべてお返しします」と、コンサルティングの品質保証をつけたことを、本書のまえがきで述べました。

業界ではじめて、こういうことを始めた理由は、私が支援した人事制度を運用していただいて社員の不平不満が１００％解消しないならば、その人事制度は役に立っていないことを意味するからです。

すなわち、そういう人事制度は「我社に人事制度があります」と言うだけのことで、社員を成長させて業績を上げる人事制度として機能することがありません。よって、かかった費用は全額お返ししますと宣言したのです。

ただし誤解のないように申し上げておきたいのは、最初から完璧な人事制度をつくろうとしても、それは無理です。運用を始めた当初は、社員からいろんな不満が出ることでしょう。その不満を一つずつ解決して仕組みを改善していくのです。

私が提案する人事制度では、まず、つくった**成長支援制度**（第４章で解説）で社員がしっかり成長するかどうか、またそれらがきちんと業績に結びつくかどうかを見定めながら、社員からの不平不満も受け止めて、変えるものは変えていって、人事制度の品質を上げていきます。すべての企業が社員の不平不満を一つひとつ解決していって、最後はほとんど不平不満が出ないところまでもっていきます。

とはいっても、なかには権利ばかりを主張するような社員も出てくるでしょう。正直いって、カッと頭に血がのぼることもあるでしょう。私もそういった経験が少なからずあります。しかしぐっとがまんして冷静に対応してください。

ほとんどの中小企業の社長は、勘で社員の賃金を決めていて、大手企業と比べて賃金が低いことを気にしています。ですから、社員から昇給・賞与についての質問をされることを極端に嫌います。しかし賃金が低くても、元気で活躍している社員はたくさんいます。きちんと説明できる人事制度があるならば、賃金が低いことを気にかけて、不満を言ってくる社員を極端に嫌う必要はまったくないのです。

労働組合が結成された

社員の不満で面白い事例があります。

社会福祉法人H社は、職員６０名の特別養護老人ホームを経営している会社です。

創業のとき、関係団体から、年数とともに自動的に給料が上がる公務員給与制度をすすめられ、何の疑いもなく導入したそうです。しかしH社は、組織に活気が出ないうえに赤字スレスレの状態が続きました。

創業者のH理事長は、強い危機感を抱いて、私の「成長塾」に参加され、働く人も企業もともに成長する人事制度を学ばれました。そして公務員給与制度を廃止する決断をされ、社内で発表したところ、突然、労働組合が結成され激しい抵抗にあったのです。つまり、私の提案する人事制度に、職員が強い不満を示したのです。

しかしH理事長はあきらめませんでした。職員に新しい人事制度の良い点を繰り返し説明し、根気よく説得し続けたのです。その結果、賛同する職員が1人2人と増えていき、最後は労働組合も理解を示して、新人事制度導入にこぎつけたのです。

それから3年、H社の職場は様変わりしました。

職員同士が日々協力して仕事をするようになり、どうすれば入居者に喜んでいただける質の高いサービスを提供できるかを全員で考えるようになったのです。

平成27年には介護報酬改定で大幅な減収が予想されましたが、現場からさまざまなアイデアが出て、逆に増収となったほどです。

昔の活気がなかった職場とは打って変わって、ホーム中に笑顔があふれ、年間の退職者も1～2名に激減して、この業界では驚くほど定着率が高い会社になりました。

H理事長は、やってよかったと、さらなる成長を目指しておられます。

以前、私は約２０社の社員に、何に不平不満をもっているかの無記名のアンケートをとったことがありました。集まったアンケート数は約１０００枚、多くの社員がさまざまな不満をもっていることが明らかになりました。それらの中から主要な社員の不平不満を選んで、それに対して経営者としてどう考えるべきかを示しておきたいと思います。

【社員の不平不満1】不平不満があっても言い出せない

社員の不平不満にフタをしない

社員の不平不満の中で第一に挙げられるのが、「不平不満があっても言い出せない」というものです。

お会いした社長の中で「うちには昇給や賞与に不平不満をもっている社員はいません」ときっぱりと自信をもって言い切る方がおられます。そこまで言い切れる根拠は「社員から不平不満どころか、質問すらされたことがない」からです。

しかし、本当にその会社の社員は処遇について不平不満をもっていないのでしょうか。いや違います。それは、これまでいろいろな会社でおこなったアンケートの結果が如実に示しています。

わかったことは、「不平不満があっても言い出せない」ことこそ、社員の不満だということです。

なぜそうなったかといえば、過去に不満を言った社員が社長に叱られたり説教されたり、あるいは会社を辞めさせられたりしたことがあったからです。

そういうことが一度でもあった場合、社員は社長の前では不平不満をいっさい口にしなくなります。不満を言えば、自分も会社を辞めなければならないと思っているからです。

そのため、社員が辞めるときは本当の理由を言いません。一見、社員の不平不満がなくて問題がないように見えますが、それは社員が不平不満を口に出せないだけで、水面下には大きな問題が隠れているのです。

そうではなく、本当に社員の不平不満がない会社であるとしたら、その会社は次のような会社です。

昇給や賞与の計算方法をすべて説明して、社員が納得している

こういう会社の社員だけが、昇給・賞与に不平不満がありません。というより、不安がないと言ったほうが正しいでしょう。

社員にとって一番関心があることは、「これからの５年１０年、そして何十年も仕事をしていく中で、どのようなときに昇給・賞与が増えるのか。また逆のケースがあるのか」とい

うことです。これに関心がない社員は一人もいません。

1年か2年しか勤めないのであれば別ですが、5年も10年も、場合によっては数十年も同じ会社で勤めるとなったら、この会社がどのように昇給・賞与を決めるのかがわからないと不安になります。

もし毎年毎年、昇給・賞与が信じられないぐらい高い水準で増えるのであれば、不安はもたないかもしれません。たとえば、このままいけば間違いなく、10年後には年収が200万円、300万円増えることがわかっていれば、安心してローンを組んで家も買えるので、不安はもたないでしょう。

しかし一度でも昇給・賞与が前年を下回ることがあれば、社員はこれからのことを考えざるをえません。今後、意欲的に仕事に取り組んでいったとして、その働きが認められるのかどうか、収入が増えるのかどうか、そんな不安が頭をもたげるのです。社員はそんな不安を抱えたまま、頑張ろうという気持ちにはならないのです。

そういう社員の心の内を知らずに、経営者が「頑張って稼いだら、たくさん出すから」と言ってもヤル気にならないのです。

ですから、社員の不平不満は宝の山です。会社を良くしていくために必要なものです。

社員が不平不満を言ってきた本当の理由は、「この会社にいたい」という意思表示でもあるのです。だから、言ってきた社員をやさしく抱きしめるぐらいの気持ちで受け止めていただきたいと思います。

といっても、自分勝手な理不尽な要求もあります。たとえば、「誰がこんないい加減なことを決めたんですか？」とテーブルをひっくり返すようなことを訊《き》いてくる社員もいますし、賞与が納得できないと、いきなり怒りをぶつけてくる社員もいます。

社長の多くは気が短く、すぐに頭にカチンときますが、売り言葉に買い言葉にならないよう気を落ち着かせて、まずは社員の話に耳を傾けてください。社員は「聞いてもらえた」だけでも不満の半分は解消するものです。

それでもすぐにカッとする質《たち》の方は、社員の不平不満を直接聞かないようにしてください。まずは総務部長か人事部長が話を聞くという仕組みにして、総務部長か人事部長の口から社員にあらかじめ次のように言っておいてもらうのも効果的でしょう。

「なんでも言っていいよ。ただし、賃金や評価のことで文句を言える会社は1万社に1社ぐらいしかないからね。それほどまでに社員を大事にしている会社は少ないんだよ」と。

そして、社員の不平不満を聞いたら、その解決策を見つけて改善していくことです。その不満の原因を深くたどっていけば、必ず解決の糸口がみつかるはずです。

社員の不満を改善する

かつて魚力ではこういうことがありました。

立地が良くないY店長が売上高で評価されることに不満をもって、私のところに言いにきました。Y店長が担当するお店は路面店で、デパートに入っている店と比べると客数が半分以下です。当然、売上高も半分以下です。そのころまだ魚力では人事制度が完全に出来上がっておらず、店長を評価するモノサシの一つに「売上高」を使っていました。立地が違うのに、売上高で比べていたのです。ですから、Y店長が不平不満を言ってくるのはもっともです。

そこで各店の売上高を分析して、客数と客単価を計算したところ、客単価はデパート店も路面店もほぼ同じでした。実は魚力の山田社長は、なんとなく各店長の仕事ぶりは同じだろうと鋭い勘で評価していて、店長の賞与はそんなに大きな差をつけていませんでした。

それを知って、私は「社長の勘はスゴイなあ」と感心しましたが、いくらなんでも「社長の勘で賞与を決めている」とは社員に言えません。言ったとしてもY店長は納得しません。

私が社長に各店の客単価が変わらないことを報告すると、「やっぱりそうだったか」と言って、その後、店長の評価は、売上高ではなくて客単価で評価することに変えました。

これでY店長も納得したと同時に、その後、店長の人事異動がとてもやりやすくなりました。

それまでは店長は立地の良い店から悪い店への異動を嫌がったのです。それが客単価で評価するようになったら、店舗間のハンデはなくなったので、異動を嫌がらないようになったのです。

このようにY店長が不平不満を言ってきたことがきっかけで問題解決に取り組み、すべての店長が納得できるものに改善して、良くなったのです。その後、同じ不平不満が出ないことは当然のことです。

こうして社員の不平不満を一つ一つ解決していくうちに、だんだんと不平不満がなくなっていきます。そうなれば、同じ理由で辞める人もいなくなって社員の定着率は確実に上がるのです。

そもそも人事制度で不平不満が生まれる理由のほとんどは、「公正でない」「フェアでない」からです。これは人事制度の根本的な問題です。このためにヤル気を失う人が出てくるのです。なかには不服に思って辞める人も出てくるでしょう。

ですから、社員からの不平不満は会社を良くする、良い機会だと心得て、不平不満にフタをすることなく対処してください。即答できない場合は、「いついつまでに検討して返事します」と約束して、その期日を守ってください。こういう社員との約束を守ることが経営者への信用につながっていきます。

社員の不満を引き出す方法

会社によっては、誰一人として不平不満を言ってこないので、改善したくても改善できないで困るという社長の相談が少なからずあります。

そういう場合は、社員の不平不満をうまく引き出す方法を具体的にお教えしています。

まず、その社長に「人事制度の仕組みの中で、どこか違和感がありますか」とおたずねします。返答はさまざまですが、たとえば「評価の仕方に違和感があって、少し変えたい」という場合には、社員の前で、こういうふうに言ってくださいとお願いします。

「みんな聞いてください。ある社員が評価の仕方に問題があると言ってきてくれました。言われてみて見直ししたところ、確かに問題があったので今回このように改善しました。他に気づくことがあったら、どんなことでもいいので言ってきてください」と社長が言えば、社員は「不満を社長に言っていいんだ、言ったら前向きに考えてくれるんだ」と思うはずです。

それでもし、人事制度の仕組みについて、社員の理解が足りずに不満を言ってきた場合は、資料を見せながら、社員が納得するまで丁寧に説明してあげればいいのです。

そのためには、社長の考え方や価値観を可視化したものを、いつでも資料として社員に見せられる状態にしておく必要があります。

そうでないと、社長が口だけで言っても、社員は心から納得しません。

逆に、きちんと資料を示して説明しても、社員が納得できないという場合は、それは社長の考え方とその社員の考え方が合わないということですから、不満に思ってその社員が辞めたとしても仕方のないことです。

【社員の不平不満2】この会社で長く働いてどうなるか、先が見えない

若い人に多い不平不満

「この会社で働いてこの先どうなるかが見えない」という不平不満は、若い人に多い不満です。

今の若い人の特徴として、モノが溢れる時代に生まれて育ち、生活するお金に困った経験がほとんどないために、昔ほどお金に執着しないことです。

身近な例でいうと、知り合いの経営者K氏のご子息が最近K社に入社されて働いていますが、ご子息はもらった賞与（現金）を、封を開けずにしばらく自宅に放ってあるそうです。それをK社長が見て、ご子息に指摘すると、「別に欲しいものがないから」という返事です。こういうことは私の若い頃では考えられないことです。賞与をもらったら、「あれも欲しい、これも買いたい」と、すぐに開封したものです。

もちろん、そのような若者ばかりではないことはわかっています。なかにはガンガン稼いで、大きな家に住みたい、いい車に乗りたいという人もいますが、昔に比べて数は確実に減っ

てきていると思います。

今はどちらかというと、お金のことより自分の仕事がどのように社会に貢献できて、それが自分の将来にどうつながっていくのか、言うなれば、働くことの意味や価値観を大事にする人が増えているようです。ですから、そういう人に向かって社長が「ガンガン稼ぎたかったら、頑張って仕事しろよ」と言っても、馬の耳に念仏なのです。

第1章で例にあげたF牧場の入社5年目の社員A君のケースでいえば、A君が就職説明会に向かう飛行機の中で、突然、社長に「実は会社を辞めようと思っていました」と告白した理由は、まさに自分の将来が見えなかったからです。

驚いたF社長は自分の想いを込めてつくった資料をA君に見せながら、このあとA君が成長して管理職層に上がったら、一つの農場を任せて農場長をやってもらうこと、そこで人を育てて仕事をしたり、いろいろな経験をしてもらって、さらに成長したら、今度は複数の農場長を指導する仕事をしてもらいたいなど、会社としてA君が思いきり活躍できるステージを考えていることを具体的に示したのです。それでA君は自分の将来をF牧場にかけてみようと思い、辞めることを思いとどまったのです。

ところで、私が提案する人事制度は、「**評価のフィードバック**」を年に2回から4回ほどやっていただく仕組みになっています。具体的なやり方は第4章でお話ししますが、この仕組みは社員の小さな成長を褒《ほ》めてヤル気を引き出すという、成長支援制度の要《かなめ》というべき大事なものです。

ふつう、どの会社でも仕事のできる上位2割の社員は社長や上司に褒《ほ》められます。しかしその他の8割の社員、その中でもとくに下位2割の仕事のできない社員は褒《ほ》められることがありません。まだ褒《ほ》めてあげられるような成果を出していないが、少しでも成長したら褒《ほ》めるという仕組みが「評価のフィードバック」なのです。そして、どのように成長すればいいかと、どれぐらい成長したかを確認できるものが「成長シート」です。

加えて、昇格するときにも面接をおこないますが、その昇格面接で、支援先のW社からうれしい知らせがありました。

W社は創業40年の地域に密着した空調・衛生設備工事をやっている施工会社です。現在は創業者のご子息N氏が2代目社長として頑張っていますが、会社を継ぐ前は大手ゼネコンに勤めていてシンガポールに赴任していました。今から十数年前のある日、創業者の父親から2枚のFAXが赴任先のN氏の自宅に送られてきました。

書かれていたのは「会社を借金と一緒に引き継ぐか、そうでなければ会社をたたんで借金だけ引き継ぐか、どちらかを選んでくれ」という、究極の選択を迫る内容でした。

N氏は迷いましたが「親父が苦労してつくった会社だ、たたむのは忍びない。よしやってみよう」と、持ち前の明るさで会社を継ぎ、自分が継いだからにはもっといい会社にしようと決意して、私の開催する「成長塾」で人事制度を学ばれ、自分の価値観を可視化した人事制度をつくられました。

中小企業にはよくあることですが、創業者は特有の鋭い勘で社員の賃金を決めます。しかし、後を継いだ後継者はそのような創業者の勘を理解できません。また後継者の目から見れば、そのような勘はてんでんバラバラの合理性のないものに見えるのです。

そして人事制度をつくったW社は新卒採用にも取り組みました。その新卒採用第１号で入ったＩ君が１０年たって中堅職層に上がることになったのです。その昇格面接の場で、Ｉ君が明るい声の関西弁で、N社長にこう言ったそうです。

「社長、うちの会社には夢がありますわ!」

突然の事業承継から、試行錯誤で会社の組織づくりに頑張ってきたN社長にとって、こんなうれしい社員の言葉はなかったはずです。

将来のイメージを示してあげる

今の時代、管理職になりたくない若者も増えています。これもお金に対する執着が少ないことに関係しているのかもしれません。どんどん出世して部下を多く従えてガンガン稼ぎたいという人は昔に比べて5割以上減っているように感じます。

しかし実際のところ、若い人が管理職を嫌がるのは、管理職になれば苦労するというイメージをもっているからです。経営者はそういうイメージは一面にすぎないことを教えてあげなければなりません。

管理職で活躍することは、自分だけでなく、部下を育てて、みんなで成果を出していくことです。確かに大変な面はありますが、それを乗り越えることで人間として大きく成長できること、そして「自利の人」から「利他の人」になって、もっと大きな社会貢献ができることを教えていただきたいと思います。

今の時代は、そういう指導ができないと、若い人を引っ張っていくことができない時代です。昔は家庭で大人になるための大切なことを教わったものですが、今は受験勉強が中心で、人としての大事なことを教わらずに大人になる人が増えています。

そういう若者がみなさんの会社に入ってくるのです。ですから、社長の想いや価値観をしっかりと可視化した人事制度を示しながら、仕事に対する姿勢や人生観を若い人に示してあげてほしいのです。

そもそも日本の経営者は、社員に長く働いてもらって成長したら、管理職になってもらおうと思っています。それに対して欧米の経営者は違います。マネジメントを専門的に勉強した人を管理職にしようとしています。ＭＢＡ（経営学修士）をもっていることも一つの要件です。

ですから、採用のときにも、一人前に成長したらマネジメントも身につけてもらって、いずれは管理職になってもらおうと思っていることをしっかり伝えてください。そのとき、**「三種の神器」**である、社長の思いが込められた**成長シート**（第４章で解説）、**ステップアップ基準**（第５章で解説）、**モデル賃金**（第７章で解説）の３つを示しながら、会社が社員に４０年間の成長をわかりやすく伝えてください。

その説明を聞いた応募者が自分の成長について質問できるような人であれば有望です。そういう人は自分の将来を良いものにしたいと思っていて、長期的なスパンで物事を考える人だからです。

そういう意味では、これらの資料は採用面接の時点で、良い人材かどうかがおおよそわかるというリトマス試験紙の役割もするのです。

モデル賃金を提示することのできる会社は、1000社に1社にすぎません。口だけでなく、社員を本当に大切にする仕組みをもっているのであれば、そのことを誇りをもって伝えてください。

M社長の中堅管理職が育たない悩み

M社は企業が高い成果を出せるようなシステム開発から運用・保守まで、総合的にコンピュータシステムを手がける社員100名の会社です。

社員は歳が若いSE（システムエンジニア）が多く、部下を指導できる管理職がほとんどいないなか、M社長は会社を順調にここまで伸ばしてきました。しかし社員が30人を過ぎたころから、人を育てる仕組みが必要だと強く感じはじめ、自分一人でこれ以上会社を成長させることの限界を感じたのです。

もちろん、社員が一人前になれば昇格させて部下をつけたのですが、部下が上司を尊敬できず、上司もそういう部下の態度を見て不愉快になり、上司と部下、ともにモチベーションを下げる結果となったのです。さらに悪いことに、給料に対する不満も重なって中途退職者が増加しました。

M社長はいろいろな人の話を聞いたり本を読んで、ある大手コンサルティング会社に入ってもらい指導を受けましたが、かえって社員のモチベーションを下げる結果となり、その翌年には創業以来はじめての減収減益となって、社員が元気をなくしてしまいました。

そして困ったM社長が私のところに相談に見え、「成長塾」に参加されたのです。M社長いわく、私の話を聞いて「これだ！」と直感したということです。

M社の場合、これまで社員を採用するときに、成長のゴールを社長の口から応募者に話していませんでした。成長のゴールを示すとは、3階層の成長シートを見せて、

「最初はプレーヤーとしてやってもらいますが、あなたが成長して一人前になったら、中堅職に上がってもらって部下を指導してもらいます。さらに成長したら管理職になって、マネジメントの仕事をメインにやってもらいます。さらに成長したら、私と一緒に経営の仕事をやってもらいたいと思っています」と、入社したあと、その人にどのように成長していってもらいたいかを具体的に示すことです。

それを面接のときに伝えて、納得して入った社員であれば、まったく違っていたと思います。

しかし、そういう話を一切しないで採用し、途中で「部下を指導してください」と言っても、優秀なプレーヤーであればあるほど、「どうして部下の面倒をみなければならないのか？苦労するだけじゃないの？」と社員は負担に思うのです。

現在、M社は新卒採用の説明会で採用の「三種の神器」を見せながら、優秀な社員像も伝えていますが、入社したら成長できることを強くアピールすることで応募者も増えたということです。

また社内においても、上司の部下育成意識が定着し、部下との信頼関係が回復しました。翌年には売上高が増えて業績がV字回復し、M社は今後も成長シートの品質を上げて、さらなる成長を目指しています。

【社員の不平不満3】どう評価され給料や賞与が決まるのかわからない

一番の不満は金額ではない

社員の「どう評価されて給料や賞与が決まるのかわからない」という不平不満は、まず社員の給料や賞与をどのように決めているかを社員に説明できないことから起きます。

この不平不満は賃金が高い場合でも、賃金が低い場合でも、どちらの場合でも起きます。

人事制度がない場合は、社長の勘で給料や賞与を決めるしかありません。誤解のないように言っておきますが、私は社長の勘そのものを否定しているわけではありません。魚力の山田社長の鋭い勘を何度も目の当たりにした私は、社長の勘の凄《すご》さを知っています。とくに創業者の勘は、本質をとらえる直観力であり、総合力でもあります。

しかしその勘を可視化して社員にわかるように説明しないと、このような不平不満が出るのです。魚力の場合もそうでした。

というのは、勘で社員の評価を決める場合は、社員同士を比べて決める、つまり相対的に評価して決めるしか方法がありません。

人事制度をもっていない社長は、昇給額を決めるのに、昨年の社員の昇給額が個別に書かれた資料を見ながら、今年の昇給額をいくらにするかを悩みながら決めていきます。

たとえば、一番優秀な社員のＡ君の昇給額を６０００円と決めたら、Ｂ君はＡ君に比べて少し評価が低いから５０００円、Ｃ君はまだ一人前でないので３０００円、と決めます。

それで悪いことに、Ａ君、Ｂ君、Ｃ君の３人が昇給額を互いに見せ合ったとしましょう。

そして不満に思ったＢ君が社長のところに来て「どうして私の昇給額はＡ君よりも１０００円少ないんですか」と聞いたとします。

社長は勘で決めていますので、具体的な説明はできません。Ｂ君は納得できず、不満を露《あら》わにします。すると社長が「だって君は、Ａ君と比べて仕事ができないでしょ」とつい口がすべって言ってしまう場合があります。社長も人間ですので、虫の居所が悪いと口がすべることがあるものです。

しかしＢ君は自分のほうがＡ君よりも仕事ができると思っていたのです。だから聞きに来たのです。そのため社長の説明を聞いたＢ君は、とたんにヤル気を失います。

社長の頭の中では、Ｂ君もＡ君も、ともに優秀な社員として認めています。ただＡ君のほうが少しだけ抜きん出ていると思っているにすぎないのです。しかし、Ｂ君に「Ａ君と比べて仕事ができない」と言ってしまったことで、B君のモチベーションを下げる結果となったのです。

さらに昇給額が一番低いC君が、社長のところに不満を言いに来たとしましょう。やはり合理的な説明ができないので、A君やB君との比較で説明するとすれば、C君も間違いなくモチベーションを下げることになるでしょう。

そして一番高い昇給額のA君にしても、不満をもつ場合があります。自分より売上高の少ないB君とたった1000円しか差がないとわかれば、モチベーションを下げる場合だってあるのです。

それだけでなく、社長が勘で決めていると、こういうことも起きます。

中小食品メーカーK社のK社長が、がっかりした話です。

K社長は公私の区別をきちんとつけられるオーナー社長でした。たとえ仕事に使う車であっても、自分が乗る車は個人のお金で購入していました。

ある年、K社の業績が下がって、社員の賞与を前年に比べて下げざるをえない事態となりました。社長はそのことをとても気に病《や》んでいましたが、たまたまその同じ年に、K社長が車を国産車から外車に乗り換えたのです。もちろん個人で貯めたお金で買いました。すると外車に乗っている社長を見て、社員が「俺たちの賞与を削って、社長は外車を買ったんだ」と陰口を言ったのです。外車を買ったタイミングが悪かったのは否めませんが、Ｋ社長はそのことを知ってがっかりしました。Ｋ社長はいつも社員の給料や賞与を増やしてあげたいと思っているからです。

うなだれるＫ社長に、私は次のように話しました。

「社長の社員を思う気持ちは可視化して示さないと社員に通じません。今回のことも、賞与の決め方を社員に示していたならば、業績が下がったら、賞与も下がるのは当たり前と思ったことでしょう。少なくとも、陰で社長の悪口を言う人はいなかったはずです。社員の不平不満は賞与の金額が下がったということより、社長がどのように昇給や賞与を決めているのかがわからないという不安から出ているのです」

要するに、社員が納得できる評価の仕組みをオープンにしないで昇給・賞与を決めているかぎり、この社員の「どう評価されて決められているのか」の不平不満はなくならないのです。

お金では社員のヤル気を引き出せない

そもそも多くの経営者が誤解していることがあります。

それは給料や賞与が少ないから、社員が不満をもっていると考えていることです。これは本当に大きな誤解です。

現実には給料や賞与が少なくても、社員満足度の高い会社もたくさんあります。そういう会社の社員は「会社が好き」「仕事が好き」「社長が好き」など、その会社で働いている理由はさまざまですが、高いモチベーションでイキイキと働いています。

逆に、そういう社員はお金のためだけに働いているわけではないので、会社がニンジンを鼻先にぶら下げるような人事制度を導入すると、途端にヤル気を失うことがあります。

かたや、社員の不満が給料や賞与の金額であったとしても、残念ながら、会社は社員が100%満足する金額は出し続けることはできません。

なぜなら、高い賃金を出せば、最初、社員は喜びますが、その喜びは長続きせず、すぐに当たり前となって、もっともっと高い賃金を出さないかぎり満足しなくなってしまうからです。

そのことを証明したのは、アメリカの臨床心理学者フレデリック・ハーズバーグです。

彼が1968年に書いた論文はこれまで100万部を超えるリプリントが売れたという有名なものですが、彼の考えによると、

「社員のモチベーションは金銭的インセンティブや福利厚生のみで上げることはできない。

人が本来もっている成長への欲求が刺激され、達成感を味わい、仕事への満足感が上がることがヤル気につながる」（『動機づける力』ＤＩＡＭＯＮＤハーバードビジネスレビュー編集部／ダイヤモンド社）というものです。

このことを知らない経営者は、不平不満の原因は金額で、それで社員はヤル気にならないと思い込んでいるのです。逆も真なりで、そういう社長は社員のヤル気は賃金で上げることができると思っているのです。これは本当に大きな誤解です。

何を評価するかを示す

本来、人事制度は社員のヤル気を引き出して社員を成長させる仕組みです。その仕組みで重要なことは、

- **何を高く評価するのか**
- **評価した結果をどのように処遇（昇進・昇格・昇給・賞与）に反映させるのか**

の２点です。この大事な２つを社員がわかるようにまとめ上げていくことが、人事制度を

つくるということです。

当然ながら、この2点は社長によって考え方が違います。ですから、私が社長の考えや価値観を可視化してつくった人事制度は土台のところの考え方は同じですが、内容は100社あれば100社とも違ったものになります。

詳しくは第4章で解説しますが、ここで基本となる土台の部分を簡単にお話ししておきます。まず何を評価するかを決めていただきます。この何を評価するかは、とても大事です。それを「**成長シート**」というものに示していただき、それに基づいて評価もおこないます。

成長シートは、「**一般職層**」「**中堅職層**」「**管理職層**」の3つの階層別に、それぞれ「**成長要素**」と「**成長基準**」と「**ウェート**」の3つで構成します。

1つ目の「**成長要素**」とは、まさに何を評価するかを示すものです。評価の対象とするものは大きく分けて次の4つです。

①期待成果
②重要業務
③知識・技術

④勤務態度

さらにこの４つについて何を評価するかを具体的に示します。

たとえば、①の期待成果では、

○営業職であれば、売上高、粗利益率、新規開拓件数、回収率…
○製造職であれば、製品回転率、納期遵守率、生産リードタイム…
○工事職であれば、工事利益遵守率、工期遵守率、追加工事獲得高…
○総務職であれば、労働分配率、定着率、採用コスト、１人当たり成果高…

と、できるだけ具体的に表します。

②の重要業務は、高い成果を上げている優秀な社員をモデルにして、その優秀な社員がやっている業務を見つけ出して、重要業務として示します。そしてその重要業務を全社員で共有化します。

重要業務の内容は、会社によって大きく違います。たとえば、同じ製造業であっても、完成品をつくっているメーカーと、部品をつくっているメーカー、あるいは汎用品を扱っているか、カスタム品なのかによっても、高い成果を出す社員の業務が違ってきます。ですから同じ業種であっても重要業務の内容がまったく異なることもしばしばです。

2つ目の「**成長基準**」とは先の4つの成長要素をどのように評価（成長確認）するかを決めて、5点満点で評価します。合計点数で、昇給や賞与を決めていきますので、社員同士を比較する必要はありません。A君は90点だから昇給額は6000円、B君は80点だから5000円というように決めるのです。もしB君が不満に思って、どうして自分は5000円なのかと聞いてきたら、「80点だから5000円です。90点だったら6000円になりました」と説明すればいいのです。

3つ目の「**ウェート**」とは、先の4つの成長要素「①期待成果」「②重要業務」「③知識・技術」「④勤務態度」に社長の価値観でウェートをつけて、4つの成長要素をどういう割合で評価するのかを示します。

ウェートについていえば、多くの経営者が「期待成果」に大きなウェートをかけようとします。とくに営業職の社員には「期待成果」のウェートを50％以上にする場合も珍しくありません。

これについては、社長が何を重視するかの価値観を表したものなので、私はそれに対して間違っていると指摘することはありません。しかし継続的に運用されていく中で、経営者は「期待成果」に大きなウェートをかけるのは間違いだと気づかれるようです。

まず、この成長シートで一番重要なところは、社員に示した「重要業務」をやれば成果に確実につながるかどうかという点です。ここがポイントで、「重要業務」と「期待成果」がしっかりリンクするようになれば、どの社員も同じ成果を出すようになりますから、「期待成果」に大きなウェートをかける必要がないのです。

つまり、「成果」は結果であって、社員に「重要業務」をやりきってもらうほうが大事なことなのです。

たとえば、一般職層に社員が１０人いたとしましょう。

その中で優秀な社員の２人がやっていることを可視化して重要業務として成長シートに示し、全員で共有化して実行します。そうすれば、今まで成果を上げられなかった社員も、重要業務をやって優秀な社員と同じような成果を出せるようになります。そして、一人ひとりの社員がどこまでやれるようになったか、つまり社員の成長を成長基準で判断して5点満点で評価し、成長を確認するのです。

この仕組みがしっかり回るようになれば、自分がどう評価されて給料や賞与が決まるのかがわからないというような社員の不満は確実になくなっていきます。また同僚社員と比べられて、モチベーションを下げることもなくなります。

何に高いウェートをかけるかで社長の考えを示す

先の4つの成長要素「①期待成果」「②重要業務」「③知識・技術」「④勤務態度」などのようなウェートをかけるかで、社長が何を重要視して評価するかを社員に示すことができます。

社員30名のノズルメーカーL社のL社長は、私のメルマガを読まれて、「普通の会社になりたい。魚屋にできたんだから、うちもできるだろう」と相談に見えました。

L社は腕のいい職人が何人かいましたが、その職人さんたちの勤務態度が非常に悪かった。

工場の入り口に貼り紙が貼ってあって、そこには「携帯をしながら仕事をするのはやめてください。タバコを吸いながら仕事をするのはやめてください。ラジオを聴きながら仕事をするのはやめてください。暑いからといって上半身裸で仕事をするのはやめてください…」と社員に対する注意書きが箇条書きで書いてありました。実はそれらを守らないのは、職人さんだったのです。

魚力も最初、社員の勤務態度が悪く、まずは仕事ができるようになることよりも、勤務態度をきちんと守ってもらうことが先でした。それで、社長は成長シートをつくったとき勤務態度のウェートを一番高く設定しました。

その話をＬ社長にし、「社員の勤務態度を向上させたいと思うのであれば、勤務態度のウェートを高く設定して、社長が勤務態度を一番重要視していること、そしてそれを評価して賃金に反映することを社員に示す必要がある」と申し上げました。

Ｌ社長は心から納得され、さっそく自分の考えにそった人事制度をつくられましたが、困ったことに、Ｌ社で一番腕のいい職人の給料を新しい人事制度で決めると、１０万円以上も下がることがわかりました。なぜなら、ウェートが高い勤務態度の評価が低すぎるからです。

Ｌ社長はその職人に「勤務態度さえ守ってくれたら、今の給料を同じ金額で出せるから、勤務態度を成長シートに書いてあるように守ってほしい」と半年以上にわたって説得しましたが、「こんな会社でやってられるか」と言って辞めてしまいました。もちろん、社長は引き止めました。それを他の社員が見ていて、「社長は本気なんだ」とみんな勤務態度のルールを守るようになったのです。

腕のいい職人が辞めたときは、さすがに社長も大丈夫かと一瞬焦《あせ》りましたが、それも杞憂《きゆう》に終わりました。他の社員が成長したからです。長く人事コンサルタントをやってきて思うのは、みんなで協力しあって仕事をするには社員の勤務態度が良いことが絶対条件だということです。勤務態度とは仕事に対する姿勢であり、組織の文化ですから、非常に大事です。

L社の社員の勤務態度が向上したことで、社員の仕事の質も上がり、今では地元商工会議所から優良法人として表彰されるほどになっています。

評価する対象を変えると経営も変わる

地方都市にある社員26名の自動車販売会社P社でのことです。P社長は後継者に経営をバトンタッチするために、自分が社長として長い間やってきた経験とか勘といったものをどう伝えたらいいのか、その方法を考えておられました。

そういうときに私の本を読まれて、社長の考えを可視化した人事制度をつくり、その制度を後継者がリーダーとなってブラッシュアップしていけば、スムーズに経営のバトンタッチができる、「まさに探していたのはこれだ！」と思ったということです。

そしてさっそくP社長と後継者のお2人が、私の「成長塾」に参加されたのです。

Ｐ社が凄《すご》いのは、社長の考えていること、優秀な社員がやっていることを可視化する過程で、一つの大きな発見をしたことです。

Ｐ社は自動車のディーラーですから、営業主体の会社です。「期待成果」は１か月に何台の車を売るか、その売上高と利益でした。どのディーラーもそうですが、Ｐ社もそれを当然のこととして、これまで評価の対象にしていました。

それが「成長塾」で私の話を聞かれて、生産性の重要性に気がつかれたのです。

Ｐ社がある地方都市は、人口減少と高齢化が進んでいます。将来の経済環境は甘いものではありません。目標を達成できない社員は毎日遅くまで残業していました。休日を返上する社員もいました。

ご承知のとおり、残業が増えれば増えるほど生産性は下がります。いくら残業して休日も返上して頑張っても、それには限界があります。事実、一番成果を上げている社員もこれ以上売るのは無理です、と言っているのです。このことがＰ社の抱えている問題で、この問題を解決しなければ、さらなる発展はありません。

そこで、社長も後継者も成長シートをつくるときに真剣に考えました。それで出てきた答えの一つが、成長シートの期待成果に「生産性」を入れて、少ない時間で車を売る優れたやり方を可視化して、それを重要業務として成長シートに具体的に示したことです。

これ以上は企業秘密ですので公表できませんが、P社はその優れたやり方を全員で共有し、それをどこまでやりきったかを評価することにしたのです。

そうすることで、P社は生産性を向上することに成功し、残業を増やすことなく業績を上げるノウハウを手にしました。

このように、何を評価するかを変えることで、社員の不満がなくなるだけでなく、経営が変わるのです。

多くの会社が期待成果に「売上高」と「利益」を重点に置いていますが、「生産性」を期待成果に加えることで、仕事のやり方が根本から変わって、会社の閉塞感を打ち破ることもできるのです。

それだけでなく、P社の場合は、社長が勘でやってきたことを後継者が可視化することで、上手に経営のバトンタッチをすることができました。

後日談ですが、P社長の後を継いだ二代目社長は、人事制度をつくるときに社長の取り組んできたことを聞きながら可視化していく作業の中で、「おやじは本当に苦労して、ここまで会社を発展させてきたんだ」と、父親を心から尊敬できるようになったということです。

Ｐ社長は現在、完全に経営の仕事を引退されて悠々自適の人生を楽しんでおられます。

【社員の不平不満4】頑張って目標を達成したのに賞与が増えない

成果の高い社員が不満に思う

そもそも一人の社員が目標を達成しても、会社の業績が上がって賞与原資が増えないかぎり、社員の賞与は増やすことができないのはいうまでもありません。無い袖《そで》はふれないからです。

しかし、どういう場合に賞与が増えるか、あるいは減るのかを、具体的に示していない場合は、社員の不平不満はなくなりません。

逆にきちんと「賞与の決め方の仕組み」を説明すれば、賞与原資が減れば、賞与が増えないことが前もってわかり、不満に思わないのです。

ところが、バブル崩壊後、急激に業績が落ちた会社は賞与原資が減り、困った経営者は社員のヤル気を維持するために、社員が出す成果によって賞与を増やしたり減らしたりする、つまり出す成果によって大きくメリハリをつける成果主義を取り入れました。

社員の賞与を決めるのに、「成果」ほど明快で簡単なものはありません。多くの中小企業もこの成果主義をこぞって採用しました。

しかし「我社は成果主義で賞与を決めてます」という会社でも、よく話を聞いてみると純粋な成果主義ではない場合がほとんどです。

どういうことかというと、たとえば売上高3000万円の営業社員A君と、売上高1000万円の営業社員B君の賞与を純粋な成果主義で決める場合、A君はB君の3倍の売上高を上げているので、B君の賞与が10万円であれば、A君の賞与は3倍の30万円、というように成果に比例して賞与の額が増減するのが純粋な成果主義です。

ところが、「我社は成果主義です」という会社でも、3倍もの差をつけていない場合が多いのです。ほとんど差がついていない場合すらあります。そういう会社の社長に「なぜ3倍の差をつけないのですか」と尋ねると、「確かに成果は3倍違いますが、やっていることはほとんど同じで、お客様が違うだけです。むしろ1000万円のB君のほうが、難しいお客様を担当しているので、3000万円の売上高を上げる社員以上に評価してもいいかと思っているほどです」という返事が返ってきます。

これは純粋な成果主義ではなく、やっている仕事の内容も評価しているのです。実はこのことも、社員を混乱させ不平不満の原因にもなっているのです。

「社長は成果主義だ、成果が高ければ高い賞与を出すと言ったのに、自分より3分の1の売上高のB君が25万円もの賞与をもらっている。私は30万円しかもらっていないのに。あとで担当しているお客さんの難易度が違うと言われても、そんなこと前もって聞いてないよ」と不満を言うのが、実は成果の高い社員のほうなのです。

しかし私はこの経営者の考え方は基本的に正しいと思います。もし成果だけで評価して賞与を決めたら、楽に成果を上げられるお客さんを担当したいとみんな思うことでしょう。難易度の高いお客さんを担当させられた社員は大いに不満をもちます。

問題なのは、経営者の「言っていること」と「やっていること」に違いがあることです。先の例でいえば、「うちは成果主義だから成果に応じて賞与を出す」と言うのではなく「成果とプロセスの両方で賞与を決める」と言えばよかったのです。

賞与原資を増やす経営

中小企業の給料と賞与は、大企業に比べて低いというのはその通りです。しかし、大企業は大企業になる前から給料と賞与が高かったのかというと、そうではありません。

私が魚力に入社したときは、大学時代の友人の中で私が一番賃金が少なかった。それが

第４表　労働分配率を改善すると

粗利益 × 改善した労働分配率＝プラスになる経常利益率

３０％×（７０％－４０％）＝９％

１６年後には逆転して、大企業に就職した友人よりも私のほうが多くなりました。

ですから、「中小企業の給料と賞与は低い」というのは、あくまでも今時点のことにすぎません。

社員が継続して成長し、それにともなって業績も良くなっていけば、そのあとから徐々に社員の給料も賞与も増やしていけるのです。

会社は最初に高い粗利益を獲得したあと、後から徐々に社員の人件費を増やしていくわけですから、このとき労働分配率の改善が進むのです。魚力の場合は、労働分配率が６７％から３７％へ大幅に改善しました。

労働分配率を改善すると、会社は高い収益を上げることができます。同時に、安心して社員の給料と賞与を上げていくことができます。万一、労働分配率を改善しないまま規模を大きくしようとすれば、経営はさらに苦しくなります。

たとえば、粗利益率が３０％の会社で、労働分配率が７０％から

40％まで改善したとします。すると、第4表のとおり、9％が経常利益としてプラスになるのです。今まで経常利益1％の会社であれば、経常利益は10％になります。無借金経営も夢ではありません。どれだけ資金繰りが楽になるか、想像できることでしょう。

このような成果が期待できるのであれば、経営者にとって、今ある社員の不平不満を解決することの優先順位が高いことをご理解いただけると思います。

自分の賞与だけでなく社員みんなの賞与を増やそう

J社は社員145名の求人広告会社です。J社長が私のところに相談にみえた理由は、「最近、社内の雰囲気が悪いのでなんとかしたい」ということでした。

詳しく話をお聞きすると、J社は営業主体の会社で、賃金は歩合給。J社長いわく、「歩合給が一番公平公正でわかりやすいので、歩合給にしている」ということでした。私は、「確かに、歩合給は営業部門内では公平公正です。でも大きな欠点があります。それは社員が成長しないことです。なぜなら、歩合給にすると、社員はたくさんの給料をもらおうとして仕事をしますから、次第にお金が仕事をする目的となるからです。社長はそんな人を中堅職や管理職にはできないでしょう。それに加えて、歩合給であれば、成果の上がる仕事のやり方を他の社員に教えません。たとえ隣に成果の上がらない後輩がいても、ノウハウを教えようとはしません。自分の歩合給が減る可能性があるからです。ですから、歩合給は公平公正であっても、社員は成長しないのです。社内の雰囲気が悪いのも、その原因をたどっていくと歩合給がその源です。歩合給はお金でヤル気を引き出すやり方なのです。そうではなく、優れた営業プロセスを可視化してオープンにし、みんなで共有する、みんなで教え合う人事制度をつくられたらどうでしょう」とお薦めしました。

Ｊ社長は納得され、私の「成長塾」に参加されて、自分の価値観に基づいた人事制度をおつくりになりました。

そして、賞与原資の計算の仕方も社員にわかるように示されました。

決算賞与原資は「経常利益から２０００万円引いたあとの４０％」と決め、社員に示し、毎月、その原資がどれぐらい溜まったかもみんなにわかるようにしたのです。すると、社員はその賞与原資に注目し、増やそうとみんなで協力して努力するようになったのです。

こう言うと、「なんだ、歩合給と同じでやっぱりお金で社員のヤル気を引き出そうとしているんじゃないか」と思われるかもしれません。しかしまったく違います。

歩合給のときは、社員は自分だけ賞与がたくさんもらえればいいと思っていたはずです。

他の社員はライバルで、協力して仕事をすることはありません。

一方、優れた仕事のやり方を教えることを評価することにし、賞与原資をオープンにすることで、みんなでたくさんの賞与をもらおう、そのために協力して仕事をしようという意識に変わったのです。これはまったく違う次元の話です。

まさに後者は、社員同士のベクトルが一つになり、さらに経営者とのベクトルも一つになっているのです。

Ｊ社では新しい人事制度にしてから業績が伸び、ここ5年連続して社員の平均賞与が約１０か月となりました。そして経常利益は２２％です。Ｊ社長の「みんなで一緒に幸せになろう」という夢がかなったのです。

【社員の不平不満5】 希望しない部署に異動させられた

異動することが幹部への道

中小企業が社員を採用する場合、営業職、製造職、販売職、あるいは事務職というように職種限定で採用することが多いものです。

本来なら、職種限定で採用した場合はその人を経営幹部にできないのですが、中小企業の場合は人材不足でそんなことはいっていられません。営業職で採用して優秀であれば営業部長にすることが珍しくありません。

しかしこのような人事のやり方は弊害もあって、一つの職種しか知らない人が経営幹部になると、会社全体を考えて物事を判断する力にどうしても欠けます。よく営業しか知らない営業部長と製造しか知らない製造部長は、仲が悪いと言われますが、それはお互いが自分の部署だけを考えるから対立するのです。

ですから経営幹部になるような人は、会社の中の職種をひととおり経験している人がいいのです。そのために異動してもらうわけで、そのことを社員にははっきり伝えておく必要があります。

できれば、入社面接のときに、私が提案する成長シートやステップアップ基準を見せながら、成長して将来は管理職になってもらいたいこと、さらに成長すれば経営幹部になってもらうことを話して、そのためにいろいろな部署をひととおり経験してもらう必要があることを前もって説明しておけばいいのです。

いうなれば、異動することが幹部への道だと、入社するときに納得してもらう。そうすれば、成長意欲のある人は、希望しない部署に異動させられたという不満はもたないでしょう。

ただし異動することによって賃金が下がるなどの不利があった場合は話は別です。

ですから、社員から異動に対する不満が出た場合、異動による賃金の不利があるかどうかは見なければなりません。あれば、解決する方法を見つけ出す必要があります。

先にお話ししたように、かつて魚力では、店長を「売上高」で評価していた時期がありました。私が魚力の人事を担当していたとき、立地の悪い、売上高の少ないお店の店長が不満を言いに来たのです。当然のことながら、立地の良いお店と立地の悪い店では売上高が大きく違っていたからです。確かに立地の悪いお店を任された店長は不利です。それでその不満の原因を探っていくと、立地の良いお店も悪い店も、客単価は変わらないことがわかりました。そこで、魚力では評価するものを「売上高」から「客単価」に変えました。これで店長の不満もなくなり、異動もしやすくなったのです。

職能資格制度の問題点

そもそも人事制度といえば、「職能資格制度」といわれるぐらい、日本の大手企業の5０%以上が職能資格制度を採用しています。

職能資格制度とは、管理職クラスの能力をもっているのか、中堅職クラスの能力をもっているのか、新人クラスの能力なのか、それによってそれぞれの職能等級にふりわけて、昇給や賞与の金額を変えるというものです。はやくいえば、柔道の段のようなものです。5段の人は4段の人よりも賃金が高いということです。

しかし柔道5段の人であっても練習をさぼると、低い段の人に負けてしまうように、かつて成果を上げて管理職クラスの能力があると認められた人でも、環境の変化でその能力が通用しなくなって成果を出せなくなる人もいます。しかしそうなっても職能等級が下がることはありません。

このような制度を採用していると、仕事ができない人が役職が高かったり、賃金が高くなるケースが多くなり、社員の不平不満が増えることになります。

その上、この職能資格制度のつくり方はとても難しいのです。全社員の仕事の難易度とその仕事の組織に対する貢献度を分析して、最も難しい仕事でかつ貢献度の高い仕事をする人が最も高い等級、たとえば9等級とし、最も簡単な仕事で貢献度の低い仕事をする人が一番下の等級、たとえば1等級として、職能資格基準書（第5表）をつくります。社員数が多いほど、つくるのに多額の費用がかかります。

そして、その基準書をもとに職務遂行能力を判断して、すべての社員の職能資格等級を決めます。この等級によって昇給・賞与に違いがあることは、経営者にも社員にもわかりやすいので、多くの企業が導入しています。

しかし2つ問題があります。

1つは、出来上がった職能資格基準書を読んでも、社員はよくわからないことです。具体性に欠ける抽象的な表現が多く、わかったようでわからない内容が多いのです。

2つ目は、仕事の難易度やその仕事の組織に対する貢献度は、日々変わっていくことです。とくにここ十数年のインターネットとＩＴはすさまじい進化があります。コンピューターの扱いなどは、等級の低い若い社員のほうが中年の部長より優れています。今の時代は、手書

第５表　職能資格基準書（事例）

等級	総合	知識・技能	理解・判断力	企画・立案力	折衝・調整力	指導・統率力	意欲・完遂力
1	仕事に関する基礎的な実務知識・技能を有し、主として定型的な仕事を指示や要領説明を受けながら、正確に意欲をもって遂行する能力を有するもの。	●仕事に関する基礎的実務・技能を有する。	●仕事に関する指示・命令やミーティングの内容を理解できる。	●上司の指示のもとに、日常の仕事の処理方法について工夫ができる。			●仕事を正確に意欲をもってやり遂げることができる。
2	仕事に関する一般的な実務知識・技術を有し、ある程度判断力を要する仕事についても、必要な指示を受けながら、正確・迅速に意欲をもって遂行する能力を有するもの。	●仕事に関する一般的実務知識・技術を有する。	●仕事に関して、日常発生する問題について自主的に判断できる。	●上司の指示のもとに、日常の仕事の改善に関する工夫ができる。	●上司の指示のもとに、関係者と話し合い、日常の仕事の問題解決ができる。	●下位等級者に簡単な助言ができる。	●仕事を正確・迅速に意欲をもってやり遂げることができる。
3	仕事に関する高度の実務知識・技能を有し、分析・判断力を要する仕事についても、ほとんど指示を受けずに、創意・工夫を加えて確実に遂行するとともに、下位等級者に対して必要に応じて指示・助言ができる能力を有するもの。	●仕事に関する高度の実務知識・技能を有する。	●仕事に関する問題について、職場方針等に基づき高度な判断ができる。	●仕事に関する目標設定と、それを達成するための的確な手順・方法などを工夫できる。	●上司の指導のもとに、関係者と話し合い、日常の仕事の問題解決ができる。	●下位等級者に適切な指導・助言ができる。	●職場目標達成のために、仕事を確実に意欲をもってやり遂げることができる。
4	業務に関する基礎的専門知識・技能と関連業務に関する基礎的実務知識を有し、職場に関する月間目標の推進などの業務を関係者との話し合い、その他必要な問題解決を行ないながら意欲をもって遂行するとともに、下位等級者に的確な指導・教育ができる能力を有するもの。	●業務に関する基礎的専門知識・技能と関連業務に関する基礎的実務知識を有する。	●職場方針に沿いながら、業務に関する問題の解決方法を判断できる。	●職場の業務に関する月間目標達成の具体策を講じることができる。	●業務に関して日常一般的に発生する事項について、関係者と話し合い、解決できる。	●下位等級者に的確な指導・助言ができる。	●職場目標達成のために、業務上の問題を解決しながら、意欲をもって最後までやり遂げることができる。

※これでは等級は決められません。

等級	総合	知識・技能	理解・判断力	企画・立案力	折衝・調整力	指導・統率力	意欲・完遂力
5	業務に関する一般的な専門知識・技能と関連業務に関する一般的実務知識を有し、職場に関する月間目標の設定と推進などの業務を、関係者との折衝、その他諸問題の発見・解決を的確に行ないながら遂行するとともに、下位等級者の指導・教育が積極的にできる能力を有するもの。	●業務に関する一般的専門知識・技能と関連業務に関する一般的実務知識を有する。	●部署方針に沿いながら、職場全体に関する問題の解決方向を的確に示すことができる。	●職場の業務に関する月間目標設定と、その達成のための対策を講じることができる。	●職場全体に関する業務について、関係者と話し合いを行ない、部署方針に沿って解決できる。	●日常業務に関して下位等級者の指導・教育が積極的にできる。	●職場目標達成のために、困難を克服しながら、責任をもって最後までやり遂げることができる。
6	業務に関する高度の専門知識・技能と関連業務に関する高度の実務知識・技能を有し、部署に関する年度目標案の設定と推進などの業務を、関係者との折衝・調整や問題に対する新しい解決策を試みながら行なうとともに、部下の指導・教育を計画的に行ない、その意欲を高揚させることができる能力を有するもの。	●業務に関する高度の専門的知識・技能と関連業務に関する高度の実務知識・技能を有する。	●部門方針に沿いながら、部署全体に関する問題の解決方向を判断できる。	●部署の業務に関する年度目標案の設定と、その達成のための手段・方策を講じることができる。	●上司の大枠的指示のもとに、部署全体に関する業務について、関係者と話し合い解決できる。	●部下の業務全般に関しての指導・教育を計画的に行ない意欲の高揚を図ることができる。	●部署目標達成のために、新しい試みを行ないながら、責任をもって最後までやり遂げることができる。
7	あらゆる経営環境と経営管理に関する基礎的知識を有し、部署に関する年度目標の設定と推進などの業務を、社内外の関係者・機関との折衝・調整や新しい課題への挑戦を行ないながら遂行するとともに、人材育成の理念に基づいて部下の指導・教育を行ない、全体のチームワークづくりができる能力を有するもの。	●あらゆる経営環境と経営管理に関する基礎的知識を有する。	●部門方針に沿いながら、部署全体に関する問題の解決方向を的確に示すことができる。	●部署の業務に関する年度目標の設定と、その達成のための課題が発見できる。	●部署全体に関する業務について、社内外関係者と話し合い、納得を得ながら解決できる。	●人材育成の理念に基づいて、部署全体を指導・教育し、全体のチームワークを高めることができる。	●部署目標達成のために、常に新しいテーマに挑戦しながら、責任をもって完遂することができる。
8	あらゆる経営環境と経営管理に関する一般知識を有し、部門業務に関する中・長期目標案の設定および年度目標の設定と推進などの業務を社内外の関係者・機関との折衝・調整や部門に係る課題把握を行ないながら強固な意志をもって遂行するとともに、業務面のみならず人間形成面でも影響を与えることができる能力を有するもの。	●あらゆる経営環境と経営管理に関する一般的知識を有する。	●部門方針に沿いながら、部門全体に関する問題の解決方向を的確に示すことができる。	●部門業務に関する中・長期目標の設定および年度目標の設定と、その達成のための課題発見ができる。	●部門全体に関する業務について、社内外関係者と話し合い、意図する方向で解決できる。	●業務に対する確固たる信念のもとに業務のみならず、人間形成の面でも影響を与えることができる。	●部門目標達成のために、強固な意志でことに当り、責任をもって完遂することができる。
9	あらゆる経営環境と経営管理に関する高度の知識を有し、部門業務に関する中・長期目標の設定と推進などの折衝・調整や全社的課題把握を行ないながら強い使命感で解決するとともに、部下の深い信頼を得る見識をもち、部門全体を目標に向かって結集させることができる能力を有するもの。	●あらゆる経営環境と経営管理に関する高度の知識を有する。	●経営方針に沿いながら、全社に係る問題解決の考え方・方向を的確に示すことができる。	●部門業務に関する中・長期目標の設定と、その設定のための全社的課題発見ができる。	●会社全般に関する業務について、社内外関係者と話し合い、会社方針に沿って解決できる。	●部下の深い信頼を得ることができる見識をもとに、部門全体を目標に向かって結集させることができる。	●部門目標達成のために、強い使命感でことに当り、責任をもって完遂することができる。

※これでは等級は決められません。

きや電卓が得意な人よりワードやエクセルが得意な人のほうが貢献度が高いのです。

しかしそういう時代の変化に、職能資格基準書は追いつきません。

また社員自身が変わることもあります。人事異動に不満をもったり、あるいは上司に不満があって、仕事に対するモチベーションを下げて能力を発揮しなくなることがあります。経営環境も刻々と変化します。ですから、職能資格基準書は1年も経てば、役に立たないものになってしまうのです。

しかし職能資格基準書をつくり直したという話はほとんど聞きません。費用もかかるし時間もかかるので無理もないことでしょう。実際には制度として機能しないわけですから、そういう会社は、昇格試験を導入して昇格を決めるようになります。しかし昇格試験は記憶力のいい人が高い点数を取りますので、高い点数を取った人が必ずしも管理職や幹部にふさわしいかといえば、そうとは言えません。そして、やがて職能資格制度の運用自体をやめてしまう会社が多いのです。

それでも職能資格制度が多くの会社で導入されている理由は、経営者が他に等級を決める基準がないと思っているからです。確かに、等級を決める仕組みがなければ、昇給・賞与の金額の違いを説明することができません。

しかし、等級を決める簡単な方法があります。

詳しくは第４章でお話ししますが、職種ごと、階層ごとに、優秀な社員の内容をまとめた「成長シート」を使った等級の決定方法です。

職種とは営業・製造・販売・物流・事務などのことです。階層とは、社員の成長段階を「一般職層」「中堅職層」「管理職層」と大きく３つに分けたものです。成長シートで成長を確認したときの成長点数で、等級を決めるのです。

これなら簡単に、そして社員でもわかるように等級を決めることができます。

そして、確実に力をつけた社員が上の等級に上がっていきますから、社員からの不平や不満が出ることがありません。そして、社員が成長しやすくなるのです。

日本ではすでに782社がこの方式を活用しています。そして経営者の想いにこたえて、見事に社員が成長しているのです。

【社員の不平不満6】仕事ができない人の賃金が多い

経営者も不満に思っている

この社員の不平不満は、社員だけでなく経営者ももっています。経営者から言うと、「自分が評価する以上に賃金が高い社員がいる」という言い方になります。その評価以上に賃金をもらっている社員が申し訳なさそうな顔でもしていれば、経営者も納得いくでしょう。しかし、そういう社員に限って、逆に「賃金が少ない」という顔をしていて、経営者も不満に思っているのです。

驚くことに、一般にどの会社でも、最低5％から多いところで30％の社員が、評価以上に賃金をもらっています。

それが社員から見れば、「同じ仕事をしているのに賃金が高い人がいる」という不満になっているのです。

そして、この社員の不平不満も、評価以上に高い賃金を出しているという経営者の不満も、ともに中途社員の賃金が高いことが原因の一つです。

驚くべきことに、過去におこなった782社の分析結果では、中途社員の実に8割の社員が評価以上に賃金をもらっています。そのような結果になるのも、中途社員の採用時の賃金の決め方に問題があるからです。

たとえば、中途採用時におこなわれているのが、面接の際に前勤務先の給料明細書を持参してもらって、前勤務先の賃金額から、仕事ができる社員かどうかを判断しようとすることです。

基本的に給料明細書には経営者の想像以上の金額が書かれています。すると「この人は仕事ができる人だ」と思ってしまうのです。

また面接のときに、経営者はやってほしいことを「これができますか？」「あれができますか？」と応募者に聞きます。

応募者は、入社したいがために「できます」と答えます。それを聞いて、経営者は安心してしまうのです。しかし、応募者が答える「できます」は、その人の自己評価にすぎません。本当にできるかどうかは、入社後にやってみなければわかりません。

そして次は、採用を前提に賃金の話になります。

このとき中途社員の賃金の決め方が明確になっていない会社は、その応募者との個別交渉の上、賃金を決めることになります。できるだけ低い賃金で採用しようとする経営者と、前の賃金と同額またはそれ以上の賃金を獲得しようとする応募者との心理戦になります。

結婚している応募者は、奥さんから「あなた、最低でも28万円の給料をもらってね。28万円以下の給料では生活できませんから」ときつく言われて、面接に臨《のぞ》んでいるかもしれません。

そして会社が人手不足で困っていれば、経営者側に分が悪いと言わざるをえません。基本的に賃金の交渉は先に金額を言ったほうが勝ちです。つまり、往々にして応募者に有利に採用時の賃金額が決まるのです。その結果、入社後に同じ仕事をしていても賃金が違ってくるのです。

一般に、採用時に決めた賃金額が本当にその社員の評価に見合ったものになっているかがわかるのは、だいたい6か月後です。半年たってようやく、その人が本当にその金額に見合う仕事ができるかどうかがわかります。3等級だと思って採用した人が、実は1等級だったということも現実にはよくあります。

残念ながら、90%以上の確率で、入社面接時の評価以上に仕事ができることはありません。面接時の評価と同じくらいの仕事ができる中途社員は、確率でいうと10%程度。これは多くの経営者が経験してきたことです。つまり、中途で採用する社員の９０％は、評価以上に賃金を支給されているのです。これが現実です。

中小企業の労働分配率が高止まりしている原因

中小企業の粗利益に占める人件費の割合を示す労働分配率が高止まりになっている原因の一つは、中途採用が採用の中心になっているからです。

労働分配率が高いということは、儲けた利益の多くを人件費に使っているということです。こういうと、労働分配率の高い会社は、高い賃金を払って、社員を大切にしている会社に思えますが、そうではないのです。会社の規模に関係なく優良企業はどこも労働分配率が低くて、社員の賃金が高いのです。

ですから、労働分配率を改善するためにも、中途採用者の賃金の決定方法についてルールを決めておく必要があります。少なくとも、６か月後の評価で賃金の見直しをすることを応募者に承諾してもらってから入社してもらう必要があります。

このとき応募者に、「６か月後に賃金が下がる場合がありますが、あなたが成長していけば、あなたが希望する賃金は最短で○年ぐらいでもらえるようになります。さらに成長していけば、もっと増える可能性があります」と、ステップアップ基準とモデル賃金表を見せながら説明してほしいのです。

そうすれば、成長意欲のある人は、一時、賃金が下がっても、この会社でやってみようと思うはずです。反対に、成長意欲のない、たんに高い賃金が欲しいという人は半年後に下がる可能性があると知って、自分のほうから辞退するでしょう。

というのは、経営者は中途採用者に高い賃金を出して失敗したと思った場合は、その後しばらく昇給しない、あるいは賞与を減らすといった方法で調整することが多いのです。そういうことを過去に経験したことがある応募者は、最初の一発で高い賃金を決めたいと思っているからです。

労働分配率を下げる

そもそも中途社員は、経営者が即戦力となる人材を求めて採用するものですが、なかには、はなから新卒採用をあきらめている経営者も多いものです。

確かに新卒社員は、仕事以前に挨拶の仕方や名刺の渡し方といった社会人の基本的なマナーから教えなければなりません。中途社員であれば、そういう手間がいりません。

しかし、中途採用を中心にやってこられた方は考えてみてください。これまで期待したとおりに即戦力になってくれた社員はどのくらいいましたか？　おそらく１０人に１人、場合によっては２０人に１人くらいしかいなかったというのが現実ではないでしょうか。

思ったほど仕事ができず、結局、一から仕事を教えることになった。そのうえ今までのやり方を捨てきれず、どうしても前のやり方でやりたがり、自社の仕事の仕方を覚えてもらうまで、新卒より時間がかかった。まず過去のことを忘れてもらうところから始めなければならず、ゼロどころかマイナスからのスタートだった。そんな経験をおもちではないでしょうか。

実際には、中途社員は期待するほど高い成果を上げることができません。にもかかわらず、高い賃金を払っているため、逆に労働分配率を高める結果に繋《つな》がっているのです。中途採用は、このような悪循環に陥る可能性が高いのです。

そのことに早く気づいた経営者は、新卒採用に切り替えています。魚力の場合もそうでした。新卒採用をしたことのない経営者は想像がつかないかもしれませんが、実は新卒社員を育てるほうが中途採用を育てるよりも簡単なのです。

新卒社員は、なにごとも真っ白なキャンバスに絵を描くように、真綿に水が染み込むように、素直に吸収します。新卒社員のほうが早く仕事を覚え、組織の一員として力を発揮するのです。

もちろん、新卒社員は最初から仕事ができるわけではありませんが、少しずつ仕事を覚え、賃金も少しずつ増えていきます。そして10年前後で一人前に成長しますが、それでもベテラン社員クラスの高い賃金を支給する必要はありません。ここでさらに労働分配率が改善するのです。新卒社員を採用した方は、それを目の当たりにされたと思います。

ただし、たんに新卒社員を採用すればいいという簡単な話ではありません。新卒社員を採用したら、教育するときに「我社のやり方はこうです」と統一した優れた仕事のやり方を示さなければなりません。それができないと、新卒社員を育てることができません。定着率も悪くなります。

中途採用を主にやってきた会社は、社員の仕事のやり方がバラバラのことが多いのです。ある会社の経営者は「まるで個人商店の集まりのようだ」と表現しました。ですから、新卒採用を始める前に、自社の最も優れている仕事のやり方とはどのようなやり方なのかをまとめる必要があります。

それが私が提案する人事制度の中心となる成長支援制度の「成長シート（※第4章で解説）」

なのです。

成長シートは、一般的に評価シートと呼ばれているものと似ていますが、似て非なるものです。社員を評価することが第一の目的ではなく、社内の優秀な社員をモデルにし、どのような社員に成長してもらいたいか、具体的にやってもらいたいことを明らかにして成長のゴールを示すものです。

そして、成長シートの内容を目標にして成長してもらい、定期的に社員の成長を確認し、会社が評価します。社員を指導するときにこのシートを活用すれば、全社員を統一した内容で指導することができ、すべての社員を同じように優秀な社員にすることが可能になります。また「どう成長すればいいのか」というゴールを目に見えるようにすることで、成長のスピードも早まるのです。

新卒採用の社員が増えて、成長シートが示したとおりに成長し、その成長に見合った賃金を払えば、同じ仕事で賃金が違うという社員の不満も、評価以上に高い賃金を払わなければならない経営者の不満も、ともになくなっていくことでしょう。

新しいことに取り組む若い社員の不満

Ｋ社は３０数名のスタッフを抱える税理士事務所です。Ｋ社長は１９歳の大学浪人中のときに父親の社長が急死されて、苦労して父親がつくった税理士事務所の後を継がれました。Ｋ社長は意欲的な経営者で、会社をさらに発展させようと考えています。

ところが、今以上にＫ社を発展させるには、大きな壁がありました。経営者ならご存じだと思いますが、今は税理士が昔のように顧問先の決算書をつくっていれば、安定的に顧問料がもらえるという時代ではありません。

経理処理のＩＴ化が進み、すべての経理数字をインプットすればボタン一つで簡単に決算書をつくれる時代なのです。

今、税理士に求められるのは、決算書をつくる仕事以外に、顧問先に対して適切な経営アドバイスができることです。それができないと、お客様のニーズに応えられず、昔のような顧問料をいただけないのです。

しかし古手のスタッフの中には、相変わらず自分の仕事は決算書をつくることだと決算書づくりに専念して、お客様にアドバイスを求められても「私にはそんな時間がありません」と断っていたのです。しかしベテランですから、担当するお客さんの数は若手よりも多いので、数に比例して賃金も高かった。

一方、若手のスタッフは昔の良き時代のことは話に聞くだけのことで、はじめから決算書だけつくっていたらお客様のニーズに応えられないことをわかっていますので、税務関係以外の経営の勉強もして、お客様のニーズに応えようと努力していました。

しかし、K社は経営アドバイスをするという仕事を評価の対象にしていなかったために、顧問先の少ない若手の賃金は古手のスタッフより少なかったのです。このギャップが若手の大きな不満だったのです。

K社長はこの問題を解決するために、私の「成長塾」に参加され、そういった若手スタッフの賃金の不満を解決するとともに、今まで各スタッフがバラバラでやっていた経営アドバイスの仕事を統一して、それをみんなで共有してやっていく人事制度につくり変えたのです。

そうすることで、K社は今までそれぞれ仕事の質もやり方もバラバラだった専門家集団から、全員でお客様のニーズに応えていく強い専門家集団へ生まれかわり、会社を発展させたいというK社長の夢に大きく一歩近づいたのです。

【社員の不平不満7】成果を出したいが成果の出し方がわからない

優秀な社員がやっていること

この社員の不満は切実です。成果を出さないかぎり給料や賞与が増えない会社では、成果を出すことが収入を増やす道だからです。

成果主義の弊害についてはすでに述べましたので、ここで多くを語りませんが、かつて日本の会社にあった、成果を出せない人を周りの人がよってたかって成果が出せるように教えてあげるという組織風土が失われて、自分だけ高い成果が出れば良しとするような風土にとってかわりました。

私は一貫していわゆる成果主義に異を唱えてきましたが、今までさまざまな人事制度構築の支援をしながら分析をしてきて、わかっていることがあります。それは、

優秀な社員は、成果を上げるためのやるべき仕事、重要な業務に注力し、それをやりきっている。そして重要度を測る基準を自分でもっており、常に重要度の高い仕事に多くの時間を割いていることです。

つまり、たくさんの種類の業務をやることが優秀な社員になる方法ではないし、高い成果を上げる方法でもないということです。

経営者は誰でも、すべての社員に成果を上げてほしい、優秀な社員に成長してほしいと思っています。それならば、成果を出す社員はどうして成果を出しているのかを社員に説明し、やるべきこと（**重要業務**）を同じようにやらせきることです。それが社員を成長させる一番の近道です。

成果が出せずに悩んでいる社員の顔には笑顔がありません。暗く沈んでいます。成果が出ないから仕事をやりきれず、いつも「ダメだ」と烙印《らくいん》を押されるのです。仕事を楽しむ余裕などあるはずもなく、意欲は擦《す》り減っていくばかりです。

そんな毎日を繰り返しているうちに、いつしか社員はそのことに慣れ、何もしない社員へと変わっていきます。しかしそんな社員になったのは、社員個人だけの問題ではないのです。経営者が社員を成果の大きさで評価したら、そういう元気のない社員をつくり出し続けます。

そうではなく、もし経営者が「成果の上がっている社員は素晴らしい。でもその成果を上げているやり方を他の社員に教えている社員はもっと素晴らしい。仕事を教え合って、すべての社員が一緒に優秀になれる。そんな組織になろう」とそのことを可視化して宣言すれば、成果の出し方がわからない社員も、仕事に希望を見出すでしょう。また、高い成果を出している社員も、教えること、助けることを最も高く評価するのであるならば、納得して教えることができるのです。

経営者はもっと褒《ほ》めよう

高い成果を出している社員は、経営者や上司から、常日頃から褒《ほ》められたり認められたりしています。

「今月はすごいね、君のお陰で目標達成できそうだよ」

「君がいるからこの会社はもっている」

「君には感謝している」

そんな言葉を日頃からかけられているから、その社員は「もっと頑張ろう」という意欲が湧《わ》き、成長し、優秀になったのです。

「いや、そんなことはないでしょ」と不思議に思われる方は、一時的に優秀な社員を褒《ほ》めたり認めたりすることを止めてみてください。

たとえば、部下が「こんなに成果が出ました」「うまくいきました」と言ってきても、「へえ」「あ、そう」「それで？」と応えるのです。どんなことになるか想像がつくでしょうか。

実際に試してみる経営者は少ないと思いますが、部下のほとんどがモチベーションを下げるのは目に見えています。

私がお願いしているのは、そんな業績が下がるようなリスクのあることではなく、優秀とは思えない社員を褒《ほ》めて優秀にすることです。コストは一切かかりません。

そう言うと、「褒《ほ》めることがあれば苦労はしない」とため息をつかれる人もいるでしょう。経営者は成果を上げてくれたら、すぐに「褒《ほ》めよう」と思っているからです。

しかし高い成果を出す人も最初から高い成果を出せたのではありません。階段を一つ一つのぼるように優秀な人へと成長したのです。ですから、最初は成果ではなく、プロセス上の小さな成長を褒《ほ》めていただきたいのです。

「今日のお客さんへの対応、とても良かったね」

「そんなことができるようになったんだね、すごい！」

最初は難しいかもしれません。褒《ほ》められた社員も「社長が変だ。様子がおかしい」と思うかもしれません。

しかし、小さな成長を褒《ほ》め続け、社員がどう変わるかを確認してください。やがて嬉しそうな顔をするようになり、そのうちイキイキと仕事をするようになるでしょう。

これまで相対評価で、高い成果を出す優秀な社員と比べられ、優秀でないと評価されて褒《ほ》められたことがなかった社員が褒《ほ》められるようになった。本人のモチベーションを上げることはあっても下がることはありません。

このとき、優秀な社員とはどんな社員であるかを具体的に可視化できていることがとても重要です。誰かとの比較ではなくて、具体的に成長シートにまとめられていること、つまり、ある基準と照らし合わせて成長を確認できれば、誰もが成長したと認められるのです。

たとえば、「Aさんのようになったら一人前です」というような特定の社員と比較した基準は使えません。なぜなら、BさんがAさんのようになるか、Aさん以上の成果を上げることでしか、Bさんを褒《ほ》めることができないからです。言い換えれば、AさんがいるかぎりBさんは優秀になれないのです。

しかし、「この成長シートで80点を取ることができれば一人前です」と言われたら簡単です。Aさんが満点であろうが90点であろうが関係ありません。ゴールである一人前を目指して、たった1点でもBさんの成長点数が上がれば、成長した証《あかし》として確認できます。経営者はたくさんの小さな成長を確認して、褒《ほ》めることができるのです。

いずれにせよ、社員を成長させて、モチベーションを向上させるために必要なのは、賃金を上げることではなくて、小さな成長を褒《ほ》めることなのです。

【社員の不平不満8】

同じ仕事をしているのに賃金が違う

年齢給の考え方

私が提案する人事制度は、社長の考え方や価値観を可視化するものですから、賃金の決め方についても「一律にこうしてください」と押し付けるものではありません。

あくまでも社長の考えや価値観が反映されたもので、社員が理解しやすく納得できるものであればいいのです。

意外と多くの会社で、年齢に応じて上がっていく「年齢給」を賃金の基本給の一つとして取り入れています。しかし、この年齢給を40歳を過ぎても上げ続けると、別の不満が社員から出てきます。同じ仕事でも、年齢が高い社員のほうが賃金が高くなるからです。

私の年齢給についての基本的な考え方は、新卒社員が一人前になるまでのあいだ、新卒社員の生活を保障する目的で年齢給は必要だと考えます。

たとえば、新卒社員は7年から10年かけて一人前になりますが、7年から10年間は一人前の仕事ができないので昇給する理由がありません。しかし、多くの会社で新卒社員も毎年３０００円から５０００円くらい昇給します。ではその目的は何でしょうか。

それは、新卒社員が一人前になるためには勤務態度を守り、知識・技術を身につけ、重要業務ができるようにならなければなりません。それまで焦《あせ》らずじっくり成長してもらう、そのために生活保障として年齢給を昇給するという考え方が反映されているのです。

私の「成長塾」に参加された７８２社の経営者のほとんどがこの考え方に賛成されました。そのように考えていたことになります。

ではいつまで年齢給を支給すればいいでしょうか。

それは最終的にはそれぞれの経営者の判断にお任せしますが、６０歳まで年齢給を支給し続けるという経営者は一人もいませんでした。

私は新卒社員が一人前になって中堅職層に昇格したら、年齢給をなくして成長給一本で運用することをおすすめしています。

同じ仕事をしているのに賃金が違うのは、完全歩合給の場合もそうです。

完全歩合給は出した成果によって賃金が違ってきますから、同じ仕事をしていても賃金が違います。しかしこれは、社員がそれを納得して働いているわけですから、不満が出ることはないでしょう。

完全歩合給は、年齢に関係なく、若い人でも高額の賃金を手にすることができます。しかし体力が衰える30代後半、一番生活にお金がかかる時に、若いときのように成果が出せなくなって賃金が下がることが多いのです。

前に述べたとおり、歩合給の場合、成果を出すノウハウを他の社員に教えることはありません。同僚であってもライバルであるからです。そのため、社員の成長と会社の成長をロングスパンで目指す場合、歩合給はおすすめできません。

飛び級した社員は腐る

経営者からのご相談で、「ある若い社員がものすごく仕事ができて抜群の成果を出すので、飛び級させて高い給料を出してもいいでしょうか。彼が歳が若いというだけで仕事ができない先輩よりも給料が少ないなんておかしいと思いませんか」という内容です。

そういう相談について私は、

「そういう若くて優秀な社員がいるのは素晴らしい。ぜひ最短昇格年数でステップアップできるよう指導してください。しかし、飛び級は反対です。飛び級させた社員は次の年は腐るという法則があることをご存知ですか。1回飛び級させると、本人は次の年も飛び級したいと思うものです。考えてみてください。プレーヤーとしてどんなに抜群であっても、等級が上がれば、部下を指導するマネジメントの力も求められます。一人のプレーヤーとして凄《すご》くてもマネージャーとして力を発揮するかどうかはわかりません。ですから1回飛び級できたとしても、その次の年も飛び級できるとはかぎりません。しかしできなかったとき、一番がっかりして腐るのは本人なのです。だから優秀な社員も一つひとつの階段を最短年数でのぼってもらったほうがいいのです。そのほうが本人のためにも会社のためにもプラスになります」と答えることにしています。

そもそも私はこれまでの経験から、飛びぬけて優秀な社員よりも、どちらかというと鈍重《どんじゅう》な社員のほうがいいと考えています。一般職の次は中堅職で仕事をすることになるからです。鈍重《どんじゅう》な社員は要領がよくないので、覚えるのも遅いし失敗も多い。しかし少しずつ成長して中堅職層に上がって部下指導をするようになると、その経験が活きてくるのです。

一方、飛びぬけて優秀な人は、部下が失敗したら、自分が失敗をしたことがないので、上から目線で「お前、バカだなあ」と言ってバカにしがちですが、鈍重《どんじゅう》な社員は「俺も同じ失敗をしたよ、でも大丈夫だよ」と部下に自分の経験を踏まえた指導ができるのです。

あなたが部下だったら、どちらの上司についていくでしょうか。

同一労働同一賃金

正規・非正規の身分を問わずに、同じ仕事に対しては同じ賃金を支払う「同一労働同一賃金」について報道されることが増えています。安倍晋三首相が２０１６年１月におこなった施政方針演説で「同一労働同一賃金」の方針を打ち出したためですが、報道を見ていると若干、補足が必要だと思わざるをえません。

同じ仕事であっても、雇用形態や雇用条件が違うと、賃金が違って当たり前だからです。

わかりやすく総合商社の例でいえば、いつ外国に転勤になるかわからない社員と、地域限定採用つまり転勤がない社員が、現在、本社で同じ仕事をしていたとしても、賃金が違うのは当然です。賃金が同じであったら、「来月から海外で働いてくれ」と異動を命じられた社員は納得しないでしょう。

あるいは同じ仕事をしていても、家庭の事情で1日5時間しか働けない人と、仕事が忙しければ残業もあるし、休日も出勤することもある人では賃金が違って当たり前です。

ですから、同じ仕事をしているということだけで同じ賃金を払うべきという議論は成り立たないと思います。

それよりも今後、問題になっていくと思われるのは、定年後に再雇用された社員の賃金です。現在は再雇用後の仕事がこれまでの仕事と変わらなくても、賃金は３割カット、４割カットが当然のようにおこなわれています。

カットされても高年齢雇用継続給付もあり、老齢厚生年金も支給されていたので、それほど大きな問題になっていなかったと思います。

しかし２０１６年５月に東京地裁は、定年後の再雇用で正社員時代と同じ仕事をしているのに賃金が減ったのは違法だとして訴えた、運送会社の社員３人の言い分に対して、労働契約法違反として賃金の差額分を３人に支払うよう運送会社に命じる判決をくだしました。

今後、年金の支給も段階的に遅くなることが考えられ、再雇用者の賃金について、大きく変更を迫られる可能性があります。

私の基本的な考え方は、社員が高齢であろうと再雇用社員であろうと、その人の成長が確認できて、なおかつ会社に貢献していることが成長シートでわかるのであれば、成長給（※第７章で解説）は増やしていっていいと思います。増やしても会社にとってマイナスとなりません。

ただ高齢者は体力と気力が年々衰えることは避けられません。人によっては、これ以上、成長できないという人も多いでしょう。しかしその場合も、高い成長点数が取れなくなったら、本人も自分の成長シートでそれを確認することになりますので、その結果、賃金が下がっても納得するはずです。

また逆に、そういう人でも、また成長すれば成長給が上がる可能性はあるのです。

基本的に、私が提案する人事制度は成長を評価の基準にするので、年齢に関係なく成長すれば成長給は増えてよいので、再雇用者の賃金一律カットはおすすめしていません。今後の高齢化社会を考えたときに、経営者として考えておくべき課題だと思います。

【社員の不平不満9】目標が高すぎてヤル気がしない

目標達成率で評価してはいけない

規模の大小に関わらず、日本の企業の80%以上が経営目標をもっています。事業年度の最初に今年の売上高や利益の目標を設定し、幹部・社員、ときには取引先や銀行の関係者を呼んで、社内外に発表します。

私も経営計画の発表会に招待されますが、社長が来期の高い目標を誇らしげに宣言するときに、聴いている社員を見渡すと、必ず社長と目を合わせないようにうつむいている社員がいるものです。

そして、経営目標をもっている多くの会社は、業績を毎月「目標達成率」で評価しています。掲げた目標をどれぐらい達成しているのか評価するのです。とてもわかりやすい評価と言えます。そのため、社員個人にも目標を立てさせて達成するように指導する「目標管理」をしています。

3000万円の売上高を目標にしている社員が、2700万円の実績であれば達成率は

９０％。３０００万円の売上高目標の社員が３３００万円の売上高を上げれば達成率は１１０％。どちらが高い評価を受けるか、社員にもわかりやすいものです。高い目標を掲げて達成しようと邁進している頼もしい社員の姿が、目に浮かぶかもしれません。

しかし、前期の目標が２０００万円だったＤ君が、今期３０００万円という目標を立て、目標どおり３０００万円の成果を出したとしましょう。Ｄ君の達成率は１００％です。

一方、前期６０００万円の成果を出したＥ君が、今期６５００万円という目標を立てましたが、結果は６２００万円という成果で終わったとしましょう。Ｅ君の達成率は約９５％です。

経営者なら当然おわかりだと思いますが、Ｄ君の達成率が１００％であっても、６２００万円という高い成果を出したＥ君のほうが賞与が多くて当然です。昇給や賞与は、達成率ではなく絶対額で評価しなければおかしなことになります。そうであるにもかかわらず、目標達成率で評価する会社がたくさんあります。

そして達成率で評価すれば、そのうち誰も高い目標を立てようとはしなくなることでしょう。高い目標を設定しないということは、成長することを考えていない、ということにほかなりません。

よく「手を伸ばしてやっと届くところが目標だ」と言われます。また、高い目標を設定した社員ほど、大きく成長します。ですから自分の成長のことを考えたら、今の実績を超える目標を設定するのが当然でしょう。

とくに意欲的な社員であれば、現状の実績には関係なく、あっと驚くような目標を設定することもあるかもしれません。自分の可能性を信じているからこそ、目標を高く設定している。挑戦したいという意欲が強く表れるからです。

ところが、目標達成率で評価する会社では、社員は高い目標を設定しません。なぜでしょうか。その理由に気づかず、目標達成率での評価を続ければ、社員は成長しなくなってしまう、場合によってはダメな社員になってしまいます。

高い目標を設定しない理由はたった一つです。達成率で評価されるならば、誰しも低い目標を設定したいと思うからです。社員は評価されたいと願っているからです。

それにもかかわらず、経営者は「こんな低い目標では困る」と言って、結局、社員に経営目標を割り振っています。会社全体の経営目標を、それぞれの社員に「このくらいが君にふさわしい」といって目標として割り振るのです。でもこれでは「目標」とは呼べません。これは「ノルマ」です。「ノルマ」はロシア語で、ロシアは国民にノルマを押し付けて、その後、旧ソ連は崩壊しましたが、その原因の一つがノルマ管理であったと言われています。
ノルマは、目標とはまったく違います。上司から与えられた数字を「実現しなさい」となりますので、社員は最初から抵抗があります。抵抗があるだけだったらいいでしょう。さまざまな理由をつけて、できるだけ低い目標に変更するための交渉をおこないます。上司はこの意欲のない部下に腹をたてるでしょう。これが上司と部下の人間関係の悪化の原因の一つになっています。

どうして社員が低い目標を設定するようになってしまったのか。理由を聞けば簡単にわかることです。達成率での評価が社員の成長の阻害要因になっていたことに、冷静になれば気がつくはずです。しかし、誰もが達成率評価をやっていると不思議に思わない。正しいものだと思って疑うことを忘れてしまいます。そして、「うちの社員は成長意欲がない」と、成長しないのを社員の問題としてとらえてしまうのです。

社員が成長しないのは社員の問題、という考え方は、マネジメントをする上では大きな誤りです。社員が成長しないのは、会社に何かの問題があるからです。その問題の一つが達成率評価なのです。

高い目標が不利にならない

それがわかって目標達成率評価をやめた会社で、どんなことが起きたか。

ある企業の経営者は、社員の目標が高すぎて、「本気か！」と部屋中にひびきわたる声で叫びました。「今の成果を考えたら、ありえないような目標を立ててきたのですが…」と逆に心配になって私に相談の電話をかけてきた経営者もいます。

達成率評価をやめた会社で、社員がどんなに高い目標を設定するか、多くの会社の経営者が経験しています。

成長したくない社員は一人もいません。成長したいと願う社員の思いにこたえるなら、達成率評価を一刻もはやくやめるべきです。

高い目標をもつことの意義、つまり、高い目標をもつことで自分自身が大きく成長できること、それによって社会により多くの貢献ができることを社員に伝えていただきたい。そして、高い目標を立てた社員の評価は、少しでも伸びたこと、成長したことを評価してください。

たとえ目標の半分しか達成できなかったとしても、前年よりも伸びているのであれば、その成長を褒《ほ》めて評価してあげてください。

【社員の不平不満10】部署や上司によって評価がマチマチで不公平だ

会社が決めた評価を伝える

この不満は、ある特定の人が評価を決めているかぎり、なくならないものです。

私が提案する人事制度では、上司が社員の成長を成長シートの成長基準に従って評価し、それを成長支援会議で最終決定します。

詳しくは第4章で解説しますが、最終的に決まった評価結果を社員にフィードバックするのですが、それはあくまでも会社が決めた評価です。成長支援会議では上司間の評価の甘辛《あまから》を解消し、経営者と上司の評価のギャップもそこで解消して、社員一人ひとりの評価を最終的に決定します。

なぜこのような仕組みにしているかというと、人間が評価すれば、どうしても人によって寛大に評価する傾向、厳格に評価する傾向、なんでも真ん中の点をつける傾向など、その人の評価の傾向が出るものです。ですから、成長支援会議を開いて会社として最終決定するのです。

成長支援会議では問題を見つけるために、まず点数の高い順から社員を並べてみて、その順位に対しての問題点を発見します。問題を見つけたら、「A君よりB君のほうが点数が上になって当たり前」「いやA君のほうが仕事ができる」というような社員同士を比べる相対評価はしません。

おかしいと思ったところの問題点、たとえば成長シートの成長要素、ウェート、成長基準、解釈の統一に問題はないか、職種間のバラツキはないか、上司と部下の人間関係がうまくいっているかなど話し合って、あくまでも原因と解決策を見つけていくのです。

たとえば、「部下に仕事を教える」という重要業務を評価するときに、同じ5点をつけるにしても、

上司その1は「部下が聞いてきたときに丁寧に教えたら5点だと思う」

上司その2は「部下が聞かなくても積極的に教えたら5点だと思う」

上司その3は「教えた部下が成長したときに5点と評価する」

と、「部下に仕事を教える」という評価の解釈が人によって違っていると、不公平なものになります。

基本的に評価は、具体的な行動で見るのが原則です。目に見える行動で評価するということ

とですが、それに慣れるまでは少し時間がかかります。

最大のポイントは、社長の評価の考え方に統一することです。たとえば「部下に仕事を教える」という評価を、社長は「実際に部下が成長したならば5点だ」と考えていれば、そのように指導して、次回から全上司が同じように評価すればいいのです。

ですから、成長支援会議では、社長にオブザーバーとして出席してもらい、問題点を指導してもらいながら、会議に出席する上司たちが評価の仕方を全社で統一していくのです。

つまり、社長と同じ評価になるように指導していくのです。これを繰り返していくと、そのうち社長が上司の評価結果を見て、なんの違和感ももたないようになります。そうなれば、そのままその結果を昇給や賞与に結びつけていけばいいのです。この時点で、社長は社員の賃金を決める苦労から解放されるのです。

社長が気をつけなければならないこと

社長にお願いしたいのは、成長支援会議で最終的に決まった評価は、社長といえども勝手にひっくり返さないでほしいということです。社長がひっくり返すようではいつまでも問題が解決しないし、成長支援会議に参加している上司も確実にヤル気をなくします。

そもそも社長が社内で一番甘辛の傾向をもっているのです。

営業出身の社長は、営業社員に対して厳しい評価をします。自分と比べるからです。自分と比べると、どの営業社員を見ても、まだまだと不満に思って評価が辛くなるのです。ですから、営業に強い社長のもとでは、営業社員は褒《ほ》められず育ちにくい。一方で、自分の不得手の商品開発に対して甘くなります。

同様に、商品をつくることに自信のある社長は、商品開発担当の社員に対して厳しい評価をしますので、社員が育ちにくいことを頭に入れておいてください。一方で、自分の不得手の営業に対しては甘くなります。

加えて、部下をもつ上司に気をつけていただきたいのは、部下に評価結果をフィードバックするときです。

上司が自分の立場を守ろうとして「俺は８５点をつけたんだけれど、会議で７５点になったんだよ」と絶対に言わないことです。

部下から「どうして私は７５点なんですか」と聞かれたら、本人のフィードバックシートを見せながら成長支援会議で決まった内容を説明してください。万一、「俺は８５点をつけたんだけれど、会議で７５点になった」などと部下に言ったら、部下は「この人は最終的に評価を決める力がないんだ」と思って、その後、上司の言うことを聞かなくなる可能性があります。あくまでも、「私も出席した成長支援会議での決定です」と答えてください。

同じ基準で評価できないケース

W社は美味しいビールを飲ませるレストランを5店舗展開する従業員35名の会社です。

W社の特徴は、ふつうであれば、飲食レストラン業では成功した業態をそのまま横展開して店舗を増やしていくのが定石であるところ、W社長はそうせず、ビールを扱うのはどの店も同じですが、それ以外に関しては、店によって扱うメニューを変えて、店舗づくりをカフェ風にしてみたり、ビストロ風にしたり、日本風にしてみたりと、5店舗とも違う業態にしていました。

W社長が相談に見えたとき、私は、

「店によって粗利も違うし生産性も違うので、一つの成長基準を全部のお店に当てはめるのは無理ですね」と申し上げたところ、W社長は驚かれました。

「同じ会社なのに、成長基準が1本にならないのですか」

「無理です。5店舗の期待成果は成長要素ごとにそれぞれの成長基準が必要になります」

Ｗ社長は会社に戻って、私とのやりとりを各店長に話したところ、「やっぱりそうだったか」という顔をされたそうです。

それまでＷ社長は、５人の店長に「同じ基準で人時《にんじ》生産性を上げよ」と言い続けていたのです。しかし各店長は納得していませんでした。それは当たり前のことで、業態が違って作業効率も違うわけですから、一つの基準で評価すると不公平になるのです。そのことが各店長の不満でした。

私の話を聞いて納得したＷ社長は、５店舗それぞれの期待成果の成長基準を設定し、各店舗の社員が互いに教え合うことを高く評価する人事制度をつくって導入しました。

すると、これまでできないと思っていたことができるようになったのです。

その一つが、ある店長が「やってみてわかったが、やっぱり生産性を上げるには売上高に応じた人時《にんじ》計画を前もってつくる必要があるよ」と言い出し、他の店長も注目したのです。

それまで社長が何度も「○曜日はいつも暇だからバイトは少ないほうがいい」と言っても、「急に忙しくなったときにバイトがいないと困ります。バイトも稼ぎたくて働いているのに店の都合だけを言えません」と言って、なかなか社長の言うことは聞き入れませんでした。

しかし、店長の１人が人時《にんじ》計画をつくって効果があったことを報告すると、他の店長も目の色が変わったのです。

バイトも前もって、「この日とこの日、働いてもらいたい」と言っておけば、差し支えないことがわかりました。それですべてのお店で売上高に応じた人時《にんじ》計画をつくるようになり、これによって人時《にんじ》生産性が改善されたのです。

それだけでなく、今まで社長の勘で決めていた社員の処遇も、きちんと見える化したことで社員の定着率も上がり、さらに店舗同士が優れたやり方を教え合って仕事をするように変わっていったのです。

導入して数年後、W社長から私のパソコンにメールで一つの映像が送られてきました。見たところ、たんにW社長がニコニコと笑っている映像です。

私はW社長に電話して「忙しいのに、社長がニコニコ笑っている映像をずっと見てられませんよ」と申し上げると、「いやあ、うちの税理士さんが撮影してくれたんですよ」ということです。

理由を聞けば、W社長がこんなにうれしそうな顔をしているのを今まで見たことがないということで、税理士さんが携帯で撮影したそうです。

なんでも、5年ぶりに賞与が出せたので、W社長は税理士さんの前で笑みがこぼれっぱなしになったそうです。それを私に伝えたくて、映像を送ってくれたのでした。業績の向上よりも社員の賞与支給を喜ぶ経営者がいることは、日本的経営の特徴の一つです。

以上、主な社員の不平不満をあげて、経営者としての考え方と人事制度のあり方を述べました。

人事制度をつくられたら、それで終わりにするのではなく、運用してみて社員から不平不満が出たら、その不平不満を一つずつ解決していってください。それを繰り返したあとなら、経営者は次のことを口にできます。

「我社には昇給や賞与に不満のある社員は一人もいない」

はやくこれを言えるようになってほしいと思います。本当の意味で経営者がこれを言えるようになったとき、社員がどれほど成長するようになっているか想像できるでしょうか。必ず会社は良い方向に変わっています。

では、次章からいよいよ社長の考えや価値観を可視化してつくる人事制度づくりに入っていきましょう。

第3章　社員が成長する人事制度の体系

第６表　４つの仕組みが相互に関連する人事制度

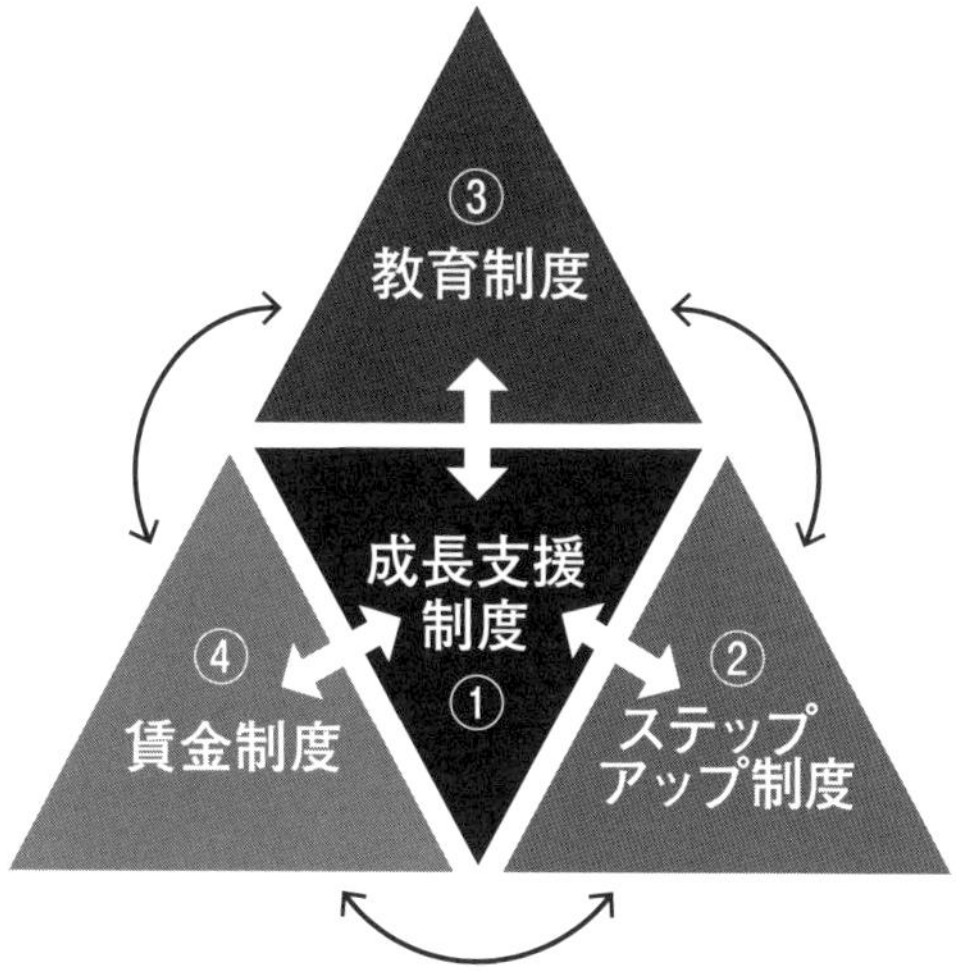

４つの仕組みで動く人事制度

私が提案する人事制度は、上の三角形の図のように、４つの制度で成り立っています。

その４つとは、

①成長支援制度
②ステップアップ制度
③教育制度
④賃金制度

です。

この４つがうまく連携して動き出すと、社員がグングン成長して業績が上がっていきます。

第６表をご覧いただくと、三角形の中核に「成長支援制度」があることをおわかりいただけると思います。この「成長支援制度」が、全体を動かすエンジンとなります。

したがって、まずは成長支援制度をしっかり会社に根付かせることが、成功の要《かなめ》です。また第6表の①から④の数字は、どれから導入すればいいかの順番を示しています。ご覧のとおり、中核の成長支援制度が一番最初につくる制度となります。

各制度のつくり方については、次章より順番に述べていきますが、その前に4つの制度の特徴を簡潔に述べておきましょう。

1．成長支援制度

最初に構築するのは成長支援制度となります。

通常、この成長支援制度は評価制度、考課制度と名づけることが一般的です。しかしここでは成長支援制度という言い方をします。それは社員の立場で考えてみたら、その理由がすぐわかります。

評価制度や考課制度の最終目的は、社員の昇給・賞与を決めることにあります。そのため、社員はこの評価制度そのものに感動することもなければ、喜ぶこともありません。どちらかというと、嫌な思いをしているのが、今までの評価制度・考課制度といえるでしょう。

たった紙切れ1枚の評価シートや考課シートで、自分の3か月や半年の頑張りを評価され、それで昇給・賞与を決められることの残念さは、言葉に言いあらわしようがありません。だから、社員は評価制度や考課制度に良い感情をもっていないのです。

ところが、経営者はどうでしょうか。

昇給・賞与を決めることは、大切な経営者の仕事であることは間違いありません。しかしもっと大切なことを考えています。

それは、縁あって入社した社員に、継続的に約４０年にわたって成長してもらいたいと考えていることです。そのために４０年間継続して成長を支援する必要があるのです。こちらのほうが、経営者にとってみれば、重要な仕事といえるでしょう。その経営者の考え方を可視化してまとめるのが、成長支援制度となります。

これは、社員が入社してから定年退職するまで継続的に成長を支援する制度です。

ところで、４０年間の社員の成長とは、３階層で成長することであり、最終的にはその最も最上級である成長階層で活躍することです。

その成長の3階層とは、一般職層・中堅職層・管理職層の３つです。

この一般職層・中堅職層・管理職層の成長のゴールを示された社員は、最初は誰でも驚きます。「私（社員）がそこまで成長することを経営者が期待している」ことが明確にわかるからです。

もっとも、その成長のゴールが曖昧《あいまい》であってはなりません。そのため、一般職層・中堅職層・管理職層の優秀な社員をモデルにして、その優秀な社員がやっていること、身につけていること、考えていることを可視化して、「成長シート」(※次章で解説)にまとめます。これが各階層ごとの社員の成長の目標となります。

この成長支援制度ができあがると、新入社員は入社したその日から、自分の40年間の成長を計画することになります。自分がこの会社で頑張っていけばどのように評価されるかが見通せるので、数年で会社を辞める人も減り、定着率が格段に上がります。

2. ステップアップ制度

次はステップアップ制度をつくります。

一般的には、この制度は昇進昇格制度という言い方になるでしょう。しかし、昇進昇格制度とは似て非なるものです。

昇進昇格制度をつくって社内に発表すると、その制度を喜ぶ社員と、まったく関係ないと気にもかけない社員とに、大きく分かれてしまいます。

組織原則２：６：２の上位の優秀な２割の社員は、この昇進昇格制度が発表されると、自分がどのように出世するかを考える仕組みとして見るでしょう。ところが、まあまあの６割の社員は、それほど関心をもたず、下の２割は自分にはまったく関係のない制度として受け止めることになります。

そのことを経営者はどのように考えるでしょうか。

経営者は縁あって入社した社員をすべてステップアップさせたい、成長させたいと考えています。誰ひとりとして、その成長を諦《あきら》めることはありません。そのため、すべての社員にステップアップしてもらいたいと考えている経営者の思いを表わすものとして、ステップアップ制度と名称を変えました。

経営者には社員が組織の中でどこまで成長したかを確認するとともに、成長の目標を設定するための制度として、この制度をつくっていただきます。

大切なことは、社員のステップアップとは、一般職層・中堅職層・管理職層と、その成長の階段を上ってもらうことです。

であれば、成長の階段を上るときに大切なことは、その階段を上る要件を事前に明らかにすることです。

この成長の階段も、日本では一般的に、職能資格制度の基準で説明しようとしています。第2章の124・125ページにその事例を掲載したとおり、残念ながら、あまりにも基準が曖昧なために的確な運用をすることができません。

基準自体が理解できたとしても、昇格を決める側にとっても、昇格したい社員にとっても、わかりづらいというのが実情です。人事制度は社員の成長のためにつくるものであり、このようにわかりづらいものが運用された試しは一度もありません。

これをもっともわかりやすい方法で社員に説明する必要があります。人事制度は常にシンプルで、わかりやすさが必要です。社員の成長のためにつくる仕組みだからです。

たとえば、かりに「一般職層の成長シートで80点以上取れたら、あなたは中堅職にステップアップできる」と説明したらどうでしょうか。

この成長点数も全上司が集まって決定する成長支援会議で決定したものであり、社員にとっても納得性の高い要件によって昇格が決まるのです。

また、中堅職を卒業するときの要件は「中堅職の成長シートで80点以上取れた社員が、管理職にステップアップする」とします。

この要件は、会社によって当然のことながら違ってきますが、すべて経営者の考え方を可視化した要件です。

昇格要件は、説明を聞いたときに社員があまりにもわかりやすくて腰を抜かすぐらいのものでなければなりません。

そして、経営者から説明を受けた社員は、この会社での自分の４０年間の成長を考えることになります。成長支援制度もそうですが、このステップアップ制度によって、２年や３年の短いスパンではなく、４０年の人生計画を会社のキャリアプランに押し当てて考えるようになります。これで数年で辞めるような社員が減り、定着率も上がります。

そして、この制度が本当に自分の成長に役立つとわかった社員は、一般職から中堅職、中堅職から管理職と次から次へと成長の階段を駆け上がっていくことになるでしょう。

仕組みというのはそういうものです。社員を成長させるための仕組みですから、そういう結果になるようにつくるべきです。

３．教育制度

次は教育制度です。

社員がこの会社での成長のゴールを明確にし、４０年間かけて成長しようとしています。

そして、そのためのステップアップの基準も明確になりました。こうなれば、入社の段階から社員は成長したいと思っていますので、その社員の成長を支援するための仕組みが必要になります。

それが、社員の成長を組織的に支援する教育制度です。

教育制度は経営目標を実現するために実施します。当たり前すぎることです。

ところが、これまでさまざまな教育研修に取り組んできた経営者の中には、「こんなに教育研修をやっているのに社員はその気にならない。いつになったら経営目標を実現できるのか」と思われた方もいらっしゃるでしょう。

それは、教育制度が経営目標を実現するための仕組みとして機能していないからですが、私が提案する教育制度はその問題を解決します。

なぜそこまで言い切れるのかといえば、私が提案する教育制度は、教育研修をしてどれだけ効果があったのか、そのパフォーマンスを計測することができるからです。

どの会社にも必ず、組織原則2：6：2の上位2割の「優秀な社員」がいます。この上位2割の優秀な社員がその下にいる6割の社員を教育指導し、さらにその6割の社員がその下にいる2割の社員を指導する仕組みをつくるのです。

教育する内容は、成長支援制度の「成長シート」の内容に基づいておこないます。対象となる教育テーマはすべて成長シートの中にあります。

成長シートは、「期待成果」と「重要業務」と「知識・技術」と「勤務態度」の4つで構成されていますが、その中の「期待成果」はあくまでも結果なので、教育対象にはなりません。

この期待成果を上げるために、「重要業務」の成長要素と、「知識・技術」の成長要素と、さらに「勤務態度」の成長要素を教育テーマにして、教育するたびごとに、同じ階層にいる社員の成長要素の平均点が向上するように実施するのです。

たとえば、社内で商品知識研修をおこなったとします。

研修前の社員の平均点数が2・3点だったとします。それが商品知識の教育研修をおこなうことによって、平均点が2・3点から2・8点に上がれば、その教育研修は有効だったことがわかります。

反対に、成長要素の平均点数が上がっていなければ、その教育研修のやり方を見直すか、別の研修をおこなうかを検討すればいいのです。

世の中にはさまざまな教育制度がありますが、効果が数字で測れるものは皆無といっていいでしょう。

教育研修のパフォーマンスが測定できれば、それによって有効な研修と有効でない研修がはっきりとわかるようになります。有効な研修はどんどんやるべきでしょう。効果のない研修は今すぐにでもやめなければなりません。その判断ができるようになります。

そしてもう一つ、教育研修のコストパフォーマンスを高めることができるようになります。「教育投資」という言葉があるように、経営者は教育に大切な利益を投入しますが、いかに少ない費用で高い効果を上げるかを考えなければなりません。

大切なことは、教育研修をする対象者を限定するということです。

教育研修をするというと、10人いれば10人すべてを対象にしようとします。100人いれば100人を対象にしようとします。残念ながら、それでは教育効果は薄いと言わざるを得ません。

もう一度、組織原則2：6：2を思い出してください。

上位2割の社員は優秀なのです。この優秀な社員はもう会社の中で学ぶ事がない人たちです。この社員は今以上に成果を上げたいので新しい取り組みに挑戦したいと思っています。経営者が「社外の研修に行ってこい」と言うと、嬉しそうな顔をすることでしょう。本人が希望すれば、社外での研修やセミナーにどんどん出席させるべきです。

一方、真ん中の６割の社員とその下の２割の社員は、社外で研修させることは控えなければなりません。なぜなら、彼らはまだ優れたやり方で仕事ができていない社員だからです。

しかし、次の６割の社員を優秀にするのは簡単です。上位２割の社員が講師となって、社内で優秀な仕事のやり方を教えるだけでいいのです。成果を出すために具体的に何をやっているかということさえはっきりとわかれば、途端に、この６割の社員は優秀になります。

その何をしたらいいかは成長シートにすべて書いてあります。それを実際に成果を上げている社員から学ぶのですから、６割の社員はいとも簡単に実践して、一気に優秀になっていくことでしょう。

そして、さらにその下の２割の社員は、まだ普通のことができない社員です。

その２割の社員に対しては、真ん中の６割の社員が講師となって仕事のやり方を教えるのです。

このことは、新卒社員の教育は優秀な社員が担当するよりも、ちょっと上の先輩社員が担当するほうがいいことと同じです。

よく新卒社員のために、ブラザー・シスター制度を導入している会社がありますが、これは少し上の先輩社員が新卒社員を指導するという制度です。なぜ少し上の先輩をつけるかおわかりでしょうか。

新卒社員が何か失敗をして、「先輩、私はこんな失敗をしてしまいました。とても恥ずかしい」と、とても優秀な社員に相談すると、「そんな失敗をするようじゃ、君はダメだね」とうっかり失言を漏《も》らす可能性があるのです。

それが、ブラザー・シスター制度の少し上の先輩に相談した場合は、「私も同じような失敗をしたけれど、大丈夫。次のようにすれば、二度と同じような失敗はしませんよ」と答えることでしょう。

これを聞いた新卒社員は、先輩もそんな失敗をしたことがあるのか。だったら、まだ自分はましなほうだ。この先輩にしっかりと聞いて、くじけずにやっていこうという気持ちになるのです。そういった教育をしてほしいのです。

今、一番下の層にいる2割の社員は、成果を出したくても、やるべきことがわからず、モチベーションを下げている人が多いものです。そんな社員に対して、ちょっと上の先輩が指導することによって、元気を出させることができるのです。

教育制度で大切なことは、すべての社員が優秀になることです。そういう教育へ、大きく舵《かじ》を切っていきましょう。

4．賃金制度

最後は賃金制度です。

今すでに何らかの賃金制度を運用されていて、何も問題なければ、急いで私が提案する賃金制度に移行する必要はありません。

まずは、成長支援制度とステップアップ制度、そして教育制度を運用して、社員が成長して業績が継続的に上がる状況となってからでも遅くはありません。

ただし、さきほどの「今の賃金制度に問題がなければ」というのが条件です。

前章でお話ししたとおり、社員が誰も不平不満を言って来ないから、問題がないと思うのは間違いです。不満があっても言い出せない場合があるからです。また社員の不平不満をたどっていくと、その多くは、どのように昇給・賞与が決まるのかわからないというものでした。

このように、自分の評価と賃金の連動がわからなければ、社員は年３回（昇給と賞与）モチベーションを下げることになります。もっとも昇給・賞与が毎年増えている会社は、この悩みは少ないかもしれません。昇給・賞与が増えたのは、自分の評価が高まったと思うからです。

ところが、一度でも昇給・賞与が下がると、その途端に自分の評価が落ちたと考えざるをえません。

しかし、経営者が昇給・賞与の額を決める時の一番大きな要因は、会社の業績です。その次に、社員の成長です。この順序ですべての経営者は昇給・賞与を決めています。ですから、社員が頑張ったとしても、業績が伸びなければ、賃金を増やすことができません。

それは、私が提案する賃金制度でも同じことです。残念ですが、成長シートの成長点数が伸びたとしても、業績が下がれば、昇給・賞与は減ります。会社全体の業績で昇給・賞与の原資を計算するからです。優秀な社員だとしても例外ではなく、同じように昇給・賞与が下がることがあるのです。

しかし、私が提案する賃金制度は、経営者がどういう場合に昇給・賞与を上げ、どういう場合に昇給・賞与を下げたかを可視化して、事前に社員に説明します。ですから、会社の業績が良くて、自分の成長点数が高い時にどのぐらい昇給・賞与が増えるか、あるいは反対に、会社の業績が悪くて、自分の成長点数が低い場合はどのぐらい昇給・賞与が少なくなるか、前もって自分で計算できます。

このように、昇給・賞与の決め方がわかっていると、社員の反応が大きく違ってきます。とくに、会社の業績が悪い時、決め方のルールがわかっている場合は、社員はもっと頑張って成果を出して、昇給・賞与の原資を増やそうと頑張るでしょう。一方、わからない場合は、社員はただただ不安になるでしょう。

新卒で入社した社員は、約４０年間仕事をすることになります。その中で結婚し、子供を出産し、場合によってはマイホームをもち、経済的な負担がますます増えていくことを当然のことながら承知しています。

その生活ができるだけの賃金がもらえるかどうか、心配にならない人が一人でもいるでしょうか。喉《のど》から手が出るほど、その情報が欲しいと思っているはずです。

社員は、その情報がなければ安心して仕事をすることができないのです。考えてみてください。一生懸命やったという自己評価をもちながら、結果として昇給・賞与が減ったら、この会社にはもう自分の将来はないと考えるでしょう。

もうすでに密かに求人雑誌を見ているかもしれません。ところが、会社はそんなことはつゆ知らず、モチベーションを一生懸命上げようとしています。このギャップにさまざまな人事上の軋轢《あつれき》が生じることになるのです。この見えない問題を解決するために賃金制度をつくるのです。

もっとも、賃金は社員のモチベーションを向上させる道具ではありません。もし一度でも賃金によってモチベーションを上げようとしてしまったら、いつの間にか、社員はこの会社で頑張るのは、賃金のためと思うようになります。

仮に歩合給という賃金制度を導入している会社であれば、社員は世の中に貢献しよう、お客様に喜んでもらおう、そんな気持ちになることはほとんどありません。残念なことですが、社員が頑張るのは自分の賃金のため、という考え方がその社員に染みついてしまうのです。

こういう社員は自分の賃金に見合うだけの仕事しかしません。賃金をもらう以前に、お客様が喜ぼうが、クレームがあろうが関心をもちません。

ある歩合給の販売会社で、お客さんからのクレームが一番多い社員が、一番歩合給が高かったという笑えない事実がありました。経営者は、なんでこんな社員になったのだと悲しむよりも、実は、そのように成長するような賃金の仕組みをつくっていたことに気づく必要があるでしょう。

私が提案する賃金制度の基本的な考え方は、**賃金は社員の成長の後からついてくるもの**というものです。

よって、社員の成長と会社の業績によって、賃金(昇給・賞与)がどのように後からついていくかを明らかにします。この制度がきちんと機能するようになれば、社員にとって賃金制度は空気となります。

もちろん、社員にとって賃金はとても関心のあることです。しかし、どのように成長すれば賃金が増えるのかが明確にわかれば、社員はお金のことよりも、先に自分の成長を考えるようになるのです。

そしてなによりも、社員が一般職層から中堅職層、中堅職層から管理職層に上っていく過程で、自分の成長だけでなく、部下の成長を支援する立場となり、一人の人間としても大きく成長することになります。

つまり、自分だけの利益を考える「自利の人」から、自分以外の人の利益も考える「利他の人」へと成長していくのです。

社員が仕事を通じて、世の中に大きく貢献できる人になると同時に、そのことを喜びとして成長する人になってもらいたい。そんな社員の成長を支えるものが、私が提案する賃金制度なのです。

間違っても、社員のモチベーションを賃金で上げようとは思わないでください。賃金制度は社員の目の前にぶら下げる人参ではありません。人事の専門家として、これだけははっきりと断言できます。「賃金でモチベーションを上げようとして成長してきた会社は一社もない」と。

戦後の大経営者は、「賃金は社員の成長の後からついていく」とよく言われました。私が提案する賃金制度はその言葉を実現したものです。ですから、賃金制度をつくって運用して問題がなくなったあとは空気になります。

空気は、私たち人間が生きていくために絶対に欠かせないものです。しかし普段、誰もその存在を気にとめていません。そんな賃金制度が、経営者と社員に必要なのです。

※

以上、この4つの制度を完成させた時に人事制度の構築が終了となります。

初めて人事制度を構築する経営者にとって、あるいは、人事制度に失敗した経験のある経営者であれば、なおさらのこと、心配なのはその運用です。

世の中には人事制度の成功の話はほとんどありません。経営者が耳にするのは失敗の話ばかりです。「どのように人事制度を運用したら上手《うま》くいきますか」という経営者の質問は、この人事制度の成功を祈る気持ちから生まれたような質問だと言えます。その質問に私は次のようにお答えしています。

「かりに今、賃金制度で問題が発生していなければ、成長支援制度から運用を始めてください」

賃金制度というのは、成長支援制度で決定した「成長点数」とステップアップ制度で決められた「成長等級」、この２つが社員にとって納得できるものでなければ、どのような説明をしようが、不平・不満はなくなりません。

逆に申し上げると、この「成長点数」と「成長等級」にさえ納得すれば、社員は会社で決めた昇給・賞与に不平・不満をもつことはまずもってありません。

そのため、最初に成長支援制度を先行して運用することをおすすめします。

先行して成長シートを運用すると、社員からさまざまな質問が出てきます。人事制度を運用するときに大事なことは、人事制度の公正・公平・オープンな運用です。そして、その中でもっとも大事なことは、経営者の考えをオープンにすることです。

人事制度をオープンにすることによって、社員からさまざまな質問、または不平・不満が出てきますが、それらの８割は社員の誤解です。社員の誤解は丁寧に回答することによって、簡単に解決できますが、残りの２割くらいの質問は、質問されたことで初めて問題が明らかになるきっかけとなります。

その問題を一つひとつ知恵を絞って解決していってください。解決策は必ずあります。見直しをやり続けるうちに、やがて社員の中から、この成長シートの成長点数を、昇給・賞与に反映させてほしいという意見が出てきます。

そうなれば、自分たちの成長によって、昇給・賞与を決めることに対して抵抗はありません。社員は、成長点数が４０点であれば４０点の賞与、６０点であれば６０点の賞与、８０点であれば８０点の賞与に納得し、気にしなくなります。さらに成長しようと頑張ることでしょう。

私が提案する賃金制度は、他の社員と比較して昇給・賞与を決めるのではなく、あくまでも個々の成長点数と成長等級で決まります。ですから、全社員が高い点数、高い等級なら全社員が高い賞与になるのです。

そのことを社員が納得した時点で、この賃金制度を導入していけば、全社員の反対が一切ないままに、賃金制度を運用することができます。

そして、最終的に賃金制度とリンクした人事制度の仕組みは、全社員の成長を力強く後押しするものになるのです。

［第2篇］

社員が成長する人事制度のつくり方

第4章　社員の成長を支援する〈成長支援制度〉

成長支援制度 作成手順

①作成する成長シートの種類の検討

↓

②ライン職の成長シートの作成

↓

③スタッフ職の成長シートの作成

↓

④プロフェッショナル職の成長シートの作成

↓

⑤成長支援会議の運営

↓

⑥評価のフィードバックの実施

成長支援制度の作成手順

いよいよ具体的な「成長支援制度」のつくり方を説明しましょう。

成長支援制度作成の手順は、右の図のとおり、６つの手順があります。

一番最初にやっていただくことは、**「作成する成長シートの種類の検討」**です。

成長シートは成長支援制度で使う大事なシートですが、会社の規模などによって必要になる成長シートの種類が違ってきます。

そのため、成長シートをつくる前に、自分の会社に必要な成長シートの種類を確認していただかなければなりません。

基本的に、成長シートは、階層ごと、職種ごとに必要になります。

一般的な会社組織であれば、だいたい、一般職層・中堅職層・管理職層、この3つの成長階層があるかと思います。さらに、営業や製造や事務など様々な職種があります。そしてそれらの様々な職種は大きく分けて「ライン職」と「スタッフ職」の2つに分けることができます。

「ライン職」とは、営業や製造など、社外にお客様がいる職種です。

「スタッフ職」は、総務や経理など、社内にお客様がいる職種です。

まず最初に、ご自分の会社の階層はどうなっているか、どんな職種があるかを整理していただきます。そうすることによって、自社が作成すべき成長シートの種類がわかります。

作成手順の2番目は、**「ライン職の成長シートの作成」**です。

手順1でわかった、自社に必要な成長シートを一つひとつ作成していただきます。

最初に作成するのは、ライン職の成長シートです。

ライン職の成長シートは、一般職層から作成し、中堅職層、管理職層の順で作成します。

つくるときにまずやることは、ライン職の一般職層の中で高い成果を上げている優秀な社員を選び、その成果の高い優秀な社員がどのような仕事のやり方をしているかを明らかにして、成果に結びつく「重要業務」を特定していきます。さらに、その重要業務を遂行するために必要な「知識・技術」、そして「勤務態度」も明らかにしていきます。

そして、ライン職の一般職層の成長シートができたら、次に、ライン職の中堅職層で高い成果を出している優秀な社員を可視化して、ライン職中堅職層の成長シートをつくります。

基本は、先に述べた一般職層の成長シートに、中堅職の重要業務である部下指導やマネジメントを追加することになります。これによって、中堅職層の成長シートを簡単につくり上げることができます。

最後は、ライン職の管理職層の成長シートになります。いずれの場合も、それぞれの階層の優秀な社員をモデルに作成することがポイントです。

そして、成長支援制度作成の３番目の手順は、**「スタッフ職の成長シートの作成」**です。

スタッフ職はライン職と違って管理職層からつくります。

通常、スタッフ職は期待成果がないと思われているため、スタッフ職の成長シートはつくりにくいと感じる経営者が多いかもしれません。

しかし、スタッフ職で高い成果を上げている社員の重要業務を特定することができれば、難しくありません。

どの会社でも、スタッフ職の管理職層の人たちは、何らかの数字を例外なく見ています。

たとえば、総務や人事の管理職であれば、労働分配率や定着率を見ているでしょう。経理や財務の管理職であれば、キャッシュフローや経常利益率を見ているでしょう。

つまり、スタッフ職の管理職には期待成果があるのです。しかし、スタッフ職の中堅職や一般職ではその期待成果がよくわかりません。

そのため、スタッフ職の場合は、管理職層の成長シートから作成し、その職種の期待成果は何かを先に明確にする必要があります。そのあと、スタッフ職の中堅職層、最後に一般職層の成長シートを作成していきます。

スタッフ職の場合、中堅職と一般職の社員が、管理職の期待成果を上げるための仕事を一部役割分担していることが、各階層の成長シートをつくる過程で明確になるでしょう。

もっとも、スタッフ職の一般職層では定型的な業務が多く、業務の正確さや生産性を期待成果とすることが多いです。

作成手順の4番目は、「**プロフェッショナル職の成長シートの作成**」です。

プロフェッショナル職の社員とは、中堅職層にステップアップした社員の中で、人を指導することが難しい、上司としての適性がないと、本人も会社も判断した社員のことです。

社員とひと口にいっても、一人ひとり、能力も性格も違います。プレーヤーとしてすごい能力を発揮しても、部下をもってチームで仕事をすることが苦手な人もいます。

そういう社員は、ずっとプレーヤーとして組織貢献してもらえばいいわけです。そういう人のためにプロフェッショナルコースを設ける必要があります。

ただし、プロフェッショナルコースを選んだ社員に求められる期待成果はそうでない社員の数倍高くなります。そのプロフェッショナル職の成長シートをつくっていただきます。

以上で、すべての社員の成長シートを作成することができます。

作成手順の５番目は、「**成長支援会議の運営**」です。

必要な成長シートが出来上がったら、いよいよ運用していただきます。

運用の過程で、社員がどこまで成長したかを成長シートで評価する必要があります。

一般的に、評価で一番問題になることは、上司の甘辛《あまから》です。

日本の常識では評価者訓練をやることによって、上司の甘辛《あまから》を解決しようとしますが、これは百害あって一利なしです。全社員の評価を統一で決める場所が必要です。それが**成長支援会議**です。その会議の進め方を決めていただきます。

そして、最後の６番目の作成手順は「**評価フィードバックの実施**」です。

通常、評価のフィードバックは、社員の３か月間ないし６か月間の評価を単に伝えるものだと理解している人が多いです。しかし、評価のフィードバックはやり方次第で、社員のモチベーションを上げる、優れたマネジメントとなります。

優秀なマネージャーは、すべての社員、とくにモチベーションの下がった社員を元気にする方法をもっています。その方法を、上司全員で共有して、評価のフィードバックの中で実施してもらうことになります。

この評価のフィードバックによって、社員がヤル気になって成長するとともに、優れたマネジメントのやり方を共有した上司もマネージャーとして成長することになります。その方法が、評価のフィードバックです。


以上が、成長支援制度作成の概要です。

では次から成長支援制度①から⑥までの具体的なつくり方を順番に説明しましょう。

①作成する成長シートの種類の検討

優秀な社員を示す２種類の成長シート

成長シートはすべての社員に成長のゴールを示すものです。しかし社員といっても、一人ひとり属している成長階層も職種も違います。

そのため、成長シートを作成する上で最初におこなうことは「作成する成長シートの種類を確定すること」から始まります。

成長シートは大きく分けて２つの種類があります。

「**成長階層別の成長シート**」と「**職種別の成長シート**」です。

まずは**成長階層別の成長シート**から説明します。

成長階層別の成長シートは、社員が１００人ぐらいまでの規模であれば、「**一般職層**」「**中堅職層**」「**管理職層**」の３階層でつくることになります。

１００人以上になってくると「**一般職層**」「**中堅職層**」「**管理職層**」「**幹部職層**」の４階層

になる場合もあります。この成長階層は役職とはまったく関係ありません。

実態として、一般職層はプレーヤーの階層。中堅職層はプレーイングマネージャーの階層。管理職層はマネジメント中心の階層。そして、幹部職層はマネジメント中心でありながら、経営者と一緒に経営の立場の業務をおこなう階層になります。

たとえば、飲食レストラン業では、一般職層の階層があり、次はプレーイングマネージャーである中堅職層に進みます。基本的に中堅職の中から店長を任命します。次は管理職層です。管理職層とは、店長の指導をするエリア長やブロック長としての成長階層となります。この段階では、ほとんどプレーイングの仕事はせず、プレーイングマネージャーである店長の指導をすることになります。

さらに幹部職層となると、エリア長やブロック長の指導をする階層となります。役職でいえば、営業部長・店舗運営部長といったところでしょうか。いずれにしても、全組織的な活躍をする階層となります。

このように自社の中に階層が何階層あるかを確認するところから成長シートの作成が始まります。

ところで、「一般職層」「中堅職層」「管理職層」「幹部職層」という成長階層名は、現在、会社で使われているものがあれば、その名前に変更して使うことが原則です。かりに、「中堅職層」を現在「管理職層」という名前で運用している場合は、「一般職層」「管理職層」「幹部職層」と変えていただいても、まったく問題ありません。

原則として、人事制度をつくるときには、現在活用している名称を変えないことがポイントとなります。この点だけは留意しなければなりません。

そして、もう1つの成長シートの種類は、**職種別の成長シート**です。

会社の中には大きく分けて2つの職種があります。

それは、**ライン職**と**スタッフ職**です。

ライン職とは、社外にお客様がいる職種です。営業職、販売職、製造職、工事職、物流職などがあります。

スタッフ職は、社内にお客様がいる職種、またはライン職をサポートする職種です。人事・総務職、経理・財務職、企画開発職、営業事務職などがスタッフ職です。

したがって、会社が一般職、中堅職、管理職の3階層であれば、ライン職とスタッフ職それぞれ3つの成長シートが必要になるので、最低6枚の成長シートをつくっていただくことになります。

3つの成長階層の役割

本書では、「一般職層」「中堅職層」「管理職層」の3階層で説明することにします。よって、作成する成長階層別の成長シートは3種類、1つ目は一般職層の成長シート、2つ目は中堅職層の成長シート、そして3つ目が管理職層の成長シートです。

ここで、「一般職層」「中堅職層」「管理職層」、それぞれの層に課せられた役割を説明しておきます。

一般職とは、新入社員であれば、全員が最初、一般職層の社員となります。一般職層で、勤務態度を守りながら、先輩から仕事に必要な知識や技術、仕事のやり方も一から教えてもらいます。いうなれば、その会社で一人前の社員となることを目指す職層です。

ふつう、大学生が会社を選ぶときは、自分はどのような仕事に向くか、その適性を考えて、会社を選びます。適職という言い方をしますが、大学生が会社を選ぶときのポイントは、営業職、製造職、開発職、事務職など、いろいろある職種の中で、どの職種が自分に合っているか、いわゆるプレーヤーの部分だけを考えて選びます。

そして、入社してしばらく一般職層でプレーヤーとして自分で成果を上げる仕事をします。ところが、７年から１０年たつと、ふつうであれば、プレーヤーとして一人前になります。「一人前の社員になったね」という言葉は、一般職層の社員にとってみれば、最大の評価です。社員はこの会社で一人前と褒《ほ》めてもらいたいという思いで頑張ってきたからです。ところがそこで終わりではありません。

この一人前になった社員は、次はどうなるでしょうか。

次は、一般職層を卒業して、中堅職に行くことになります。

中堅職になった社員のやるべきことは、プレーイングマネージャーとして成果を上げながら、部下をもち、部下を指導して、部下を成長させることです。

この中堅職層での社員の成長の方向性は２つです。

１つは、プレーヤーとしての仕事の生産性を向上させることです。

なぜなら、たとえば、一般職で１００の成果を１００時間かけてあげていたとすれば、中堅職層では１００の成果を８０時間で上げ、残りの２０時間はマネジメントの時間に振り分けなければなりません。

その割合は会社によってさまざまですが、いずれにしても、プレーイングの仕事の生産性を上げなければなりません。

そして、中堅職に求められることのもう1つは、部下を指導して成長させることです。

たとえば、ふつうの会社で経営者がマネージャーに「部下の指導をしてください」と言うと、返ってくる答えがまちまちです。

「はい、わかりました。これから部下に発破《はっぱ》をかけにいってきます」

「はい、わかりました。これから部下を呼んで説教します」

「はい、わかりました。その部下を呼んで、やって見せて学ばせます」

とマネージャーによって部下指導の解釈はさまざまです。

部下指導という言葉は、かくも曖昧《あいまい》な言葉であり、これが社員が成長しない大きな原因の一つとなっているのです。

ここで、多くの経営者がマネージャーとのやり取りの中で愕然《がくぜん》とすることが起きます。

たとえば、営業所長という役職があります。営業所長は多くの会社で中堅職のプレーイングマネージャーです。自分でもプレーイングしながらマネジメントをするという立場です。

その営業所長に、経営者が「もう少し営業所の業績を上げてほしい」と発言したとしましょう。その経営者の発言に対して、営業所長が何と答えたでしょうか。

「社長、それではもう少し優秀な社員を部下にください」

「えっ？」

おそらく、営業所長の返答に、経営者は二の句が継げないでしょう。

経営者としては「おいおい成長してない部下を成長させるのが、あなたの仕事だろう。高い成果を上げる優秀な部下を配属するなら、営業所長は誰だってできる。営業所長の本来の仕事をまったく理解していない」と嘆くことになるのです。

しかし営業所長からすれば、「経営者が高い成果を求めるのであれば、優秀な部下をください」と言うのは至極当然のことで、けっしておかしな発言をしたという認識はありません。

このギャップがあるかぎり、この社員は成長することがありませんし、部下を成長させることもありません。

なぜなら、営業所全体の成果が低いのは自分のせいではないと思っているからです。成果が低いのは、成果の低い社員がいるためだと思っているのです。

これは多くの会社で、経営者とマネージャーとの間で起きている軋轢《あつれき》です。

この根本的な問題を解決する方法がたった一つだけあります。

それは、中堅職の社員を評価するときに、部下がどれだけ成長したかを高く評価することです。

部下がどれだけ成長したかは、あとで説明する成長シートの「成長点数」で明確になります。よって、上司が部下をどれぐらい成長させたか、一目瞭然でわかるのです。

そうであれば、部下にするなら優秀な人よりも伸びしろのある人のほうが伸ばし甲斐があると思うようになります。

つまり、部下がどれだけ成長したかで評価されることが明確になった段階で、中堅職の社員は成長点数の低い社員を育てるようになります。経営者にとって願ってもないことです。

そして、この中堅職層で人を育てることができるようになったら、次は管理職にステップアップします。

管理職層は、経営者と同じ立場で仕事をする成長階層です。経営者と一緒になって事業に取り組むことになります。

以上が、一般職、中堅職、管理職、それぞれに課せられた役割です。

成長シートをつくる順番

作成する成長シートの種類が確定したら、それぞれの階層、職種の成長シートを作成する

第７表　成長シートをつくる順番

ライン部門	スタッフ部門
営業や製造など社外にお客様がいる部門	総務や経理など社内にお客様がいる部門
一般職層	管理職層
↓	↓
中堅職層	中堅職層
↓	↓
管理職層	一般職層

ことになります。

成長シートには作成する順序があります。

ライン職は一般職層から作成します。一般職層の期待成果が明確なためです。

スタッフ職は管理職層から作成します。一般職層の期待成果が不明確だからです。

第７表のとおり、一番最初は、ライン職の一般職層・中堅職層・管理職層の成長シートを作成することになります。これが会社の業績に直結する一番重要な成長シートとなります。

ライン職の成長シートの作成が終わった後でスタッフ職の管理職層・中堅職層・一般職層に取りかかります。

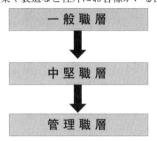

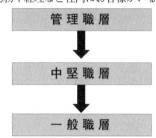

②ライン職の成長シートの作成

成長シートの構成要素は３つ

それでは、ライン職の成長シートをつくっていきましょう。

はじめに、成長シートすべてに共通する構成要素の説明から始めます。

基本的に、成長シートは優秀な社員をモデルにつくっていきますが、はじめに経営者が自分の会社の各職層における優秀な社員を特定して、なぜその社員が優秀なのかを可視化して、それらを３つの要素で示します。理想の社員ではなく、現在いる社員をモデルにすることが大事なポイントです。

その３つの構成要素とは、「**成長要素**」と「**ウェート**」と「**成長基準**」です。

ここで２１０ページの第８表の成長シートの事例をご覧ください。巻末には、第８表の拡大版を添付しました。

まず表を見て、成長シートは「成長要素」「ウェート」「成長基準」の３つの要素で構成されていることを確認してください。

優秀な社員になるための成長要素を可視化する

まず１つ目の「**成長要素**」は、わかりやすく言うと、経営者が社員を褒《ほ》めている言葉と考えてください。経営者は、社員を次のように褒《ほ》めています。ある社員を「君、随分大きな成果を上げたね」と褒《ほ》め、別の社員を「君、とても仕事が上手になったね」と褒《ほ》め、また別の社員を「君、高い技術を身につけたね」と褒《ほ》め、さらに別の社員を「君は協調性があっていいね」と褒《ほ》めています。経営者は社員の成長したところをその都度、褒《ほ》めています。その褒《ほ》めていることは何であったかを可視化します。

成長要素は４つあります。

１つは「**期待成果**」です。経営者が社員に期待する成果です。成果の大きさによって社員は優秀だと認められています。

次は「**重要業務**」です。やるべきことをしっかりやっていると褒《ほ》められるでしょう。やるべきことをやっているかどうかで優秀さを判断します。

次は「**知識・技術**」です。重要業務を遂行《すいこう》するためには当然のことながら、必要な知識や技術があります。これがな

第８表　成長シートの構成要素は３つ

部門名　店舗運営　　　職種　販売　　　階層　一般職

対象期間　2015 年 4 月 1 日～ 2015 年 6 月 30 日　　　実施日　2015 年　7 月

ウェート

成長基準

所属	鮮魚	等級	3	社員コード	10003	社員名	田中一郎	成長支援者	松本　太郎

成長要素			定義	着眼点	ウェート	成長基準 1	成長基準 2	成長基準 3	成長基準 4	成長基準 5	成長確認 本人	成長確認 上司
期待成果	1	お客様１人当り買上点数	買上点数 ÷ 購買客数	３カ月平均	0.50	1.2 点未満	1.2 点以上	1.6 点以上	2.0 点以上	2.4 点以上		
期待成果	2	販売商品１品当り平均単価	売上高 ÷ 買上点数	３カ月平均	0.50	350 円未満	350 円以上	460 円以上	570 円以上	680 円以上		
期待成果	3	人時生産性	荒利益 ÷ 総労働時間	３カ月平均	1.00	2,400円未満	2,400 円以上	3,100 円以上	3,800 円以上	4,500 円以上		
			小　　計		2.00							
重要業務	4	鮮度管理	販売計画に基づく仕入の実施	商品の売り切り	0.50	その業務をやっていない	その業務を少しやっている	その業務を基本となるやり方で実施している	その業務を優れたやり方で実施している	その業務を優れたやり方で実施しており、他の社員にも教えている		
重要業務	5	接客販売	明るい声で、好感のもてる笑顔で接客。マニュアルに従った接客	明るさ・笑顔	0.50	その業務をやっていない	その業務を少しやっている	その業務を基本となるやり方で実施している	その業務を優れたやり方で実施している	その業務を優れたやり方で実施しており、他の社員にも教えている		
重要業務	6	商品づくり	商品に合わせてメニュー提案	見映え	0.50	その業務をやっていない	その業務を少しやっている	その業務を基本となるやり方で実施している	その業務を優れたやり方で実施している	その業務を優れたやり方で実施しており、他の社員にも教えている		
重要業務	7	価格設定	商品の仕入価格・競合店価格を把握しているか	値ごろ感	0.50	その業務をやっていない	その業務を少しやっている	その業務を基本となるやり方で実施している	その業務を優れたやり方で実施している	その業務を優れたやり方で実施しており、他の社員にも教えている		
重要業務	8	出勤計画の遵守	出勤計画表通りの出勤	日々の人時生産性の実績	2.00	その業務をやっていない	その業務を少しやっている	その業務を基本となるやり方で実施している	その業務を優れたやり方で実施している	その業務を優れたやり方で実施しており、他の社員にも教えている		
			小　　計		4.00							
知識・技術	9	商品知識（鮮度知識）	商品の鮮度を保つための知識	商品の保管	0.75	持っていない	少し持っている	基本的なものは持っている	応用的なものも持っている	業務を実施するために必要なものはすべて持っており、他の社員にも教えている		
知識・技術	10	接客トーク	来店客の対応に必要な接客トークを保有し活用しているか	来客対応	0.75	持っていない	少し持っている	基本的なものは持っている	応用的なものも持っている	業務を実施するために必要なものはすべて持っており、他の社員にも教えている		
知識・技術	11	商品知識（料理知識）	商品（素材）を使った料理メニュー	メニューの種類 和・洋・中	0.75	持っていない	少し持っている	基本的なものは持っている	応用的なものも持っている	業務を実施するために必要なものはすべて持っており、他の社員にも教えている		
知識・技術	12	加工技術	商品を加工するための技術	包丁技術	0.75	持っていない	少し持っている	基本的なものは持っている	応用的なものも持っている	業務を実施するために必要なものはすべて持っており、他の社員にも教えている		
知識・技術	13	計数知識	人時生産性の計算知識	出勤計画書	3.00	持っていない	少し持っている	基本的なものは持っている	応用的なものも持っている	業務を実施するために必要なものはすべて持っており、他の社員にも教えている		
			小　　計		6.00							
勤務態度	14	積極性	困難な仕事にも自発的に、積極的に取り組んだか	困難な仕事 自発的 積極的	2.00	困難な仕事を避けることが多く、ほとんど自発的に仕事をすることはなかった	言われれば、多少困難な仕事にも取り組むが、自発的に仕事をする意欲は見られなかった	困難な仕事にも取り組む姿勢は見られたが、自発的な行動は少なかった	困難な仕事にも積極的に取り組む姿勢があり、自発的な行動がかなり見られた	困難な仕事にも積極的にチャレンジし、常に全力を尽くしていた		
勤務態度	15	責任感	自分に課せられた業務を、計画通り最後までやり抜いていたか	計画通り 最後までやり抜く	2.00	与えられた仕事を理由もなく途中で止めることがしばしばあった	与えられた仕事を計画通りやろうとするが、困難があると責任逃れをすることがかなり見られた	与えられた仕事を計画通りやろうと努力していたが、困難があると責任逃れをすることが時々あった	多少の困難があっても仕事を最後までやろうと努力していたが、責任逃れをすることも何回かあった	どんな困難があっても、最後まで最善を尽くし、責任逃れをすることはめったになかった		
勤務態度	16	規律性	上司の命令や業務上の規則をきちんと守っていたか	上司の命令 業務上の規則	2.00	上司の命令や業務上の規則を守らないことが多く、同じことで注意されることが多かった	上司の命令や業務上の規則を破ることが時々あり、注意されることがかなりあった	上司の命令や業務上の規則はほぼ守っていたが、注意されることも何回かあった	上司の命令や業務上の規則についてはほぼ守っており、注意されることはめったになかった	上司の命令や業務上の規則は完全に守っており、他の社員にも守るよう働きかけていた		
勤務態度	17	協調性	自分の都合にとらわれず、他と協力して業務を推進したか	他との協力	2.00	自分の都合を優先することが多く、他人の意見を聞こうとしないことが多かった	他人の意見を聞く姿勢はあるが、争ったりチームワークを乱したりすることがしばしばあった	他人の意見をできるだけ聞くようにし、チームワークを保つことに努力していた	意見の不一致があった場合、積極的に話をまとめるように努力していた	チームのリーダー的役割を果たし、より強いチームワークができるように努めていた		
			小　　計		8.00							
			合　　計		20.00							

くては重要業務を遂行《すいこう》できません。重要業務を遂行《すいこう》するために必要な知識・技術はどのようなものかを優秀な社員から引き出し、可視化してまとめていきます。

そして最後は「**勤務態度**」です。

優秀な社員はどんな勤務態度でいるかを明らかにすることによって、この会社の社員として守るべき勤務態度が何であるかを具体的に示します。これは経営者が大事にしている価値観をあらわすことになります。

ここで第８表をもう一度見てください。事例として掲載した成長シートの中で、先に述べた４つの成長要素が明記されていることを確認してください。

これらを具体的にまとめることにより、経営者が社員にどんなことを求めているのかを明らかにすることができます。

各成長要素の項目に何をもってくるか

次に、成長要素の１つ目の「**期待成果**」の**種類**についてお話しします。

どんな優秀な社員でも、成果が低くては優秀な社員と褒《ほ》めることはできません。その大きな成果を上げている優秀な社員を紐《ひも》といていきます。

まず最初に、優秀な社員はどのような種類の成果を上げているかを可視化していきます。たとえば、営業社員であれば、経営者はどんな成果を褒《ほ》めているでしょうか。売上高でしょうか、粗利益高でしょうか、新規開拓件数でしょうか、回収率でしょうか。今の社員を褒《ほ》めているときに、どの数字を見ているのかを振り返れば、この期待成果の種類がわかってくるでしょう。

そして次には、それぞれの期待成果を上げるための「**重要業務**」は何であるかということです。

たとえば、売上高を上げるための重要業務は何でしょうか。粗利益率の高い社員のやっている重要業務は何でしょうか。または新規開拓件数の多い社員の重要業務は、そして回収率の高い営業社員の重要業務は何だったでしょうか。

それぞれの期待成果ごとに重要業務は違います。これを「因果関係を明らかにする」といいます。この因果関係が明確でなければ、すべての社員を優秀にすることはできません。

なぜなら、すべての社員を優秀にするためには、「○○をやるべきだ」と明確に示さなければならないからです。逆に、その重要業務を可視化することができさえすれば、その瞬間から、すべての社員に成果を高めるための指導が可能になります。

第8表の事例では、重要業務として「鮮度管理」「接客販売」「商品づくり」「価格設定」「出勤計画の遵守《じゅんしゅ》」の５つをあげています。

社員からみても、それぞれの期待成果を上げるために何をすればよいかがわかれば、これほど簡単なことはありません。成果の低い社員は、ヤル気のない社員ではありません。すべての社員は、入社する段階ではヤル気がありました。ところが、段々ヤル気が失せてきた理由は、「何をやったらいいのか」が教えられていなかったからなのです。ここに大きく注目していただく必要があります。

まさかと思う方は、それぞれの期待成果を上げるための重要業務は何であるかを答えてください。これを5秒以内に答えることができた人は、優秀なマネージャーです。そして、そのことを先月の会議でも、繰り返し繰り返し、話をしていた会社は問題ありません。その会社は、毎年前年対比１２０％以上で成長していくことでしょう。

ところが、答えるのに5分以上かかったとすれば、これは大きな問題です。今、これを可視化しようとしているのは、新人社員ではありません。経営者、または経営幹部、管理者でしょう。それが、簡単に見いだせないということは大きな問題といえます。

そしてその次に、それぞれの重要業務を遂行《すいこう》するために必要な「**知識・技術**」を可視化することになります。

たとえば、会社の多くが社員に商品知識を身につけてもらおうと教育します。ところが、これから学ぼうとしている商品知識がどのような重要業務を遂行《すいこう》するために必要であり、その重要業務を遂行《すいこう》することが、どのような成果につながっているかという明確な関係性を説明できている会社は少ないのです。

社員はいつか役に立つだろうという知識・技術は本気で学ぼうとはしません。しかし、それを学ぶことが、目の前にある重要業務の遂行《すいこう》につながり、高い成果を上げることにつながることが明確に説明されれば、こぞって、その勉強会に出るでしょう。

しばしば、勉強会に出ない社員に対して、叱責をしたり、罰則規定を設けたりする会社がありますが、根本的に間違っています。社員は学びたくないとは思っていません。学ぶ目的が明確になっていないから、そういう反応を示すのです。これがきちんと説明されれば、たとえ自分が忙しかったとしても、この学びは自分の今の重要業務を遂行《すいこう》し成果を上げるために必要だと思って、必ず参加します。

研修をやることは必要でしょう。大切なのは、研修をやる前に、研修によって社員の成長にどうつながるかを説明することにあります。

第８表の事例では、社員が身につけるべき「知識・技術」として「商品知識（鮮度知識）」「接客トーク」「商品知識（料理知識）」「加工技術」「計数知識」の５つをあげています。

そして最後は「**勤務態度**」です。

どんな勤務態度が守れたら、この会社で優秀な社員として認めてもらえるかを可視化していくことになります。

勤務態度の内容を考える段階で、多くの経営者は若干悩みます。それは、高い成果を上げる社員の中に、勤務態度が悪い社員がいるからです。

しかし、経営者は抜本的な解決策を検討せざるを得ません。今まで成果を上げているからといって勤務態度が守れないことに目をつぶっているならば、いつか後悔することになります。

なぜなら、勤務態度が守れていない社員が高い成果を上げるからといって、もし中堅職に引き上げたとすれば、中堅職になった段階で上司として部下を指導することになるからです。

たとえば、その中堅社員が部下に「君、最近遅刻が多いから気をつけなさい」と注意したとしたら、こともあろうか部下が上司に次のような発言をするでしょう。

「私は確かに遅刻が多いですが、上司であるあなたも遅刻が多いと思います。ですから、あなたに注意されるいわれはありません」と。このやりとりをどうお考えになるでしょうか。

勤務態度を守れない人は残念ですが、上司としては適任ではありません。なぜなら、上司が部下に最初に指導するのは、成長プロセスの中の、勤務態度の遵守《じゅんしゅ》だからです。

勤務態度が守れない上司は、部下の勤務態度を指導することはできません。ですから、この成長要素が明らかになった段階で、成果が高ければ勤務態度はどうでもいいという考え方は改める必要があるでしょう。

経営者の価値観をあらわすウェート

そして次は「**ウェート**」です。

ウェートは階層別に統一をしていきます。職種には関係ありません。職種は違っても一般職層・中堅職層・管理職層で統一しなければなりません。

ウェート全体を100としたときに、「期待成果」「重要業務」「知識・技術」「勤務態度」

第９表　階層別にウェート配分する

階層別に４つの成長要素（期待成果、重要業務、知識・技術、勤務態度）へウェートを配分します

＜ウェート仮配分（事例）＞

		階層		
		一般職	中堅職	管理職
成長要素	期待成果	10％	30％	50％
	重要業務	20％	30％	30％
	知識・技術	30％	20％	10％
	勤務態度	40％	20％	10％
合計		100％	100％	100％

➡

＜ウェート配分（事例）＞

		階層		
		一般職	中堅職	管理職
成長要素	期待成果	2	6	10
	重要業務	4	6	6
	知識・技術	6	4	2
	勤務態度	8	4	2
ウェート合計		20	20	20

の４つに、どの割合でウェートを置くか、これは経営者の価値観が反映されるとても大事な判断といえます。

一般職層のウェートについては、今まで指導してきた９割以上の経営者が、勤務態度に一番高いウェートをかける結果になりました。やはり勤務態度を守れない社員は中堅職にステップアップさせることはできないという経営者の考えでしょう。これは間違っていないと思います。

勤務態度を守れない人に中堅職は務まらないし、まして管理職はとうてい無理です。新卒社員の場合には、この勤務態度で困ることはまずありませんが、多くの場合、中途で採用した社員で問題になるのは、思ったより成果が出せないということよりも、勤務態度が悪いことです。そのことで悩んでいる経営者がほとんどです。そのため採用の時には勤務態度が良いことを

条件に採用しなければならないでしょう。

中堅職になると、一般職層と違って、期待成果のウェートは若干高まる可能性があります。なぜなら、数値責任が高まるからです。そして管理職になると、さらに数値責任が高まって期待成果のウェートは高くなります。

言うまでもなく、期待成果のウェートが一番高い人は経営者です。経営者の成長シートがあるとすれば、期待成果に対するウェートは100%になるでしょう。

経営者は、どんな素晴らしいことをやっていても、業績が低いときには、あまり評価されることはありません。しかし、業績が高いときには大々的に報道されます。その数値責任の大きさから、経営者は、その点たいへん厳しく辛い立場でもあることがわかります。

つまり、このウェートは階層ごとに違います。

一般職層、中堅職層、管理職層の階層ごとに、全体のウェート100%を成長要素に配分していきます。

実際の成長シートのウェートは合計20になります。すべての成長要素にウェートを配分していって、その合計は20になるということです。

そのため、成長基準がオール1の場合には、ウェートの20をかけて成長点数は20点となります。

成長基準がオール5点になると、ウェートの20×5点で100点となります。

つまり、このウェート20を各成長要素に配分することによって、社員は最初は成長点数20点からスタートして、最終的には満点の100点の成長点数に近づくことを目指します。

ところで、このウェートにはもう一つ大事なポイントがあります。それは、社員がこのウェートを見ることによって、経営者がどこに一番重きを置いているかがわかることです。もし経営者が勤務態度を守ってほしいと強く願うのであれば、勤務態度に大きなウェートをかけることになるでしょう。経営者が社員に望む優先順位をこのウェートで示すことができるのです。

では、ウェートをさらにそれぞれの成長要素に配分していきましょう。

仮に第9表のように、期待成果にウェート2、重要業務に4、知識・技術に6、勤務態度に8と配分したとしましょう。

たとえば、期待成果に「売上高」と「利益」と「人時《にんじ》生産性」という3つの期待成果があったとします。

この場合、3つの期待成果のウェートの合計は2です。どのように配分するかは経営者の価値観です。

たとえば、売上高が0・5、粗利益率が0・5、人時《にんじ》生産性が1という配分をしたとすれば、この経営者は人時《にんじ》生産性にもっとも重きを置いているということがわかります。さらに、売上高と利益のウェートは同じなので、経営者は同等の重きを置いていることがわかります。これが経営者の価値観です。

これと同じように、重要業務のウェート4を重要業務の成長要素ごとに配分していくことになります。

知識・技術も同様です。次の勤務態度も同様です。

このように配分することによって、社員は最終的には、どの成長要素がもっともウェートが高いのかがはっきりわかるようになります。

5点満点の成長基準

その次に、「**成長基準**」です。

成長基準は、期待成果に対しては、**期待成果の実現度**を表していきます。重要業務については、その**重要業務の遂行《すいこう》度**です。知識・技術はその**知識・技術の習得度**。勤務態度はその

第 10 表　成長基準の意味とは

成長基準の５段階の意味

期待成果	(定量的) 成長基準				
	1	2	3	4	5
	←(低)　期待成果の実現度　(高)→				

重要業務	(定性的) 成長基準				
	1	2	3	4	5
	←(低)　重要業務の遂行度　(高)→				

知識・技術	(定性的) 成長基準				
	1	2	3	4	5
	←(低)　知識・技術の習得度　(高)→				

勤務態度	(定性的) 成長基準				
	1	2	3	4	5
	←(低)　勤務態度の遵守度　(高)→				

勤務態度の遵守《じゅんしゅ》度を成長基準で示します。

期待成果の成長基準は、優秀な社員が上げている数字を5点で表示することになります。

あくまでも期待成果は結果を数字で示すことになりますので、数字で成長基準をつくっていきます。

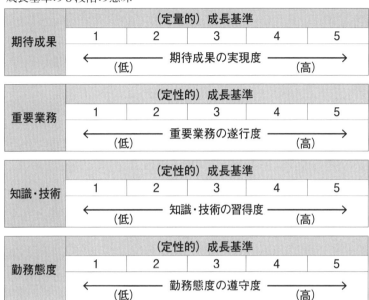

たとえば、優秀な営業社員の期待成果である売上高が５０００万円であれば、成長基準の５点は５０００万円以上となります。

そして、これからだという社員の売上高が２０００万円未満だとすると成長基準は１点、

2000万円以上が2点、3000万円以上が3点、4000万円以上が4点、5000万円以上が5点となります。

すべての期待成果の成長要素の成長基準は、このように最高の成長基準5点と最低の1点を設定することになります。

そして、1・2・3・4・5点という成長基準の階段は、すべて同じ段差でつくっていく必要性があります。この場合は1000万円の段差です。

成長基準は階段を昇るように、とんとんとんと成長していくことを結果で示すことになりますので、この段差が同じであることは、とても重要なポイントであるとお考えください。

次に、「重要業務」の成長基準は次のようになります。

1点―その業務をやっていない
2点―その業務を少しやっている
3点―その業務を基本的なやり方でやっている
4点―その業務を優れたやり方でやっている

5点―その業務を優れたやり方でやっており他の社員に教えている

というのが、基本的な基準のつくり方です。

最初はこの成長基準を変更せずに、このまま最低でも1年間は使ってください。

しばしば、この成長基準では重要業務の遂行度《すいこう》が判断できないという質問を受けることがあります。

たとえば、売上高の高い社員は「営業計画立案」という重要業務を遂行《すいこう》しているために売上高が高いとします。優秀な社員はその営業計画の立案を、基本的に毎週金曜日に夕方6時から30分かけて翌週1週間の計画を立てていたとします。A社員がこの成長基準を見て、自分の評価がわからないと言って質問してきました。

「私はこの3か月間で3回金曜日に営業計画を立案することができませんでした。この場合、成長基準は1点でしょうか。2点でしょうか。3点でしょうか？」

この質問をされたときに、経営者によって答えが違います。1点と答える経営者もいます。2点と答える経営者もいます。3点と答える経営者もいます。もちろん4点という経営者はいないでしょう。

このときに、経営者が「この場合は少しできているという判断をしますので、成長基準2点にしてください」と発言すれば、それで決まりです。それを聞いたその社員が「わかりました。月に1回やっていない場合は2点と評価すれば良いのですね」と納得して、それで問題は解決です。

ただし、別の社員がまたこんな質問をしてくるかもしれません。

「実は私はAさんのように、3か月間で3回、計画を立てることができませんでした。いずれもその時間にお客様に呼ばれて、計画を中断してお客様のところに直行したからです。そのため私は計画を翌週の月曜日に立てざるをえませんでした。この場合はどうですか？」

この場合も経営者によって判断は違いますが、経営者が「お客様の都合で計画が立てられなかったということが事実であれば、それは3点ですね」と答えたとすれば、その社員は評価を3点にすればいいことです。もちろん、その上司も3点に評価することになります。

このようにさまざまな行動があります。その行動がどこに当てはまるかを、この成長基準に合わせて決定していくことになります。

つまり、運用は柔軟にやっていくことが大事です。これを成長基準をつくり変えることで実態と合わせようとしたら、いつまでたっても成長基準が出来上がりません。

ある経営者は、その成長基準を常に見直しをしていて、1年以上かけて基準を完成させました。当然ながら、その間、成長シートの活用はされていません。そして1年後に、ありとあらゆることに対応できる成長基準を詳細にまとめあげることができました。

たとえば「営業計画立案」という重要業務の成長基準をつくるために、1点の成長基準を判断するために、さまざまなことが詳細に書かれたＡ４の紙が1点について４枚、２点から４点についてもそれぞれ４枚、合計４基準×４枚＝１６枚のＡ４のレポート用紙を読まなければなりませんでした。

その会社には重要業務が１５個ありましたので、その種類分だけの成長基準の説明書を読まないと評価ができません。しかし、これは実践的な運用の仕方ではありません。

ましてや、またそれに対して質問が出たら、また成長基準を見直すということになります。いつになっても、これでは運用が先に進まないのです。

そのため、この会社は、結局、成長基準の見直しをやめ、私が最初に申し上げた最初の成長基準で運用することになったのです。1年間の時間のロスを取り戻すことはできませんが、その後は何ら問題なく評価できるようになりました。

このことを、私は「評価を指導する」という言い方をしていますが、どんな行動だったらどの成長基準にあてはまるかを教えるのは経営者の大事な仕事です。これを教えないかぎりは、社員の自己評価も上司の評価もできません。上司が評価できないということは、大変なことを意味します。それはつまり、上司が部下を指導できないということです。

部下指導というのは、あくまでも上司が部下を評価して、部下がその上司の評価を理解し、納得したうえで、さらに一つ上の成長基準をクリアするために指導するのです。

つまり、経営者が上司に部下評価の仕方を教えないで部下を指導しなさいというのは、荒唐無稽《こうとうむけい》な話だと早く気づいていただく必要があるでしょう。

この成長基準をつくってもらうことによって、部下の評価、そして指導が有効になってくることが徐々に明らかになってくると思います。

その次は「知識・技術」です。知識・技術の成長基準は次のようになります。

1点—もっていない
2点—少しもっている
3点—基本的なものをもっている

４点─応用的なものも、もっている
５点─必要なものはすべてもっており、他の社員に教えていた

これも重要業務の成長基準と同様に、最初の１年間はこの表現の仕方を変えることはやめてください。運用が途中でできなくなります。勤務態度の成長基準は次のようになります。

１点─守っていない
２点─少し守っている
３点─守っている
４点─他の社員の模範である
５点─模範であり他の社員に教えていた

このように５段階で活用してください。
もっとも勤務態度は経営者の思いを表わすために、もう少し具体的にしたいという場合がありますが、それはそれで経営者が表現できる範囲内で成長基準をつくってもらえればいいでしょう。

ただし、つくり込むことは危険です。さまざまな意見が出てきて、また成長基準の見直しがある恐れがあれば、事例として紹介したものを活用してもらいたいと思います。

この成長基準の大事なポイントは、1つ目は重要業務であれば「少しできた」、知識・技術であれば「少し身についた」、勤務態度であれば「少し守れた」という、少しの成長を成長基準に入れてあることです。

そうすることで、社員は少しの成長であっても達成感をもてるようになります。また上司は部下の少しの成長を褒《ほ》めることができます。

飛行機にたとえれば、飛行機はいきなり飛び立つことはありません。飛行機が飛び立つときに重要なのは、最初の3分間といわれています。この離陸するまでの3分は、人間がマニュアル操作します。コンピューターまかせにはできません。上手に離陸することができたら、あとは自動操縦も可能になりますが、飛び立つときだけは自動操縦にしないのです。

であれば、社員が少し成長して成長基準2点をとったことは、その社員にとってみれば、大きな成長に向かって飛び立つ第一歩なのです。これを認めてあげない会社がなんと多いことでしょう。少しできたと認められたら、社員は次のような発言をします。

「もっと頑張ります！」

最初、少しの成長を褒《ほ》める上司の言葉を聞いてほとんどの社員は驚きます。なぜなら、今までこれぐらいのことで褒《ほ》められたことがなかったからです。それどころか、「もっと頑張れ」「ヤル気を出せ」と上司から言われてきた社員だったのです。

その社員が小さな成長を認められたことによって「もっと頑張ります！」と声に出して言う、こういう評価がとても重要です。そのために成長基準には２点があります。

そして、成長基準の５点は、重要業務を教えていた、知識・技術を教えていた、勤務態度も守らせていた。どちらにしても、教えていたことを評価するものです。この評価はとても重要なことです。

日本に成果主義という言葉が入ってくるまでは、日本の会社では社員が教えることが当たり前でした。

他の国では考えられないことかもしれません。しかし、日本の会社では、この教えるということがどれだけ重要なことかを成長階層の上へいけばいくほど、強く感じるようになります。経営者になれば、なおさらのことです。

なぜなら、教えることは、結局、自分の成長につながることに気づくからです。教えないまま過ごした40年間と、教え続けた40年間では、その成長は雲泥《うんでい》の差と言わざるをえません。これは何を意味するのでしょうか。

それは、社員が自分のためだけに頑張るという自己中心的な活躍の仕方から、他の社員に教えることによって、いわゆる利他の世界に入っていくことを示しているのです。

私がここで言う利他の世界とは、他の社員のために行動することです。成長支援制度を導入している会社は、部下に仕事を教えることを高く評価しますから、自然とこの利他の世界に入っていく仕組みになっているのです。

一方、成果主義をとっている会社の一般職層の社員は、他の社員に教えることはまったくしません。それはそうです。他の社員の成果が上がってきたら、自分の評価が脅《おびや》かされます。自分の評価が落ちる可能性があるからです。そんなことをする社員はいないでしょう。

ところが、成長支援制度で他の社員に教えていって中堅職に上がった社員は、みんなに尊敬される眼差しで見られています。このような会社に入ってきた新人社員は、早く私も中堅職にステップアップして活躍したいと思うでしょう。早く役職につきたいと思うでしょう。

これがあるべき組織の姿です。もしそうなっていないとすれば、どこかに問題があると思ってください。それを解決する根本の方法は、他の社員に教えることを、もっとも高い成長基準の５点で評価することです。

今まで私が人事制度の構築支援をした、７８２社の経営者にお尋ねしました。

「高い成果を上げている社員は褒《ほ》めますか？」

「褒《ほ》めます」

とすべての経営者がそう答えました。続いて、

「重要業務を遂行したら褒《ほ》めますか？」

「褒《ほ》めます」

「では、その重要業務を優れたやり方でやっていたら褒《ほ》めますか？」

「褒《ほ》めます」

次に、今まで聞かれたことのない質問を投げかけます。

「では、その優れたやり方を他の社員に教えてあげたら褒《ほ》めますか？」

「もちろん褒《ほ》めます」と経営者の声が聞こえました。

「もちろん」なのです。

そう答えた経営者の割合は７８２社中７８２社、つまり１００％の経営者が、教える社員をもっとも評価すると言ったのです。

これはマネジメントのテキストには一切書いてありません。世界共通の認識ではありません。でも日本の経営者は教えた社員をもっとも評価すると考えているのです。

マネジメントの言葉には、「人を育てる」という概念はありません。しかし、私たちの部下指導の中には、「人を育てる」という熱い想いが込められています。

もし一般職層で、他の社員に教えることを厭《いと》わずにできるようになれたら、その会社はどれほど強くなるか、経営者であればおわかりだと思います。

これが日本の経営者の想いを形に表わした成長基準です。成長させたいと思っている経営者がいる。成長したいと思っている社員がいる。そんな想いをこの成長シートでがっちりと一致させることができるのです。一刻も早くつくってもらいたいと思います。

ライン職中堅職層の成長シート

ここまでが一般職層の成長シートのつくり方です。

次は、中堅職層の成長シートをつくります。

中堅職の成長シートは、一般職の成長シートに「マネジメント」と「部下指導」を加えることになります。

第11表　中堅職層の成長シートの特徴

○中堅職層の成長シートは、プレーイングとマネジメントが含まれています

一般職層成長シート（プレーイングのみ）		➡	中堅職層成長シート（＋マネジメント）	
期待成果			期待成果	＋部下の伸びた成長点数
重要業務			重要業務	＋部下指導
知識・技術			知識・技術	＋マネジメントスキル
勤務態度			勤務態度	＋リーダーシップ

部下指導の期待成果が何であるかは、実は、世界的にも明確なものが定義されていません。そのため、部下指導そのものが上手になったかどうかを判断できない状況にあります。

そこで、多くの経営者が考えている「成長点数の低い社員、これからだという社員をしっかりと部下指導して成長させてほしい」ということを、そのまま期待成果にします。つまり、「部下の伸びた成長点数」を期待成果にするのです。

今、部下の中には成長点数が８０点の社員も、６０点の社員も、４０

点の社員も、これからスタートする20点の社員もいることでしょう。

期待成果を部下の伸びた成長点数ではかるとすれば、100点満点のときに80点の社員は20点が伸びしろになります。60点であれば40点、40点であればなんと60点が伸びしろであり、20点の社員は80点もの伸びしろがあることになります。

つまり、中堅職になって上司として評価を受ける場合、伸びしろの多い部下を指導することが自分の評価を高めることになります。そのため、上司は伸びしろの大きい部下を成長させようと挑戦します。

そして1年後には、どの上司が部下を一番伸ばすことができたかが明確になります。3か月ごとに部下の成長点数を2点伸ばす上司、3点伸ばす上司、中には5点以上伸ばす上司もいるでしょう。この結果が成長支援制度を運用した1年後にわかるのです。

このとき、経営者はあることに気がつくでしょう。

我が社には間違いなく部下を指導する方法がある。その方法をしっかりと実行している上司は部下をかくも高い点数で成長させることができる。一方、一生懸命指導しているにもかかわらず、部下を伸ばすことができない上司もいる。その差はなんだろうと。

その差は当然ながら、部下指導の仕方に違いがあるのです。

中堅職にステップアップした社員は、部下指導という重要業務を、最初は「1点―部下指導をしていない、やっていない」ところからスタートします。次に「2点―少しできた」ところまで成長し、「3点―基本的なやり方ができる」まで成長し、「4点―優れたやり方ができる」ようになり、やがては「5点―優れたやり方を他の社員に教えている」という評価を得ます。部下を伸ばすことの違いが、はっきりと、この「部下の伸びた成長点数」で明確になります。

明確になった時点で、経営者がやるべきことは、部下の成長点数を伸ばした上司が、どのような部下指導のやり方をしているかを可視化して社内で共有化することでしょう。それによって、すべての部下を成長させることができるようになります。

どのような会社でも、プレーヤーとしての優れた仕事のやり方があります。それを可視化して共有化することによって業績を上げることができるのと同じように、いやそれ以上に、優れた部下指導のやり方を可視化して共有化することで業績を上げることができるのです。

しかし、多くの会社でこの大事なことが抜け落ちています。それが中堅職の成長シートをつくることによって、今まで抜け落ちていた、優れた部下指導のやり方が一気に組織の中に横展開されていくことになります。かつてないほどの社員のスピーディーな成長、そして業績向上が実現されることでしょう。

基本的に、この中堅職層の成長シートは、一般職層の成長シートの期待成果に「部下の伸びた成長点数」を加え、重要業務に「部下指導」を加え、そして部下指導に必要な知識・技術として可視化された成長要素を加え、さらに、中堅職の優秀な社員がもっている考え方・態度を勤務態度の成長要素に加えることによって、できあがります。

ライン職管理職層の成長シート

最後に、管理職層の成長シートをつくります。

管理職の成長シートは、100人くらいまでの企業であれば、経営者がモデルとなります。経営計画書を作成している会社であれば、経営計画書を基にして作成することが最も簡単な方法です。

経営計画書には1年間の経営目標があり、その目標を管理職層の成長シートの期待成果の成長要素に取り入れます。そして、そのために何をしたらいいかを、因果関係を明確にしながら重要業務に記載し、その重要業務に必要な知識・技術を記載し、さらに管理職としてふさわしい優れた考え方を勤務態度の成長要素に加えます。

もちろん、ここで掲げた経営目標は成長基準の5点となります。成長基準の5点の成果を実現するために重要業務が掲載されます。

ところで、管理職の成長シートをつくるときに、経営者が一つ考えておかなければならないことがあります。

それは、経営計画書で掲げた目標は前期の業績結果を見てつくった、今後1年かけて達成する新しい目標です。

多くの場合、目標数字は前期よりも増えていると思いますが、その増えた分のギャップを経営課題として捉え、その経営課題を解決するための方法が経営計画書に解決策（仮説）として書かれています。

そして、その数値目標は管理職の成長シートの期待成果の内容になるかと思います。

つまり、経営計画書で立てた重要業務（解決策）をライン職の管理職が実際に実行することになりますが、その重要業務（解決策）が本当に有効であるかどうか、つまり業績につながるかどうかは数か月後にわかってきます。

万一、管理職の重要業務が成果に結びつかない場合は、その重要業務を捨て、新しい重要業務を管理職の成長シートに加えなければなりません。つまり、経営計画書で立てた解決策および管理職の重要業務を期中で見直さなければならないということです。

もちろん、解決策と重要業務がしっかり成果に結びつくのであれば、見直しは不要です。

しかし、理由はどうであれ、1年間いっさい見直ししないという会社は、その期の目標を本気で達成しようという意欲がない会社といえます。

今後、ライン職管理職の成長シートをつくられたら、重要業務が成果に結びつくかどうかをスピーディーに検証して期中に見直しする必要があるでしょう。

さらにもう一つ、経営計画書の目標を実現するための大事なポイントは、管理職の期待成果に「部下（中堅職）の伸びた成長点数」を入れることです。管理職は新しい重要業務に取り組むより、現存する優れた部下指導の仕方を全上司に共有化して、全社員を成長させることのほうがはるかに優先順位が高いのです。

それをもって、実現可能な経営計画書をスタートさせるのです。そうすることで、全社員が経営計画書の目標実現に向かって一斉に動き出します。

そして何度も申し上げているとおり、社員のどういうアクションが業績向上に結びつくかがわかれば、その優れたやり方を可視化して、全社員で共有化することです。

まさに日本的なマネジメントで、業績向上ができるようになるとお考えください。

③スタッフ職の成長シートの作成

スタッフ職にも期待成果は必要です

ライン職の成長シートができたら、次はスタッフ職の成長シートをつくります。
スタッフ職の成長シートは、ライン職と違って、一番上の管理職層からつくっていきます。
その理由は、スタッフ職の一般職の期待成果が明らかになっていない可能性があるからです。

経営者の中には、そもそもスタッフ職の一般職には期待成果がないと考えている方もいるようです。スタッフ職の一般職の期待成果が常に仕事をする上で明らかになっている会社であれば、一般職から成長シートをつくっていただいてもいいですが、明らかになっていない会社のほうが圧倒的に多いのです。

ここで経営者にお考えいただきたいと思います。

スタッフ職の一般職であっても、期待成果なくして、本当に仕事を楽しめるでしょうか。成長を日々遂げることができるでしょうか。

たとえば、営業部であれば、毎日のように社員が大きな声で「やったあ！」と喜んでいる姿を、見ることができるでしょう。

その声を聞いて、上司が「どんな成果だ」と言って寄って来るでしょう。遠くで経営者は「お、○○君、成果を上げたな」とニコッと笑うかもしれません。

ところが、スタッフ職の経理担当者がもし「やったあ！」と小さく声をあげたら、上司はそれに対してなんと言うでしょうか。

「何をやったんだ？」これは褒《ほ》める言葉ではありません。叱る言葉に近いでしょう。

つまり、経理部が「やったあ！」と言うのは、何か不正をしたとき以外聞くことがないのです。「やったあ！」という気持ちになれるから、「また頑張ろう！」という気持ちになるのに、スタッフ職の社員は一生涯「やったあ！」という気持ちをもてないのです。理由は、たった一つ、仕事の成果が明確になっていないからです。

たとえば、私は前職で１６年間仕事をしましたが、人事職での期待成果の一つが労働分配率の改善でした。１６年間で、この労働分配率が６７％から３７％へ３０％改善しました。そのために最初に取り組んだ重要業務が、人事制度の構築と運用でした。これによって労働分配率が大きく改善したのです。

次に、新卒採用に着手したこと、そして収益率の高い新規事業（寿司事業）に着手したこと、これも労働分配率の改善につながっていきました。労働分配率が、たとえば５％改善して「やったあ！」と発言したら、社長がそばに来て「どのくらい改善したんだ？」と嬉しそうな声で肩を叩いてくれます。スタッフ職である私は、さらにそれを改善しようと思って、また新しいことに取り組んでいきました。このようにスタッフ職でも、常に期待成果があれば、やりがいがあるのです。

ところが、一般的にスタッフ職には期待成果がないと思われています。それはその社員が一般職層で定型的な仕事をしているからです。スタッフ職でも、やがて一般職・中堅職・管理職にステップアップするのであれば、それにふさわしい仕事の期待成果があるはずです。

人事・総務職であれば、「労働分配率」や「定着率」や「１人当たりの採用コスト」などが期待成果になるでしょう。１００人までの企業であれば、この人事・総務職の管理職層の仕事は経営者が兼務をしている場合もあるでしょう。

そのため、経営者はこの数字を常に見ています。経営者は社員が成長してきたら、いつかは人事・総務職の管理職の兼務を解いて、誰かに権限委譲することになります。

そのために、まずは人事・総務職の管理職層の成長シートからつくり、経営者が兼務している管理職を可視化していきます。

経理・財務職であれば、期待成果に「キャッシュフロー」や「経常利益率」などがあります。それらを期待成果にして、何をしているかを経営者自らをモデルに、可視化してやるべき重要業務を明らかにしていきます。そして知識・技術を明らかにしていきます。それから勤務態度です。

これらが明らかになれば、スタッフ職であっても、一般職層の社員は中堅職層になったら、プレーイングとマネジメント両方の仕事をして部下の成長点数を伸ばすことに努力し、将来一つ上の管理職になるために、管理職層の期待成果の一つの「定着率」や「労働分配率」に関心をもつことでしょう。

スタッフ職の社員はそれらに関心をもちながら、もっとやりがいのある仕事に挑戦してゆくことになります。

間違ってはいけないのは、期待成果を明らかにする理由は、社員の成果の低さを叱るためではないということです。社員が自分の仕事の成長度合いを測るためです。

今やっている重要業務が成果につながっていれば成果は向上します。しかし重要業務を一所懸命やっても成果が変わらなければ、それは重要業務ではありません。それは成果を上げるための重要な業務ではなく、無駄な業務であることを教えてくれます。

今すぐ止めなければなりません。時間は限られています。別の業務に取り組まなければなりません。そのことに経営者も社員も気がつくために期待成果はあるのです。

けっして成果で社員を叱るためのものではないのです。

期待成果は自分のやっている仕事が成果につながっているのかどうかを確かめるためにあるのであり、自分の達成感を味わうためのものなのです。

スタッフ職のプレーヤーの部分では、毎日やっている定型的な業務の生産性と正確さを数字で表わせるような成長要素を期待成果にもってくることができます。

人事・総務であれば、給料計算の生産性や正確さ、また経理・財務であれば、伝票処理の生産性・正確さ、入力業務の生産性・正確さといったものがあるでしょう。これを期待成果にして工夫・改善することによって生産性を高めたり、より作業が正確になります。

そして、上司になる人たちに注意していただきたいことは、スタッフ職は正確であるのが当たり前、間違ったときには叱るという態度です。それを改めてください。

スタッフ職の上司は、部下が正しい、正確な仕事をしたときは、その正確さを褒《ほ》めなければなりません。認めなければなりません。それによって、部下はさらに自分の仕事のやり方を工夫・改善していく挑戦をするようになるのです。

これがないから、スタッフ職の社員は挑戦をしません。挑戦することは必ず失敗を伴います。スタッフ職の社員は失敗することのリスクを考え、旧態依然としたやり方を5年も10年も続けているのです。そうなっているのは、その会社の評価の仕方に問題があるからと気づくべきでしょう。正確さを当り前だと言わずに、どんどん褒《ほ》めてください。そのための成長シートです。

④プロフェッショナル職の成長シートの作成

マネジメントコースとプロフェッショナルコースの違い

社員の成長のコースは、おおむね２つといえます。

１つは、仕事が一人前になったら次は人を育てることに挑戦し、そしてそこで卒業点数をもらうことによって次の管理職層に行くマネジメントコースです。

もう１つは、自分の得意なプレーヤーの世界で知識や技術を磨き、プレーヤーの業務でより多くの組織貢献をしていくというプロフェッショナルコースです。

この２つのコースの成長シートを準備する必要があります。

一般職層から中堅職層へ、中堅職層から管理職層へ上がっていくマネジメントコースの成長シートのつくり方については、すでにお話ししました。

基本的には経営者は、社員はマネジメントコースで成長してもらいたいと考えていますが、一般職層を卒業して中堅職になった社員の中で、なかなか人を育てることができない社員がどうしても出てきます。

たとえば、製造業・建設業には職人と言われる人たちがいます。

職人自らが「私は人を育てることは無理です」「役職をはずして仕事をさせてください」と申し出てくる場合があります。この場合、一般職を卒業して中堅職に上げた社員をまた一般職に降格させることは、経営者としてはありえないでしょう。一般職層を卒業するほど優秀な社員だったわけですから。

そこで、人を育てることではなく、その優れた知識や技術を生かして業務をおこない、さらに組織貢献をしてもらうことが必要になってきます。それがプロフェッショナルコースの成長シートです。

一般職を卒業していますので、プロフェッショナルコースの中堅職社員の期待成果は、一般職よりも何倍も高くなければなりません。

目安としては、仮に一般職の営業社員K君が年間5000万円の売上を上げていたとします。K君が中堅職層にステップアップして5人の部下をもって成長させることができるとすれば、K君は5人の部下×5000万円で2億5000万円の成果を上げることになります。

一方、中堅職層のプロフェッショナルコースに進んだJ君は、部下をもたず、自分のプレーイングで2億5000万円の売上を上げることを目指します。これがプロフェッショナルコースの中堅職層社員の期待成果となります。

そのために、一般職層でやっていたプレーイングのやり方のままでは、この期待成果を上げることは難しくなります。業務のやり方を工夫改善することが求められます。

たとえば、住宅販売であれば、１年間に１２棟の契約を取っていた優秀な社員が、プロフェッショナルコースの中堅職層に行き、「ＯＢ客からの紹介営業」など生産性の高い営業に切り替えることによって、その2倍である２４棟の成果を上げることは不可能ではありません。

このようにプロフェッショナルコースを選んだ中堅職の社員は、プレーヤーとしての一般職層の時と比べ、大きな成果を上げることが必要になります。

人を育てて組織貢献することと、自分一人の力で成果を上げて組織貢献することは、両方認められていいでしょう。しかし、組織貢献に対する期待成果5点の成長基準は、同等の難易度である必要があります。

ここで間違って難易度の低い成長シートをつくると、社員全員が「しんどいマネジメントコースではなく、楽そうなプロフェッショナルコースに行きたい」と、とんでもない発言をすることになります。

これは中堅職層の「マネジメントコースの成長シート」と「プロフェッショナルコースの成長シート」を見比べて、自分の将来のことを考えず、プロフェッショナルコースの成長シートのほうが難易度が低いから、という理由だけでこのような選択をしてしまうのです。

経営者がその成長シートのつくり方を間違えると、社員は間違った成長をするので、慎重に可視化してください。

以上が、成長シートのつくり方についての説明です。

第1章、第2章で、採用の時に私が採用の「三種の神器」と呼ぶ、3つの資料を応募者に見せながら会社の人事制度を説明してくださいとお願いしましたが、その3つのうちの1つが「成長シート」です。

応募者に、ライン職の一般職層、中堅職層、管理職層の3つの成長シートを見せて説明してください。成長意欲のある応募者なら、目を輝かせながら話を聞くことでしょう。

同じ業種でも成長シートの内容は違っている

ひととおりの成長シートのつくり方の説明が終わった段階で、多くの経営者からしばしば、「当社の業種に参考になるような成長シートはありませんか」と尋ねられます。

残念なことに、成長シートは業種ごとに特化して作成することはありません。それは、成長シートは経営者によって変わるからです。経営者それぞれ、社員を褒《ほ》めることには大きな違いがあります。

この業種だったら、これを褒《ほ》める、という特定の決め方は残念ながらありません。過去に何度も同じ業種、同じ規模の企業の成長シートを同時に作成支援したことがありますが、その内容はまったく違っていました。経営者同士がその成長シートを見せ合って、「同じ業種なのに、こんなに内容が違うんですね」と、お互いに大笑いしたこともありました。

成長シートはそれでいいのです。経営者が社員の成長を願って褒《ほ》めたり叱ったりしてきたことが、成長シートに凝縮されるのです。

ですから、同じ業種だからといって、他社の成長シートを活用することはとても危険です。しかしそれでも参考にしたいという経営者のご要望におこたえして、本書の巻末に、製造業、小売業、建設業、卸売業、飲食業、ＩＴ業など６つの業種の１つの職種の成長シートを掲載しました。

同じ業種であったとしても、この事例をそのまま活用すると、今まで褒《ほ》めてきた社員を褒《ほ》める、または叱らなければならない社員を叱ることができなくなりますので、取り扱いは厳重に注意していただきたいと思います。

経営者の今までの評価どおりに成長シートをつくらないで、他社の成長シートをそのまま活用すれば、その時点で、経営者が別人に入れ替わったのと同じ状況をつくることになります。そのようなことは恐ろしくてできません。そのことを知っていただきたいと思います。

さらに、成長シートはつくって終わりではありません。この事例の成長シートは、最低3年以上運用している実例です。3年前の成長シートからは相当進化しています。

成長シート運用初期の段階で、このレベルまで成長シートがまとまっていることはありません。実際に運用しながら、この内容まで進化していくものとお考えください。

この成長シートの進化は、経営者の本来の仕事です。経営者の最も大切な仕事は、優秀な社員をさらに優秀にすることです。

組織原則2：6：2のすべての社員を一緒に優秀にすることは、カリスマ経営者でも残念ながらできません。

しかし、2割の優秀な社員を可視化した成長シートを運用すれば、それを基にして、次の6割の社員、そしてまた最後の2割の社員が成長していくことになります。その方法で組織全体を活性化させていただきたいと思います。

なお巻末の成長シートの事例を参考にする場合は、次の点をご注意いただきたいと思います。定義づけ、着眼点はその会社の経営者の考え方をストレートに表わすため、この事例からは取り除くことにしました。定義づけとは、意味づけです。会社によって、その成長要素の意味づけは違ってきます。着眼点は成長要素をどこで見るかということです。それも経営者によって違ってきますので、大きな誤解を招くためにここは省略しました。

それから成長基準は、会社によってまったく違った数字になりますので、これもその数字を掲載すると、その意味がわからずに悩まれる方が多いと思いますので、ここも成長基準はその会社の一番優秀な社員の数字を5点にするという共通の認識のもと、すべてを省略させていただきました。

なお、成長シートの重要業務の成長基準、知識・技術の成長基準、勤務態度の成長基準は一つの事例としてご紹介しましたが、基本的に1年間はこのまま活用されることをおすすめします。1年後にその成長基準の活用が慣れてきた段階でカスタマイズされることが、成長シートをうまく活用する基本だとお考えください。

⑤成長支援会議の運営

評価の不平不満を解消する

成長支援制度の5番目の手順は、「**成長支援会議の運営**」をすることです。

成長シートが出来上がると、社員は成長シートに示された内容を実践していくことになりますが、それによって、どれぐらい社員が成長したかを評価する必要があります。

どの会社もなんらかの評価をしているかと思いますが、いわゆる評価制度がうまくいかない最大の理由は、上司の評価の甘辛《あまから》です。

上司の中で甘い評価の上司と辛《から》い評価の上司がいます。評価の目的は社員の昇給・賞与を決めるためです。そのために経営者は上司に評価をさせるのです。指導しているのは上司です。部下の成長の度合いを確認してもらうのは上司が適任者です。しかし、経営者が上司の評価を見ると、背筋が凍るような思いをします。

なぜなら、このままでは使えないからです。

「何だ、この甘い評価は」「何だ、この辛《から》い評価は」と思わず叫びたくなるような、経営者が考える評価とはまったく違う評価を目の当たりにするのです。

評価を委《ゆだ》ねたはずの上司の評価に対して、経営者が納得できないのです。そういう場合、経営者のとる行動はまったく一緒です。鉛筆をなめなめ上司の甘辛《あまから》評価を経営者独自の評価に変えて、その結果で昇給・賞与を決めます。しかしこれをやることで、評価制度そのものは運用停止の状態に追い込まれます。

理由は次のとおりです。

部下を呼んで上司が評価のフィードバックをしたとします。上司が部下に、

「私のあなたの評価はとても高い、私はあなたを買っています。とても優秀だと思います。だから成長点数８０点だと評価したのですが、そのあと社長がその評価を、なんと６０点に変更してきたのです。私は納得していません。でも最終的に評価を決めるのは社長です。なぜそのように変更したのか、私は申し上げることはできません。もしどうしても知りたければ社長に直接聞いてください」

言っていることはわかりやすいですが、この上司は大きな間違いをおかしていることに気づいていません。つまり、「部下である、あなたの評価を決めているのは、私ではなく社長だ」と宣言してしまっているのです。

評価を決める人が上司です。

このようなフィードバックをしてしまった後では、部下はもう上司の言うことを聞かなくなるでしょう。部下は今後褒《ほ》められても、うれしくありません。叱られても怖くはありません。評価しているのが社長であれば、社長にさえしっかりと自分を見てもらえばよいのです。

組織運営が静かに音を立てて崩れ去る瞬間です。

その事実に気がついた社長が言う言葉があります。

「どうして、うちの上司は部下指導がしっかりとできないのだ」

しっかりできない理由は、社長が上司の評価を、自分の評価に変えて昇給・賞与を決めた、その事実が組織的に知れ渡ってしまったからです。これではもう上司は上司としての立場で仕事をすることができません。原因は社長が甘辛《あまから》調整したことなのです。

では、甘辛《あまから》調整したことが間違っていたのでしょうか。

いいえ、甘辛《あまから》調整自体は間違ってはいません。もし甘辛《あまから》のあるまま昇給・賞与を決めていたら、それこそ組織崩壊です。全社員が甘い評価の上司のもとに異動を申し願い出ることでしょう。辛《から》い上司のもとでは仕事がしたくないということで、常に組織の中でトラブルが発生することになるでしょう。だから正しい調整だったのです。しかし、組織が機能しなくなったことも事実です。

解決策はなかったのでしょうか。いいえ、あります。

ここで「評価者訓練をすればいい」と思われた人がいることでしょう。

これも日本の常識です。評価者訓練をしている専門家がいることも事実です。

しかし、評価とは、ひと言でいえば、褒《ほ》めること叱ることです。

それぞれの経営者には、それぞれの評価があり、それぞれの褒《ほ》めることと叱ることがあるのです。それをまったく知らない外部の人間が来て、何を褒《ほ》めるのか、何を叱るのかを指導することができるとお思いでしょうか。

冷静に考えたら、そんなことは絶対に不可能であることがわかります。評価者訓練をする人が、経営者本人であれば問題ありません。しかし、経営者のやってきたこと、何十年というその経営者の評価を知らずして、外部の人が評価者訓練というサービスを提供しようとしています。

たとえば、ある企業の１日をビデオで放映し、そこにいるA社員の評価をその専門家がもってきた評価シートに基づいて評価の指導をするのです。こんなことで正しい評価ができるはずはありません。

この評価者訓練に参加した管理者が、次の発言をして経営者を驚かせることがあります。それは、社長に対して「社長の評価は間違っています」と発言することです。評価が間違っているということは組織運営が間違っていることと同義です。つまり、うちの会社はダメな会社ですと言っているのとまったく同じです。

そんな発言が出るような評価者訓練をやってはいけないのです。評価者訓練は百害あって一利なし。この問題の解決策は、経営者の評価を社員に教えることなのです。

しかし、経営者はそんなに評価が上手なのか。残念ながら、会社の中で一番甘辛《あまから》の評価をするのが経営者です。

たとえば、経営者の創業の仕方は2つのパターンがあります。1つは、営業力があって創業した経営者、もう1つは、商品力があって創業した経営者です。

営業力があって創業した経営者は、営業に対しての評価は辛《から》くなりがちです。自分が基準だからです。「自分と同じか、それ以上できないかぎりはまだまだ」と言って、高い評価をすることはありません。

しかし、そういう営業力のある経営者は、商品開発ができる社員には甘い評価になって、少し成果を上げると、「凄《すご》い」と言ってべた褒《ぼ》めで褒《ほ》めます。

褒《ほ》められた社員も驚いて「いやいや大した開発ではありません」と尻込みしますが、それをさらに追いかけていって「いやいや素晴らしい、大したもんだ」と褒《ほ》めて感謝の言葉さえ伝えます。めちゃくちゃ甘いと言わざるをえません。

一方、商品力があって創業した経営者は、「こんなものは商品開発とは言えない」と言って、少しぐらいのことでは高い評価をすることはないでしょう。自分の商品開発を基準として考えるため、自分と同等、あるいはそれ以上の開発をしないかぎりは、凄《すご》いとは言わないでしょう。これはとても辛《から》い評価です。

しかし、営業力については、社員がちょっとした営業で成果を上げると褒《ほ》め、「素晴らしい、大したもんだ、私にはできない」と言って最大の評価をします。

このように最大の甘辛《あまから》がある経営者の評価そのものが、実はこの会社の評価であることを知ってもらう必要があります。経営者は自分の経験をもとに社員を評価して経営してきたのです。それでいいのです。

ただ、それが社員にはわかっていないので、どんなときにどのような行動をすれば、成長基準の1・2・3・4・5点の、どこに当てはまるかを指導する必要があります。その指導する場所をつくってもらいます。それが成長支援会議です。

第12表　成長支援会議の階層別実施メンバー

◎上部階層の全メンバーで下部階層の全メンバーの評価を決める

●経営者と上司の評価のギャップを解消する

●上司間の評価の甘辛を解消する

●上司と部下の評価のギャップを解消する

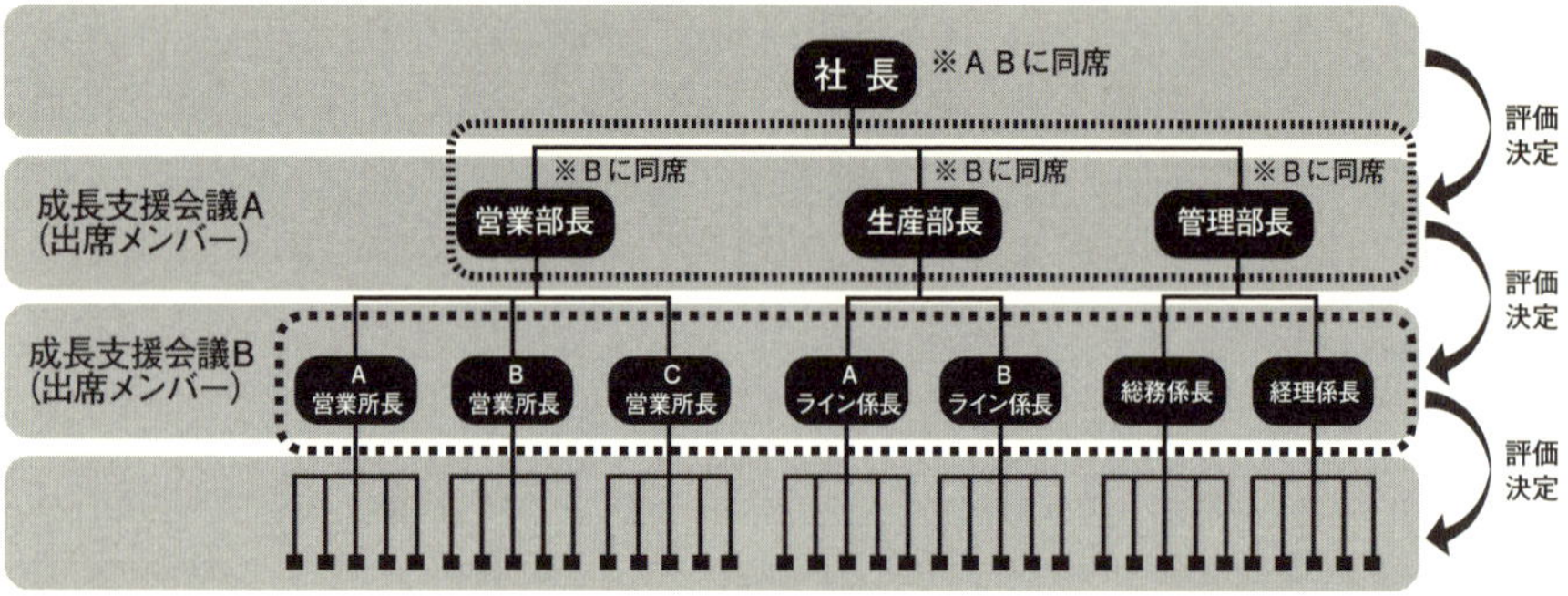

成長支援会議とは、部下全員の評価を全上司が集まって決めるという場所です。

全社員の二次評価を成長点数集計表（第13表）にまとめ上げ、それをもとに全上司が評価の甘辛《あまから》の部分を確認し合う形で、全社的な評価の統一をしていきます。

たとえば、ある社員のある重要業務の評価を、ある上司が5点としました。それを見た違う上司が、

「どうしてあなたはその社員の評価を5点としたのか」と尋ねます。それに対して、5点の評価をした上司が答えます。

「この社員は他の社員が聞いてきたら包み隠さずいつでも話をして説明しています。常に教えるというマインドをもってい

第 13 表　成長点数集計表

○○期評価結果集計表　□□部門　一般職層

氏名	役職	成長等級	期待成果					重要業務								知識・技術					勤務態度				合計
			1	2	3	4	5	6	7	8	9	10	11	12	13	14	15	16	17	18	19	20	21	22	
			2.0	1.5	1.0	0.8	0.7	1.2	1.0	1.0	0.8	0.8	0.6	0.3	0.3	1.0	1.0	0.8	0.6	0.6	1.0	1.0	1.0	1.0	
		3	5	5	4	4	4	5	5	5	4	4	4	5	4	5	5	5	4	4	5	5	5	5	93.80
		3	5	5	4	4	4	5	5	4	4	4	4	4	4	5	5	4	4	5	5	4	5	4	90.30
		3	5	4	4	5	4	4	4	4	5	4	3	4	5	4	4	3	4	5	4	4	5	5	85.10
		3	5	4	4	4	5	5	4	4	4	4	3	4	5	3	4	4	4	5	4	4	5	4	84.20
		2	4	5	5	4	5	4	4	5	4	5	4	3	5	4	3	4	3	5	4	4	4	4	84.00
		3	5	4	4	4	4	5	4	4	4	4	3	4	4	4	4	4	4	3	4	3	3	3	79.00
		2	4	4	5	4	4	4	3	4	4	5	4	4	3	3	4	4	5	3	3	4	4	4	78.50
		2	4	5	3	4	3	4	5	3	3	4	4	4	4	4	5	4	3	4	2	3	4	4	76.40
		2	4	4	4	3	4	4	4	3	4	4	3	3	4	3	4	3	4	3	4	4	4	3	73.90
		2	5	3	4	3	4	5	4	3	3	4	4	3	3	4	3	4	3	4	3	3	3	3	72.90
		2	4	4	3	3	3	4	4	4	4	4	4	3	3	4	4	3	4	4	4	4	2	2	72.10
		2	3	4	3	4	3	3	4	4	3	4	3	3	4	3	4	4	3	3	4	4	3	3	69.20
		1	3	3	4	4	3	3	3	3	4	4	3	3	3	4	3	3	3	3	4	4	4	4	68.20
		1	3	3	4	3	3	3	3	4	3	3	3	3	4	3	3	4	4	3	4	4	2	4	65.70
		2	3	4	2	3	4	3	3	4	2	2	2	4	4	3	3	3	3	4	4	3	4	3	63.20
		1	3	2	3	3	3	3	3	2	2	3	3	3	3	3	3	3	3	3	3	4	4	2	57.70

るこの社員は素晴らしい。ですから常に他の社員に教えているということで、5点にしたのです」

それを聞いた先ほど質問した上司が言います。

「私は教えるというのは、聞かれたら教えるだけでは5点とは思っていません。できていない社員を集めて積極的に自ら教えてはじめて5点としています。ですから、積極的に教えているということがないかぎりは5点とはしていません」

ところが、またそれを聞いていた別の上司が、こういう答えをしました。

「いや、私は教えている行動だけで5点にはしていません。教えたということは教えられた社員が成長したことによって、成長基準が2点から3点、3点から4点と上がることによって、はじめて教えたと思っています。教えられた社員が実際に成長してはじめて5点としているのです。ですから、その事実がないかぎりは5点としていません」

さあ、これが組織の中の上司の甘辛《あまから》評価です。

何をもって5点としたらいいのかということが、上司の間でこれだけ違うのです。どうしたらいいでしょうか。答えは簡単です。

この3つのケースのどれに決まったとしても、まったく問題ありません。ですから、成長支援会議でそのやりとりを聞いていた経営者が自分の考えで決めればいいのです。

ある経営者はこう言うでしょう。

「私は教えられた人が成長したことによってはじめて教えたということになると考えている。だから一番最後の上司が言った、教えられた人が成長してはじめて教えたと評価することにしよう」と。

これで全上司が経営者から評価の仕方を学んだことになります。5点とは教えられた社員が成長した時にはじめて5点とすること、これがこの会社の統一された評価となります。すべての上司は、今後、経営者と同じ評価をすることでしょう。

こういうやりとりがあってはじめて、すべての上司の評価が統一されることになります。評価の統一は経営者の考え方に統一することであって、第三者に教わることではありません。これがあれば、全上司は二度と間違った評価をすることはありません。

そして、自信をもって評価結果を社員に伝えることができます。

この違いをお互いに上司間で質問し合い、また場合によっては、経営者が質問することによって、その違いを浮き彫りにし、そのつど経営者がその場合にはどういう評価をするかを教えていくことになります。こうして成長支援会議の結果として、だんだんと経営者が考えていた評価に統一されていくことになるのです。

ですから、この成長支援会議で決まった評価結果に対して、部下は不平不満を言うことはありません。全上司が統一して決めた評価だからです。

そして、この評価結果は次項で説明する評価のフィードバックを通じて、社員に説明します。全上司で決めた評価ですから、甘い上司も辛《から》い上司もいません。組織的合意をもってなされた評価ですから、社員はそれを真剣に聞かざるをえないことになります。

⑥評価のフィードバックの実施

モチベーションをアップする評価フィードバック

成長支援制度作成の最後は、「**評価のフィードバック**」です。

評価フィードバックと聞くと、どんなことを想像されるでしょうか。

学校で通信簿を渡されているようなイメージがあるでしょうか。そして、その通信簿で昇給・賞与を決めるというイメージを思い浮かべるでしょうか。

私がこれから説明するものは違います。評価のフィードバックはそのためにするものではありません。

評価のフィードバックは、全社員を元気にしてヤル気にさせ、大きく成長させるためにおこなうものです。ですから、とても重要なマネジメントです。上司が部下に評価のフィードバックをするわけですから、上司の責任は重大です。

上司が部下に評価のフィードバックをしたあと、部下が明るい顔で「よし、もっと頑張るぞ」と思ってもらえればいいですが、フィードバックの仕方が悪くて、ヤル気を失う場合もあります。

上司といっても、いろいろな性格の人がいて、部下に対する評価フィードバックもやり方が違ってきます。

ですからまず、どの上司の評価フィードバックのやり方が素晴らしいか、そのやり方を特定する必要があります。

では、どうやって特定すればいいのか。

成長シートを運用している会社は簡単です。

運用していない会社は、はっきりと特定できないでしょう。

というのは、成長シートを1年間運用すると、どの上司が一番部下を伸ばしているかがわかります。

たとえば、上司の中で部下の成長点数を平均1点伸ばしている上司、2点伸ばしている上司、場合によっては、5点という上司もいます。これは3か月間で部下の伸びた成長点数です。

成長シートで部下の成長点数を大きく伸ばす優秀な上司が何をしているか、その行動をマネジメントサイクルＰＤＣＡで観察すると、優秀な上司に共通する、あることがわかります。

それは、どの上司も部下の小さな成長を成長として認めることができていることです。

いろいろな部下がいます。大きく成長をする優秀な社員もいます。なかなか成長しない、これからだという社員もいます。しかし、よく見てみたら成長のスピードが違うだけであって、成長していない社員は一人もいないことに気づくでしょう。

優秀な社員は「優秀だ」と褒《ほ》められることによって優秀になり続けています。継続的に優秀です。

一方で「ダメだね」と言われた社員は「ダメだね」と言ったとおりの社員になっています。「ダメだね」と言ったのは上司です。

この社員も、入社した時はヤル気満々の社員だったはずです。それが朝から晩まで「ダメだ」と言われてダメになったのです。

そういう中で、少しの成長を見せた社員に対して「君は少し成長したね」と褒《ほ》めて認めている上司がいるのです。

部下はどの上司について行くか、社員の様子を見ればわかります。

高い成果を上げれば褒《ほ》めるが、成果の上がっていない部下は認めていない上司と、成果は上がっていなくても小さな成長をしたことを「成長したね」と認めている上司。

社員はどちらの上司の指導を受け入れるでしょうか。

「君はダメだね」「あれもダメだね」「これもダメだね」と言ってダメ出しをしている上司が最終的に「これをやりなさい」と言ったことを部下は聞いているでしょうか。

部下は聞く耳もたずという状況になっています。部下からすれば、自分のことを否定した上司の指導を受け入れることは、ありえないのです。

ところが、小さな成長を「成長したね」と認めてくれる上司だと、部下にとってみれば、とてもうれしく良い気持ちになります。この小さな成長を認められた部下は、「あとは何をすればよいでしょうか？」と聞いてきます。

つまり、部下の成長点数を伸ばしている優秀な上司は、必ず部下の成長を認めているのです。

優秀な上司が部下のそういう小さな成長を認めていることがわかれば、「すべての上司に部下の成長を認める場所をつくろう」とするのが、この評価のフィードバックなのです。

つまり、評価のフィードバックが終わった段階で、すべての上司が、部下から「明日から頑張ります」とうれしそうな顔で言ってもらうために、このフィードバックがあるのです。

フィードバックは基本的に個室でやります。

私は「個室を出てきた社員がすべて笑顔でスキップをして出てくるようなフィードバック

をしてください」とお願いしています。笑顔でスキップで出てきた社員は、頑張れと言わなくても、上司がいなくても頑張るからです。

逆に、フィードバックの部屋を出てきた社員がバタンと倒れてしまったら、これはもうアウトです。もう明日からヤル気のないまま仕事をすることになるでしょう。

そうならないために、部下の小さな成長を認める評価フィードバックを全上司にやってもらってください。

まず第14表のようなフィードバックシートを作成していただき、フィードバックはそれに基づいておこないます。

フィードバックシートに必要な項目は、成長支援会議で決まった「評価の結果」と「本人の評価」の2つです。それ以外に「評価のギャップ」です。

本人の評価は5点、成長支援会議の結果は3点となることもあるでしょうし、本人の評価は2点、成長支援会議の結果は4点となることもあるでしょう。そのギャップが何であるかを社員に知ってもらう必要があります。

あるときは自信をもってもらう必要があるでしょうし、あるときは正しい自分の成長度合いを確認してもらう必要があるでしょう。そして、本人の成長の確認と、今後の成長の方向

第14表　組織的評価を伝えるフィードバックシート

評価期間　始：平成　　年　　月　　日
　　　　　至：平成　　年　　月　　日

成長チャレンジャー保管

成長チャレンジャー名：　　部署：　　職位：　　成長支援者名：

	成長要素	本人	決定	ギャップ	今回の成長について	能力向上に向けた活動計画
重要業務	販売計画	2	2	0	残念ながら計画を忘れるときがあった。	計画を少しずつ立てるようになってきているので、次回は必ず事前に販売計画を立て、上司に見せ、チェックを受け、進捗状況を上司に報告してください。
	販促計画	4	4	0	優れたアイデアを盛り込んだ企画を率先して立てていた。	ぜひ次は他の社員に教えることに挑戦してください。
	売場管理	5	3	△2	基本的なやり方でできていた。優れた売場管理のやり方が他の方法に改善されました。確認してください。	次回は毎月発表になる優れたやり方に取り組み、みなの模範となるまでに成長してほしい。
	接客販売	5	4	△1	次々と新しい販売の仕方やトーク開発に取り組んでいた。素晴らしいです。	教えることを始めたばかりで、言っただけではなかなかできるようにならず、苦労したと思いますが、その調子で取り組んでください。
	業務管理	3	4	1	業務管理は、自信をもってよいレベルです。	教えることを始めたばかりで、言っただけではなかなかできるようにならず、苦労したと思いますが、その調子で取り組んでください。
知識・技術	鮮度知識	5	5	0	鮮度知識を自ら学ぶだけではなく、他の社員のために率先して鮮度知識集をつくるなど、とても素晴らしかった。	時間のある時にみんなが学べるようにとつくってくれた鮮度知識集のおかげで、全員の鮮度知識の点数が上がりました。ありがとう。みんなあなたに感謝していました。
	接客トーク	5	4	△1	今回見つけ出してくれたトーク、素晴らしかったです。	教えることは簡単ではありませんが、懸命に取り組んでいる姿をみんなが知っています。あと一歩、頑張りましょう！
勤務態度	明るく挨拶	5	5	0	明るく、そして元気に誰にでも挨拶をしていました。他の社員へのアドバイスも感謝です。	先日商品を搬入している業者の方々からも、明るい挨拶から元気をもらっていると褒めていただきました。素晴らしい！
	素直さ	5	5	0	どんなときでも素直でした。本当に他の社員の模範です。	叱られた時でも素直に受け入れ、改善しようとする姿はみんなの模範になっています。

性について考えてもらうことになります。

　それを1枚のフィードバックシートの中に描き出します。それをもって、上司は部下にフィードバックします。

　ひとつひとつの成長要素について、成長した点、または成長しなかった点、大きく成長した点、少しの成長である点、とにかく、優秀な社員は、褒《ほ》めることはたくさんありますが、なかなか成長しない社員は褒《ほ》める所は少ないでしょう。

しかし、意欲的に一所懸命頑張ってきたことは事実です。その社員がまた頑張れるようにしっかりと自信をもってもらうためには、本人さえも感じてない、小さな成長をこのフィードバックで伝えていくことになります。

社員が、「これからも頑張ります」と言ってくれたとすれば、これは明らかに自発的なモチベーションアップになります。

通常、上司は社員に「ヤル気を出せ」と言って指導しますが、そう言われて「はい、わかりました」とヤル気を出した社員は過去にただの一人もいません。

しかしそんな社員ですら、小さな成長を認めることによって「これからも頑張ります」と言ってくれるようになります。

そして、「ありがとうございます、頑張ります」と言った社員が、そのあとで絶対言わないひと言があります。それは何でしょうか。

それは「この小さな成長によって昇給・賞与は増えるでしょうか?」という質問です。まず聞いてくることはありません。

何度も申し上げたとおり、社員のモチベーションは賃金で上げるのではありません。小さな成長を成長として認めるだけで、ヤル気の上がる社員がいることを知ってもらう必要があります。

私たちは社員のモチベーションはお金で上げることができると思ってきました。それがこの失われた20数年間です。成果主義という言葉が日本に入ることによって、経営者が「昇給・賞与が欲しい人は成果を上げなさい」と言う時代になりました。

しかし、本当に、社員を成長させることのできる人たちは、このように小さな成長を成長と認めることによって、社員の成長を促してきたのです。これが日本的マネジメントです。これが部下指導です。

これをわからずして、成長支援制度や成長シートをつくっても部下を伸ばすことはできません。これは社員を本当に成長させたいと思う上司にとってみれば、最大のノウハウです。これがあれば、どんな社員でも成長させることができるのですから。

成長支援制度 まとめ

成長シートを使った指導に切り替えると、すべての社員が同じ方向で成長してきます。

成長を促すポイントを最後にまとめておきましょう。

まず1つ目は、**少しの成長を認める**ことです。

経営者は社員に早く成長してもらいたい、早く成果を上げてもらいたいと思いますが、しかし、社員は一挙に優秀になるわけではありません。一つの重要業務ができるようになるためには何年もかかります。

たとえば、成長点数20点で入社した新卒社員が80点とれるようになるためには、平均で早くても7年、場合によっては10年かかります。

誰もが重要業務を「やっていない」という段階からスタートします。いろいろな業務をこなしながら、少しずつ仕事ができるようになり、やがて成果につながる重要業務を一人で遂行できるようになります。

社員は少し認めたことによって、うれしそうな顔をして成長するでしょう。少しの成長ならば誰でもできます。この少しの成長を認めることによって、社員は会社の中で自分は大切な存在だと思われている、いわゆる自己重要感を満たされることになるのです。

ここでいう自己重要感とは、会社という組織に属している社員は誰しも自分は会社にとって大切な存在だと思われたい、という本能的欲求のことです。

ところが、自分は大切な存在だと思って自己重要感を満たされているのは、組織原則２：６：２の上の２割の社員だけです。残りの８割はほとんど、褒《ほ》められたり認められたりすることがありません。そのため、自己重要感が満たされず、頑張ろうという気持ちにはなれないでいるのです。

しかし、少しの成長を認められた社員は、この会社で自分は成長できる大切な存在だと感じます。そのため、次の成長に向かって自ら取り組む意欲がわいてくるのです。

これが成長基準の２点「少しやっている」がある大きな理由であり、すべての社員を少しずつ成長させることができる仕組みなのです。

そして、社員の成長を促す２つ目のポイントは、１点きざみになっている**成長の階段**です。

すでに述べたとおり、成長シートの各成長要素の成長階段は１点から始まり、２点、３点、４点、そして５点が最高点のゴールとなっています。

社員は上司に指導されながら、その成長の階段を1点ずつ順序よくゆっくりと上っていくことになります。少しずつ上ればいいので、社員はじっくりと自分の成長を考えることができます。

4点や5点をとる優秀な社員ですら、1・2・3点の階段を上ってきたのです。それを知ることで、どの社員も諦《あきら》めずに成長していくことになります。

成長の遅い早いの違いはありますが、じっくりと仕事に取り組んでいけば、いつかは最終ゴールの5点にいけることを社員に知ってもらう必要があります。

次に、社員の成長を促すポイントの3つ目として、成長基準5点をとるには**「他の社員にも教えている」**ことが条件だということです。

他の社員に教えることができなければ、成長基準の最高点の5点はとれないのです。

たとえば、どの会社でも、同期で入った新入社員は、「競争するな」と言っても互いに競争するでしょう。それが普通です。

しかし、その新入社員が一般職を卒業して中堅職に上がるには、成長基準の5点、成長点数でいうと80点以上とって他の社員に教えることができなければ、中堅職に上がれません。

つまり、プレーイングしているだけでは中堅職に上がれないのです。同期の中で成長基準

４点をとる優秀な社員は、１・２・３点の社員の成長を支援することによってはじめて、成長基準の５点をとることができ、中堅職にステップアップすることができるのです。

まさに成長基準の５点には、プレーヤーとして優秀というだけでは、中堅職になれないという経営者の考えが入っているのです。

そして、社員の成長を促すポイントの４つ目は、**成長シートの成果はあくまでも結果**だということです。これは大事なことです。

たとえば、会社の中で「成果を上げろ」「売上を上げろ」「利益を上げろ」と社員に言っている上司をよく見かけます。ところが、社員に聞いてみればわかりますが、「成果を上げたくない」と思っている社員は一人もいないのです。全員が成果を上げたいと思っているのです。

ですから、上司が「成果を上げろ」と言うのは、意味のない指導と言わざるをえません。

大事なことは、成果を上げるためのプロセスです。プロセスが良ければ、結果は良い、プロセスが悪ければ、結果は悪い。

まさに結果とプロセスは因果関係にあるので、部下の成果が低いのは、上司がプロセスを指導していない結果なのです。

成長支援制度を導入したあとは、上司は成長シートの内容に従って部下を指導します。成果につながる「重要業務」を遂行《すいこう》してもらい、重要業務を遂行《すいこう》するために必要な「知識・技術」を身につけてもらい、この会社の社員として成長するために「勤務態度」を守ってもらうよう指導します。

このようなプロセスを中心とした指導がしっかりできていれば、結果として部下の期待成果は高くなります。成長シートには上司がやるべき指導内容が明らかになっており、部下の指導シートとして有効です。

さらに、上司の指導によってどれだけ部下が成長したかも、部下の成長シートの成長点数の伸びを見ればわかります。

成長したい部下、成長させたい上司、ともに大きく成長するのが、成長シートなのです。

社員が高い目標を設定する目標管理ができる

スポーツの世界でも、芸術や音楽の世界でも活躍している人は高い目標を設定します。

日本一どころか世界一というような目標を掲げるチャレンジ精神に、私たちは驚き、感銘を受け、拍手を送ることでしょう。

ところが、企業になると、そうではないのです。

「今までこの会社で実現したことのないような成果を出したい」

「日本一、いや世界一を目指したい」

と社員が言ってきてもよさそうなものですが、会社の大小を問わず、そのような話は聞いたことがありません。

それは社員の立てた目標に対して、1年後の達成率で評価するからです。社員からすれば、達成率で評価されるのであれば、高い目標よりも低い目標のほうが楽で得するからです。それが社員が高い目標を立てない大きな阻害要因になっていますが、一方で、高い目標を設定しない社員は成長しないのも事実です。

経営者としては、社員に高い目標を立ててもらう必要があると思います。

では、どうすれば社員は高い目標を設定するようになるのでしょうか。

たとえば、成長支援制度がある会社で働く一般職の営業社員A君は、前期の売上高（期待成果）1000万円を達成することができました。しかしA君はこの結果に満足していません。もっとできたはずだと悔しい思いをしています。それで、A君は上司に、

「来期の売上高目標（期待成果）は4000万円にしたい。『重要業務』も『知識・技術』も『勤

務態度』も成長基準の5点を目指したい」と言ってきました。

みなさんがA君の上司だったら、どう答えるでしょうか？

私はOKを出してもいいと思います。なぜなら、この社員は大きく飛躍的な成長を遂げたいと思っているからです。

OKを出せば、A君はその目標に向かって頑張ることでしょう。それで、たとえ目標を達成できなかったとしても、確実にA君は1年前に比べて成長しています。

成長支援制度はどれだけ成長したかで評価します。目標を達成したかどうかでは評価しません。仮にA君が目標を達成できなかった場合でも、成長した分は昇給・賞与が増えることになります。

A君にとって、高い目標設定をしたことが、不利になることは何もありません。

A君は「来年もまた4000万円を目標にします」と言うことでしょう。これは経営者にとって嬉しいかぎりです。自分の目標を変えずに、また挑戦する。

経営者は昔の自分の姿を思い出さないでしょうか。目標達成が厳しいからといって諦《あきら》めずに、その目標に向かってがむしゃらに進む。それと同じようなことをA君は考えているのです。A君に拍手喝采を送りたいと思います。

成長支援制度の成長シートを継続して何年か運用すると、会社に驚くようなことが生じます。

それは、社員が成長シートで掲げた目標の期待成果の合計額が、経営者が掲げた経営目標よりも上回ることです。まさかと思うかもしれませんがそうなのです。社員は経営者が考えている以上に成長したいと思っています。社員の成長シートの目標がそれを物語っています。

一度でいいから、社員に無茶苦茶な目標設定をさせてください。それがどんな結果になるかを見てから判断されてもいいでしょう。

なぜなら人事制度を含め、社員のためにつくった仕組みは、社員の成長の度合いによって良し悪しを判断すべきだからです。

今回つくっていただいた成長支援制度が、社員の成長が途切れないようなものになっているか、それは社員の成長シートの成長点数が教えてくれることでしょう。

第5章　成長の階段を上《のぼ》る〈ステップアップ制度〉

ステップアップ制度 作成手順

①成長等級体系運用表の作成

↓

②昇格基準設定表の作成

↓

③初任格付け表の作成

↓

④昇格要件表の作成

ステップアップ制度の作成手順

ステップアップ制度の作成手順は、右の図のとおりになります。

まず1番目の手順は、**成長等級体系運用表**（第16表）**の作成**です。

すべての社員が入社したら、どのように成長階層をステップアップするのか、その基準となる年数がなければ、社員は入社したあとの自分の約４０年間の成長の設計をすることができません。大切なことは、一般職・中堅職・管理職をどのような年数で卒業していくかを社員に示すことです。

最初に考えてもらうのは、一般職層の卒業にかかる年数です。経営者の中には、新卒社員に「即戦力を求める」とありえない発言をする人がいます。

一般職層とは、新卒社員にとってみれば、理屈抜きに知識や技術、そして業務を現場で首から下で学ぶ階層です。その階層で2年や3年で一人前になることはありません。短くても7年から１０年かかります。まずその一般職層を卒業する年数を計画してもらうことになります。

そして次は、中堅職層から管理職層へのステップアップに何年かかるかを検討します。

それを大まかに設計したあとに、次は成長等級を検討してもらいます。

私がおすすめしているのは、一般職層、中堅職層、管理職層それぞれの職層に3つずつの階段をつくります（第15表）。この階段をつくる理由はすべての社員に階段を一歩一歩上らせて、順調にこの会社で成長させるためです。

そして、その標準となる昇格年数を設計していきます。昇格とは一つ上の等級に上がることです。

まずは標準昇格年数で設計をし、その次に、最短昇格年数で設計します。中には優秀な社員がおり、早く昇格させたいと考えるようになるからです。その場合の短い年数で昇格する社員の昇格年数を設計することになります。

この段階で高卒・短大卒・大卒によって、どの成長等級からスタートするか検討してもらいますが、本書ではすべて1等級からスタートすることを前提に設計していきます。のちほど、新卒初任格付け表の作成時に、何等級からスタートするか再度検討することになります。

2番目の手順は、**昇格基準設定表**（第17表）**の作成**です。

先ほどつくった成長等級体系運用表は、単純に、最低でもその年数在級してもらうことを考えて設計をしましたが、それはただその年数いればよいのではなく、卒業するために必要な成長点数を獲得してもらうことが要件になっています。

たとえば、１等級から2等級に昇格するときには成長点数が何点とれたらいいのか、２等級から3等級にいくときには何点とれたらいいのか、３等級から4等級の中堅職にいくためには何点とれたらいいのかを設計します。

これによって、社員は成長点数で何点とることが昇格要件かがわかりますので、より具体的に自分の成長のイメージがつくようになります。その昇格基準設定表をつくっていただきます。

標準昇格を設計し、その次は標準よりも短い最短昇格を設計していただきます。

ただし、この標準昇格基準にしても、最短昇格基準にしても、今回構築した後でまた見直しをするときがきます。そのときに一度短く設計した年数を長く変更することは、なかなか社員の賛成を得られることはありません。

最初の設計は経営者が考える年数か、またはそれよりも1年以上長い年数で設計し、実際に運用する段階で社員の成長の実例を基にして短くすることをおすすめします。

３番目の手順が、**初任格付け表**（第19表）**の作成**です。

初任格付けとは、社員が入社したときに成長等級を決めることです。成長等級を決めることを格付けといいます。

これは2つのケースで決めます。

新規学卒で入社する社員と、中途で入社する社員の2つのパターンを設計します。

新規学卒の初任格付けの場合には、一般的には、高卒、短大・専門学校卒、大卒で成長等級が違っている場合が多いようです。ただし、この学歴によって成長等級を変えることは、経営者が学歴を重視しているのであれば問題ありません。学歴によって初任格付けの成長等級を違えることは「当社は学歴によって処遇が違います」と宣言して採用していることになるからです。

しかし、仮に高卒であっても、管理職や役員になれる可能性がある場合は、学歴によって入社時点で成長等級を変えることはその考え方に反するといえます。

大手企業では、学歴によって処遇を変えている会社が多くありますが、中小企業で処遇を学歴によって変えている企業がどれほどあるでしょうか。私は大手企業の人事制度は真似てはいけないことの一つだと考えますが、最終的には経営者が判断して決めてください。

次は、**中途採用者の格付け**です。

中途で採用するときには、経営者は優秀な中途社員を採用したいと思うことでしょう。そのために大きな問題が発生してしまいます。

それは評価以上に賃金を払うケースが多いことです。そのため、入社した後にその払いすぎた賃金の調整のために昇給しなかったり、賞与で調整することがよくあります。その調整によって、中途で採用した社員のモチベーションを落とすことになります。

元来、中途社員の採用に関しては、面接の段階でどのような手段を講じても、正しい評価で賃金を決めることはできないのです。面接時の評価は、すべて応募者の自己評価だからです。つまり、正しい成長点数、正しい成長等級、正しい賃金を決めることは無理です。そのため、中途採用者の場合には、応募者が成長シートで自己評価した成長点数で仮の成長等級を決めていただきます。この段階では「仮格付け」であり、半年後に「本格付け」となります。

最後の４番目の手順は、**昇格要件表**（第20表）**の作成**です。

昇格するために必要な要件をすべてまとめることになります。

今までは、成長等級が上がるために必要だった要件は、通常は明らかにならずに、幹部会議、部長会議等で昇格人事を決めていたと思いますが、今回からは、すべての昇格要件が具体的にわかりやすくシンプルに決まりましたので、それを社員に説明できるようにまとめてもらいます。

そして最後に**昇進基準**をつくります。昇進とは役職が上がることです。すべての会社で、役職を決めることはかなり重要な人事であり、長い時間をかけて決めている会社もあるでしょう。今回は成長点数、成長等級があるため、今までは考えられないほどシンプルに簡単に昇進人事を決めることができます。不平不満は一切でません。そのときの昇進人事の基準を最後にまとめることになります。

では次から、作成手順の①から④まで、それぞれの詳しいつくり方を説明しましょう。

①成長等級体系運用表の作成

社員に示す成長の階段

入社してから定年退職といわれる年齢までの４０年間の、自分の成長の計画を立てている社員は少ないと思います。

一方で、経営者は、社員が成長すると「部下の面倒を見てください」と言ったり、また、部下を指導することが上手になってくると「あなたには管理職として私と一緒になって経営を担《にな》ってほしい」と言ったりします。

元来、経営者は、社員の成長に合わせて、どのように役割を任じてもらいたいか最初から計画があるにもかかわらず、社員にそれを事前に説明していません。そのため、社員の成長は経営者が期待するより遅くなっています。それは意欲の問題ではなく、社員が自分の進むべき方向性がわからずに、少しずつ手探り状態で前を確認しながら進むからです。

いわば富士山に登るために樹海をさまよっているようなものです。富士山が目の前にあります。山頂を目指していますが、右に行ったらいいのか左に行ったらいいのか、真っ直ぐ進めばいいのか、まったくわからないので、富士山の頂上で経営者が「早く成長しろ」と大きな声で叫ぶものの、なかなか頂上にたどりつけないのです。

この無駄に叫ぶことをやめ、経営者が考えている成長の経過が社員にわかるように、40年間の成長を設計するのです。

まずは、どのぐらいの年数をかけて成長の階段を上っていくかです。

この階段を上るには、一つひとつの成長等級に最低何年在級すべきか、年数を決める必要があります。

第15表は一つの事例としてあげていますが、1等級の社員が2等級に行くまでに2年間1等級に在級します。2等級の在級年数は2年、3等級の在級年数は3年となっています。一般職層でそれぞれの成長等級に在級する年数は経営者の考えを前提に決めてもらいます。

最初に検討することは、新卒高卒社員が入社してから、標準で一般職層の卒業に何年かかるか、一人前になるための年数です。これは企業によって様々でしょう。高卒を採用している企業はすぐわかるでしょうし、高卒を採用していない企業は、少し難しいかもしれません。

第15表は、新卒高卒社員を前提に設計しています。

もちろん、これも運用する過程で問題が発生したら検討し、変更することです。昇格年数

第15表　ステップアップ制度の概要（事例）

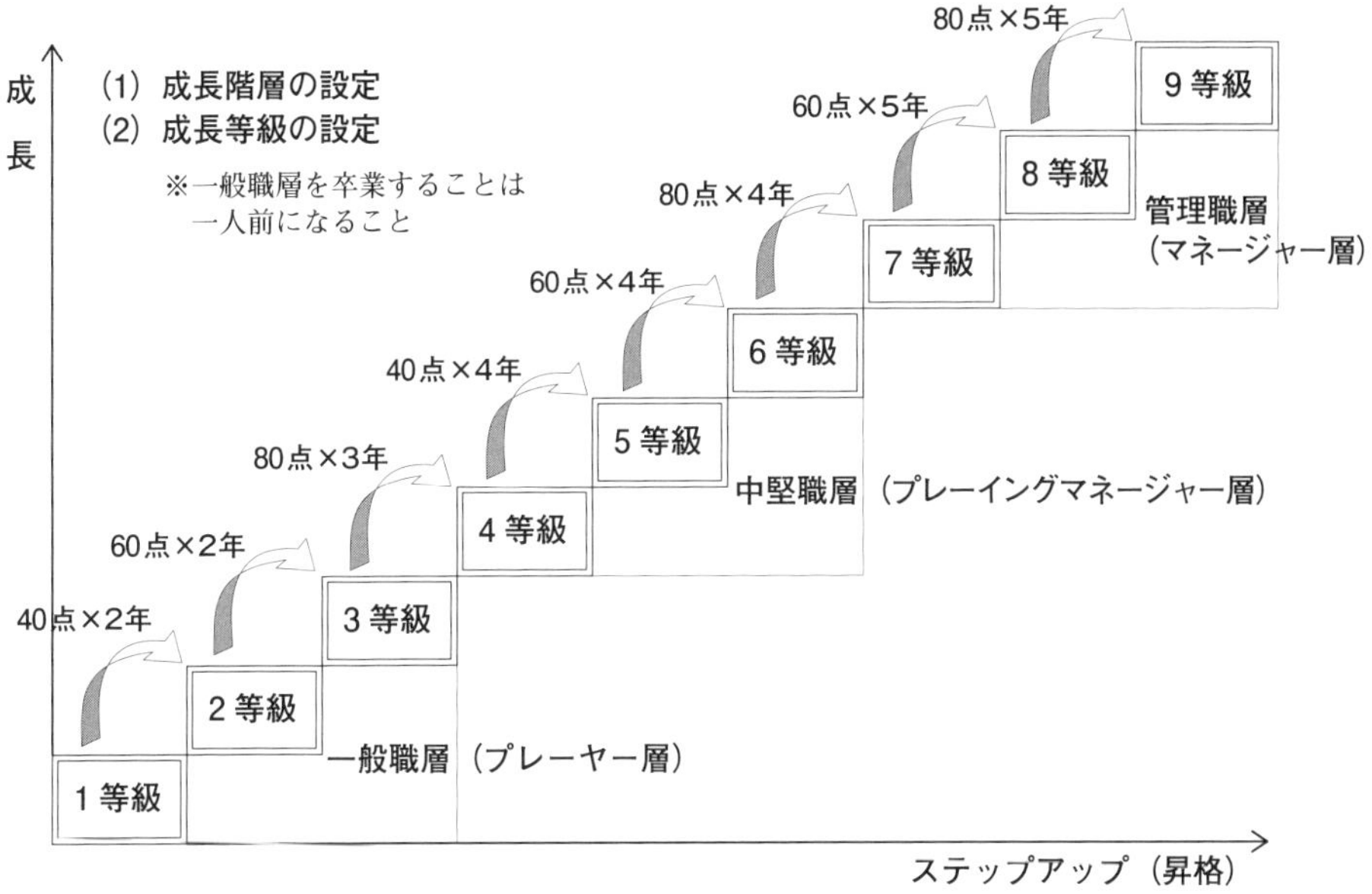

を変更することはまったく問題ありません。

ただ、標準で卒業する年数は普通の社員が卒業するのに必要な年数にしてください。なおかつ、その年数を各等級ごとに決める時には、上位の等級に行けば行くほど年数はかかると考えてください。

この1等級・2等級・3等級の在級年数が決まれば、次は4・5・6等級の在級年数を決めますが、少なくとも一般職のときの各等級の在級年数と同じか、またはそれ以上の年数となります。

一般職層は、自分で仕事をして成果を上げる階層です。ところが、中堅職は人を育てる成長階層となります。一般職層より当然長い年数がかかるのが当たり前だとして、設計をお願いします。

そして、さらに中堅職層を卒業したら管理職層になりますが、ここでも年数は中堅職と同じ年数か、またはそれ以上の長い年数がかかるものと考えてください。

それぞれの年数を計画すると、高卒18歳で入った社員が標準昇格の場合だと、20歳で2等級、22歳で3等級、25歳で4等級、29歳で5等級、33歳で6等級、37歳で7等級、42歳で8等級、47歳で9等級という年数になります。

この事例はあくまで一つの事例であり、これとまったく同じになる会社は皆無であると考えてください。これを考えずに、このまま使おうとすると、必ず問題が100％発生します。しっかりと、今までの社員の成長の昇格年数を考えながら設計をお願いします。

そして経営者の考えをしっかり可視化したステップアップ基準が出来ましたら、第16表のような成長の階段がひと目でわかる表をつくって、社員に示してあげてください。加えて、採用の時には応募者に見せて説明してください。このステップアップ基準も、成長意欲のある人を採用できる「三種の神器」の一つです。

その次に、短大卒社員と大卒社員のスタート時点の**成長等級**を決めます。これは、のちほど新卒社員の格付けのところで具体的に検討していただくことになりますが、この成長等級を決める大前提は入社時の成長点数になります。

入社してきた段階で高卒は基本的に２０点である前提で１等級に格付けをします。高卒は２０点以上４０点未満の成長点数であるから、１等級と格付けをした場合に、短大卒・専門卒社員は何点とれると考えられるでしょうか。それによって、成長等級は変わります。また大卒社員はこの成長シートで何点とれるでしょうか。それを前提に成長等級を決めます。

これは後ほどの初任格付けの時に、もう一度見直しをしますので、仮の等級設計です。

そして、もうひとつ、**最短昇格年数**（第16表参照）を決めます。

企業の中では、ときどき飛び抜けて優秀な社員がいます。この場合は、経営者は標準よりも早く次の成長等級に昇格させようとするでしょう。

たとえば、通常は2年間で４０点とれれば昇格できる前提で設計していたのに、入社した1年間でいきなり６０点以上とれる優秀な社員がいたときに、標準より短い年数で２等級に

第16表　成長等級体系の運用表（事例）

階層	成長等級	対応役職	成長等級別昇格年数・年齢									
			標準					最短				
			年数	年齢				年数	年齢			
				高卒	短大卒専門卒	大卒	中途		高卒	短大卒専門卒	大卒	中途
管理職層	9	部長	—	47	49	51		—	39	41	43	
	8	部長・次長	5	42	44	46		4	35	37	39	
	7	次長・課長	5	37	39	41		4	31	33	35	
中堅職層	6	課長・課長代理	4	33	35	37		3	28	30	32	
	5	課長代理・係長	4	29	31	33		3	25	27	29	
	4	係長	4	25	27	29		3	22	24	26	
一般職層	3		3	22	24	26		2	20	22	24	
	2		2	20	22	24		1	19	21	23	
	1		2	18	20	22		1	18	20	22	

Point1. 一人前になるまでの年数が、一般職を卒業するのにかかる年数の目安です。（この事例では7年）
Point2. 上位の等級に行けば行くほど、年数がかかるようになります。
Point3. 社員数が100人程度までは、対応役職は理想的なものになります。

昇格させる必要に迫られる場合があります。

　しかしおおむね、このような最短で昇格させた特別に優秀な社員の処遇は、ことごとく失敗の山を築いてきました。その失敗の理由はほとんどが同じです。それは他の社員からの質問に経営者が答えられないからです。

「社長、どうしてAさんは私よりも先に2等級に昇格できたのですか？」

　この質問に経営者は答えられません。明らかに、質問してきたBさんよりもAさんが優秀だという社長の勘は外《はず》れることはありません。しかし、どのように優秀かを説明できないのです。どのように優秀か説明できなければ、最終的に社長は、いかにBさんがAさんに比べて劣っているかを説明することになります。

そもそも、この質問をしてきたBさんは、自分の中ではAさんよりも優秀だと思っています。社長はそんな自己評価の高いBさんに、「あなたはAさんに比べて○○ができない。Aさんに比べて遅刻が多い。Aさんに比べてお客様からのクレームがあった。Aさんに比べて失敗が多い」というように、とにかくAさんと比べて、Bさんがいかに駄目かということを話すことでしょう。

それは、BさんがAさんと同じように特別に優秀な社員でない以上、ここで納得してもらわないと、BさんもAさんと同様に最短年数で昇格させる必要が出てくるからです。社長から、ことごとく自分がいかに駄目かという話を聞いたBさんは、途中で社長の話をさえぎります。

「わかりました。社長の私への評価がいかに低いかわかりました」

ちょっと待ってください。本当はBさんも優秀なのです。ただ少しの差でAさんが優秀だっただけです。経営者は具体的な説明ができないがゆえに、Bさんが駄目な人間と思わざるをえない話をして、Bさんのヤル気をとことん落とすことになったのです。最悪の場合、Bさんは退職願をもってくるでしょう。

経営者の直感は当っていても、この処遇の理由が説明できないため、どれほど社員のモチベーションを落としてきたことでしょう。しかし今後は説明できます。それは、後で説明する1等級から2等級に昇格するときの要件で説明できます。

標準昇格は40点の成長点数を2年とれたら2等級であり、Aさんは1年で60点の成長点数を獲得したのです。この20点の差、それは成長点数の差であったとしても、Bさんはそれほど Aさんとの違いを感じていないでしょう。

60点以上だったら、1年で2等級に昇格させることを前もって発表している会社は、このBさんの質問に簡単に答えることができます。

「Aさんは今年1年間で60点獲得したから、彼は1年間で2等級に昇格です」と。わずか15秒の説明で十分です。そして、Bさんは力強く頷《うなず》いてこう言うでしょう。

「社長、私も頑張ります。頑張って早く2等級に行けるように一生懸命努力します」

社長もBさんの肩をぽんぽんと軽く叩いて、その意欲をたたえるでしょう。

このように標準以上の成果を短期間で出す社員は、短い年数で次の等級に上げることを経営者は過去においてもやってきました。これを可視化します。

最初の段階では標準昇格年数に比べて最短昇格年数を1年ぐらい短かくする方法がわかりやすいでしょう。

もちろん、これが運用されていく中で変わっていくことは十分にあると思ってください。

最短の場合も、最初の年数は何年間にするかは経営者が決めていくことになります。

②昇格基準設定表の作成

何点とれば一つ上の等級に上がれるか

先ほどは、標準昇格で、何年ぐらいで最終等級9等級へ昇格できるかを在級年数で設計しました。その年数は、ただその年数だけ在級すれば昇格できる年数ではありません。その昇格にふさわしい成長点数が必要になります。この「何点とれたら昇格できるか?」、成長点数を決めることになります。それが**昇格基準設定表の作成**です。

この昇格を決める場合に、細かい成長点数ごとに決めることはとても難しいため、まずは成長点数を何点から何点までと区切ることになります。それが第17表にある**総合評価決定基準表**です。ここでは5段階に分けています。

たとえば、この事例ですと、総合評価のS評価は90点以上100点になっています。A評価は80点以上90点未満、B評価は60点以上80点未満、C評価は40点以上60点未満、D評価は20点以上40点未満という区分になります。

この総合評価の決め方も、経営者の感覚が反映されたものでなければなりません。

第 17 表　昇格基準設定表（事例）

1. 総合評価決定基準表

S	100 点　～　90 点
A	89 点　～　80 点
B	79 点　～　60 点
C	59 点　～　40 点
D	39 点　～　20 点

2. 標準昇格基準設定表

成長等級	昇格基準
8 → 9 等級	A 以上を 5 年
7 → 8 等級	B 以上を 5 年
6 → 7 等級	A 以上を 4 年
5 → 6 等級	B 以上を 4 年
4 → 5 等級	C 以上を 4 年
3 → 4 等級	A 以上を 3 年
2 → 3 等級	B 以上を 2 年
1 → 2 等級	C 以上を 2 年

※総合評価は連続である必要はありません

3. 最短昇格基準設定表

成長等級	昇格基準
8 → 9 等級	S 以上を 4 年
7 → 8 等級	A 以上を 4 年
6 → 7 等級	S 以上を 3 年
5 → 6 等級	A 以上を 3 年
4 → 5 等級	B 以上を 3 年
3 → 4 等級	S 以上を 2 年
2 → 3 等級	A 以上を 1 年
1 → 2 等級	B 以上を 1 年

※総合評価は連続である必要はありません

この事例の経営者は、まぁまぁできているB評価の社員を60点以上80点未満の点数と考えていることが前提です。経営者の感覚をいかに社員に説明しやすくできるかが、とても重要なポイントとなります。

この総合評価を基に、標準昇格基準設定表と最短昇格基準設定表を作成していきます。

標準昇格基準設定表は、1等級から2等級に昇格するためには2年と設計しましたが、その2年とは成長評価がC評価以上、つまり40点以上の成長点数を2年獲得することによって、初めて2等級に昇格することができることを意味します。1年間の総合評価は年4回の評価の平均です。

たとえば、1年の中の4回の評価が、第1四半期が38点、第2四半期が39点、第3四半期が41点、第4四半期が42点となると、1年間の合計は160点になります。160点を年4回の評価回数4回で割ると40点となります。

つまり、平均点40点で、1年間の総合評価はC評価となります。このCの評価を2年間獲得することによって、社員は2等級に昇格する要件が整ったことになります。

この場合のC評価以上を2年間というのは連続を必要としません。

たとえば、最初の年がC評価で、その次の年がD評価であり、またその次の年にC評価を獲得できれば、過去の評価と合わせてC評価を2回獲得したことになりますので、その段階で2等級に昇格ということになります。

さらに、2等級から3等級に昇格するためには、B以上の評価を2年間、3等級から4等級に昇格するためには、A評価以上を3年間となります。

次は、4等級中堅職に昇格した後、4等級から5等級に昇格するときには、また一般職と同じようにC評価以上を4年と、第17表の事例ではなっています。

ここで大きな問題になってくるのは、一般職層から中堅職層にステップアップしてきたときの中堅職の成長シートのプレーイングとマネジメントの割合がどうなっているかということです。

すでに中堅職層の成長シートをつくっている場合は、プレーイングとマネジメントの割合をウェート配分で示していることと思います。

かりに中堅職にステップアップしたときに所定内勤務時間が173時間であり、マネジメントの割合が2割だとすると、35時間がマネジメントに活用される時間となります。そして残りの138時間がプレーイングの時間です。

プレーイングの割合が8割であれば、最初の4等級の評価はB評価がとれる可能性があります。この場合には、B評価以上を4年という基準の設定の仕方になります。

ただし、ここで別の考え方も検討します。

中堅職に行った時のプレーイングの期待成果の成長基準は、経営者の考え方によっては、一般職よりも高い成長基準になる可能性があります。なぜなら、一般職を卒業した社員が中堅職でプレーイングの成果を上げる時に、一般職と同じ成果を求めることはない可能性があるからです。

その時には、現在いる優秀な中堅職の社員が上げている期待成果を成長基準にしますので、中堅職にステップアップした時点でプレーイングの部分で高い成長点数がとれない場合が十分にあります。

なおかつ先ほど確認したとおり、プレーイングの時間は2割減ります。8割の時間になった中で一般職よりも大きな成果を上げることになれば、明らかにC評価がとれたら素晴らしいといえます。

この場合には、標準昇格の昇格基準は総合評価C評価以上を4年となります。あくまでも現在の中堅職の優秀な社員を可視化することによって、何点とれるかということがわかれば、この4等級から5等級の総合評価は明確になります。

第17表の事例は、４等級から5等級に行くためには、C評価以上を4年獲得とするとなっています。

次に5等級から6等級はB評価を4年、6等級から7等級はA評価を4年、そしてさらに管理職になった7等級から8等級は、B評価を5年となっています。

すでにプレーイングもマネジメントも合格点数をもらって卒業した社員には、7等級から8等級はB評価を求めることになります。そして、8等級から9等級はA評価以上を5年としてあります。

これはその会社の実態に合わせてつくるものであり、理想でつくるものではありません。現在の社員の成長の実態を調査しながら、総合評価を決めなければなりません。もちろん、運用してから、総合評価は変わることも十分にあるとお考えください。

そして次は、**最短昇格基準**を設定することになります。

最短昇格は、標準昇格よりも短い年数で昇格してもらうことになりますが、最初の設計は簡単です。

標準昇格の場合には、1等級から2等級へは、４０点以上をとれたことによって2年で昇格することになりますが、一般職層の社員で60点以上とれる優秀な社員がいたとすれば、2年かけずに1年で昇格させます。

最短昇格基準は必ずつくらなければならないものではありません。しかし、これまで優秀な社員に対して、特別な処遇をしていた過去があるのであれば、この最短昇格を可視化する必要があるでしょう。

この場合の昇格基準は、標準の場合、1等級から2等級がC評価であれば、最短の場合はB評価、2等級から3等級の場合は標準がB評価であるとすれば、最短の場合はA評価となります。3等級から4等級の場合に標準昇格がA評価であれば、最短の場合はS評価となります。

つまり、標準よりも最短はひとつ上の総合評価を獲得することによって、標準昇格年数よりも1年短い年数で昇格できるようにします。ここで初めて社員は、入社してからどの総合評価をとりながら、次の等級に昇格するかを考えます。

これはすべての社員に対して経営者が求めている昇格の計画だと考えてください。会社の中でどう活躍するかという計画と同様です。これがあることによって、標準昇格だったり最短昇格だったり、または、それよりももっとじっくりと年数をかけて成長する計画があってもいいでしょう。

しかし、すべての社員に自分の成長と昇格について考えてもらうことがとても重要です。これによって全社員に、中途で入社した社員も含めて、昇格基準設定表に基づいた自分の昇格計画書をつくってもらう必要があるでしょう。

またそうすることで、経営者がすべての社員に最上等級９等級までの成長を期待していることを示すことができるのです。

降格基準設定表の作成

次に作成してもらうのは、**降格基準設定表**です。

昇格のことを考えてもらいましたが、ここで降格のことも考えてもらう必要があります。

降格とは等級が下がることです。

会社の中で、たとえば大いに活躍してきた社員がそこそこの賃金を得たときに、現状に満足して成長をやめてしまうことがあります。または、何か大きな問題にぶつかり、それがなかなか解決できなくて足踏みしてしまう場合があります。この社員にとって足踏みすることは、どんなことを意味するのでしょうか。

第18表　降格基準設定表（事例）

成長等級	降格条件
9　→　8	２年連続「C」または「D」の評価
8　→　7	２年連続「D」の評価
7　→　6	２年連続「D」の評価
6　→　5	２年連続「D」の評価
5　→　4	２年連続「D」の評価
4　→　3	２年連続「D」の評価
3　→　2	２年連続「D」の評価
2　→　1	２年連続「D」の評価

成長シートは毎年のように内容がバージョンアップされる可能性があります。それは、成長シートは優秀な社員を可視化してつくる以上、優秀な社員がさらに優秀になる場合は、その内容は全社員の納得を前提に見直しをすることになるからです。

そのため、過去に８０点をとった社員であったとしても、次から次へと成長する社員がいる中で、成長をストップすると、８０点が６０点、６０点が４０点と成長点数が下がってしまう可能性は十分にあります。

この時に経営者は、社員を一生懸命成長させようと頑張りますが、今までの処遇はそのまま維持できないことに思い当たります。そして降給せざるを得ない場合が出てきます。

実は、ここに大きな問題が潜んでいます。

経営者は降格対象になる社員に対して、とても厳しい指導をすることがあります。それは、このままでいくと、いつか降給、賃金を下げる必要があり、そんな残念なことはしたくないという思いがあればあるほど、厳しくなります。

ところが、経営者が急に特定の社員に対して厳しく指導すると、あたかもいじめているようにに見えます。指導を受けている社員ですら、どうして自分ばかり、このような厳しい指導を受けることになるのか、見当もつきません。

経営者はこの社員を成長させたいと思っているのです。何とか救ってあげようと思っているのです。必死です。その思いがまったく可視化されていないために、その社員に伝わっていないのです。

そのような問題を解決するために、第18表のような降格基準をつくります。

降格基準は、社員を降格させたいからつくるものではありません。１人も降格させたくないという思いがあるからこそ、つくってもらいたい基準設定表です。

かりに降格基準の対象になるような、たとえば、D評価をとった社員がいるとすれば、経営者は、今までとはまったく違った説明になるでしょう。

「あなたはこのままでいくと総合評価はD評価になる可能性があります。この評価が2年連続になると、あなたを6等級から5等級に降格せざるをえません。私はそんなことはしたくありません。そのため私はあなたの上司にしっかりとあなたを指導してもらうようにお願いしました。私は必死です。あなたは今までこんなに頑張ってきたのに、問題を抱えていることは十分わかります。すべての社員が成長することによって、この会社は成長していくのです。誰一人として成長が滞《とどこお》ってはいけないのです。あなたにも滞《とどこお》ってほしくありません。一緒に成長しましょう」と、しっかり説明したあとの指導であれば、社員としたらどうでしょうか。

自分を降格したくないから厳しく指導する、その根拠がわかれば、社員はその期待に応えようとはしないでしょうか。そのための基準です。

「降格したくない」という経営者の思いを伝えるために降格基準設定表をつくってください。今までどのような降格をしてきたのか、を振り返りながらつくるものであり、理想ではつくりません。

③初任格付け表の作成

入社時の等級を決める

格付けとは、等級を決めることです。

初任格付けとは、入社時の格付けです。その格付けは、入社の仕方によって、２つのパターンがあります。

１つは、新規学校卒業者の格付けです。

新規学校卒業者の格付けは、入社する段階で平等に決めることになります。同じ高卒であれば全員１等級です。同じ高卒で入ったＡ君は１等級で、Ｂ君が２等級になるということは考えられません。

すべての高卒社員は同じ成長等級になります。問題は、高卒の社員と、短大・専門学校卒の社員と、大卒の社員の等級をどうするかです。多くの人事制度の書籍を見ると、いわゆる学歴によって等級が違うと説明されています。

どうして学歴によって成長等級が違うのでしょうか。ズバリその理由は簡単です。学歴に

第19表　初任格付け表（事例）

〈新規学校卒業者格付け表〉

卒業学校	成長等級	年齢
高　校	1等級	18
短大・専門学校	2等級	20
大　学	2等級	22

〈中途採用者仮格付け表〉

中堅職	6等級	60点以上
中堅職	5等級	40点以上
中堅職	4等級	40点未満
一般職	3等級	60点以上
一般職	2等級	40点以上
一般職	1等級	40点未満

※自己評価による仮格付け

よって処遇を決めているからです。

おそらく、3分の1以上の大手企業は、学歴によって処遇を決めています。学歴によって処遇を決めるということは、基本的には、大卒は経営者まで成長することが求められていますが、残念ながら高卒であれば、たとえば中堅職層までの成長で止めるといったことが最初から決まっているのです。

大手企業に入社すると、明らかに、高卒社員のモデル賃金と、大卒社員のモデル賃金は、大きくその上昇カーブが違っています。

これは、前提はどこまで昇格できるかということがあらかじめ学歴によって決まっているためです。

多くの書籍に書いてあることと同じにはできません。学歴によって成長等級が変わってよいと経営者が思うかどうかによって、成長等級の決め方は違ってきます。

成長シートを活用する会社は、基本的に、成長点数によって等級を決めますので、その基本を大前提に考えていただきたいと思います。

高卒社員と短大・専門学校卒社員と大卒社員を、入社の段階で成長シートで評価したら、明らかに高卒の社員は４０点未満、短大・専門学校卒の社員は４０点以上６０点未満、大卒の社員はすべて６０点以上とれるということであれば、成長等級を学歴で決めることは根拠のある正しい決め方といえます。

ところが、入社した段階で、すべての学歴で４０点未満であるとすれば、高卒であろうと大卒であろうと、すべての学歴で１等級スタートとするべきでしょう。

これは専門家にアドバイスを受けることではなく、経営者自らが決めることです。成長点数で何点をとれるかが、最も基本的なポイントとなるでしょう。

これと同じように、すべての経営者が疑問ももたずに決めているものに初任給があります。東京都の初任給は大卒が約２０万円です。そして、高卒の初任給が約１６万円です。

この高卒と大卒の初任給が4万円違う理由を説明できる人は、専門家も含めてほとんどいません。なぜかというと、成長点数がもし同じであるとすれば、成長等級も同じになり、成長等級と成長点数によって決める成長給は同じでなければならないのです。

成長給が同じであるとすれば、初任給の違いは単純に年齢給の違いといわざるをえません。これについては、第7章の賃金制度の章で詳しく解説しますが、初任給の違いについても、経営者のやってきたことを可視化する必要があります。

この大事なことを専門家の一方的な意見によって変更すれば、今後のいろいろな処遇の変更をするときに見直しができなくなります。誰かに頼って決めたことは、社員から質問された時も経営者の考えとして説明することはできません。学歴によって成長等級を変えた会社の経営者は、次の質問に答えられず絶句したそうです。

それは、高卒1等級、短大・専門学校卒2等級、大卒3等級と決めていた会社で、高卒の社員が経営者にこう聞いたそうです。

「なぜ高卒は1等級なのですか。なぜ大卒は3等級なのですか？」と。

その質問に次のように答えました。

「それは学歴が違うからです」

それに対して、高卒社員は次のように食い下がったそうです。

「それでは、高卒は大卒ほど出世できないという意味でしょうか？　では、どうして社長は高卒なのに経営者をしているのですか？」

鋭い質問でした。もし高卒社員でも経営者になれるのであれば、この企業では明らかに学歴で処遇を決める会社ではないことになります。ここはよく考えて新規学校卒業者の格付けを決めなければなりません。

中途採用者の格付け

次は中途採用者の格付けです。

中途採用者の格付けについては、新規学校卒業者とは若干異なります。さきほど格付けしたように、新規学校卒業者の場合は、いわゆるその学歴によって成長等級は同じになるでしょう。ところが中途採用者の場合には、この成長等級は一律に決めることはできません。

とくに中途採用をするときに、経営者が思っていることがあります。それは即戦力となる優秀な社員を採用したいということです。

そのためには、面接のときに様々なことを聞いて、より知識・技術を習得している人、より重要業務が遂行《すいこう》できる人、そして、それにともなって高い成果を上げることができる人を採用しようとします。

今までは優秀な社員の定義づけは曖昧《あいまい》でした。そのため自社にはいないような優秀な社員を獲得しようとするかもしれません。この採用の仕方をすると、明らかに失敗します。

それは自社にいる社員以上の社員を採用することはほとんどできないからです。自社の優秀な社員以上に高い成果を上げる社員かどうかを、口頭で質問し回答を聞くだけで判断するのは無理でしょう。

日本では、欧米と違って、同じ業種で同じ仕事をしていても、前の会社で優秀だからといって、前と同じように高い成長点数をとれるとは限らないのです。

今までに、何度も同業種、同規模の会社の人事制度を構築しましたが、その優秀な社員のモデルは驚くくらいに違います。したがって、同業種、同規模の会社であっても、優秀な社員をモデルにしてつくる成長シートは違うのです。

ですから、前の会社で優秀だと言われていた、その社員の成長シートをもし仮に見ることができれば、腰を抜かすかもしれません。

まったく異なる内容の成長シートで優秀と言われても、うちの会社ではとても優秀だとは言えないとなることがハッキリとわかるからです。

そこで、成長支援制度を導入している会社は、中途採用の面接のときに成長シートを使います。成長シートの成長要素ごとに質問していくことになります。

期待成果はどれほど上げることができるのか、そのための重要業務はどのくらい遂行《すいこう》できるのか、知識・技術はどこまで習得できているのか、そして勤務態度は守れるのかどうか、質問することによって成長点数が算出されるようになります。

しかし、この採用面接のときには、成長シートに基づく質問に対して応募者が自己評価することになりますので、入社後に点数が大きく変わる場合があることを理解してもらう必要があります。

驚くことに、自社の現在の社員ですら、自己評価をしてもらうと、経営者の評価と大きなギャップが生じます。これは信じられないくらいのギャップです。

そんなことを経験している会社が、もし他社に勤めていた社員が応募してきて、質問に対して「できます」「わかります」「守れます」ということを連発したとしても、それはすべて自己評価であることを肝に銘ずる必要があるでしょう。

よく、採用面接でさまざまな質問をした後に、経営者が驚いて大きな声をあげることがあります。それは「今回はとても素晴らしい人が応募してきた」という発言です。これからはその発言を大きく変える必要があります。「今回はとても自己評価の高い人が応募してきた」というふうにです。

とくに35歳以上で、3回以上転職経験がある人の場合、なかでも勤務態度の評価は入社の時と半年後では大きく変わってしまい、その変貌ぶりに驚く経営者は少なくありません。

そのために半年後の評価に基づいて成長点数を確定することになります。

基本的に中途採用の場合は、面接の段階で応募者の自己評価に基づいて仮格付け、いわゆる仮の成長等級決めをします。そして、半年後に、成長支援会議で決まった成長点数に基づいて本格付け、つまり正式な成長等級を決めることになります。

さらに詳しくいえば、まず中途採用の社員が入社して3か月後に最初の成長点数が出ます。それを上司がフィードバックする段階で、入社面接時の自己評価の点数とギャップがあったとしても、会社はその中途社員の成長を諦《あきら》めません。

かりに入社時の自己評価が80点で、3か月後の評価が50点だとしても、上司は、「今回のあなたの成長点数は50点です。しかし、あなたの入社時の自己評価80点になるように、私も一生懸命指導します。頑張ってくださいね」と、ひと言つけ加えて評価フィードバックしてください。

そして半年後に、一生懸命指導をしていった結果としての評価が確定し、それに基づいて等級が本格付けされることになります。

この成長等級は入社の段階ではわからず、半年後にわかるということをあらかじめ中途採用の社員に説明して入社してもらうことが必要です。

これによって賃金制度構築のときに解決する必要がある、賃金の払い過ぎの社員がいる問題を二度と発生させないことになります。

今まで人事制度の指導をしてきて、賃金を払い過ぎていなかった会社は一社もありません。本書を読まれている経営者の会社には、そんな社員がいないでしょうか。

もし賃金を払い過ぎている社員がいるとすれば、根本的に、入社時のこの成長等級の決め方に問題があったことに気づいてもらいたいと思います。

筆記試験・面接試験は不要

日本では、昇格するときに大手企業を中心に筆記試験や面接試験をおこなう会社が多いです。この筆記試験や面接試験をする最大の理由は、現在、大手企業中心に導入している職能資格制度にあります。

職能資格制度は、等級を決めるときに職能資格等級基準書に基づいておこないます。この基準書をつくるために、社員の現状の仕事の内容を調査分析し、仕事の難易度、または組織全体に対する貢献度合いを様々な視点から分析し、そして職能資格等級基準書にまとめ上げます。

しかし、この職能資格等級基準書を見ても、その等級に必要な要件が明確になったとは言えません。一見まとまっているように見えますが、しかし、これを見ながら、それぞれの等級の違いを具体的な行動を含めて、しっかりと説明できる人が一人でもいるでしょうか。

今まで40年間この仕事をしてきていますが、残念なことに説明できた人は一人もいません。ここに問題があるのです。

たとえば、「3等級から4等級に昇格するためにはどうしたらいいですか?」という社員の質問が出てくることがあります。これはとてもうれしい質問です。この社員はこの質問によって、「早く中堅職にステップアップしたい」と意志表示をしたことと同じなのです。経営者が待っていた発言かもしれません。

ところが、この質問に対して、人事部長が何と答えるかというと、「職能資格等級基準書をよく読んでください」という回答にしかならないのです。社員はよく読みました。よく読んでもわからないから質問したのです。

ですから、この回答に対しては「あぁ、この会社は私を昇格させる気がないんだな」という社員の誤解を招く恐れがあります。そのために職能資格制度を運用している大手企業では、ほとんどといっていいほど、筆記試験や面接試験をして、その結果で昇格人事を決定します。

しかし、そのやり方で必ず納得できない社員が出てきます。

ある大手企業の中堅職の社員が、こんな発言をしていました。

「私は一生懸命、部下を指導しています。当然ながら、成果もある程度出ていて、会社からの評価も低くありません。ところが、私よりも評価の低いであろうA君が私よりも早く上の等級にいきました。それは先日の昇格試験でA君が合格点数をとり、私が合格点数をとれなかったことにあります。彼はけっして現場の仕事を、満足を得られるほどやっていないことはお客様に話を聞いてもらえば十分わかると思います。ところが、そんなことはまったく無視されたように昇格試験の結果で昇格が決められることに私は納得できません」

私は納得できないなら上司に、または人事部に行って話をすればいいとアドバイスしましたが、その社員は首を横に振るばかりです。

「今まで何人もの社員が同じような訴えをしてきましたが、受け入れられたことはなかった」とのことでした。

実にもったいないと思います。優秀な社員がいて、成長したいと思っている社員がいるにもかかわらず、それに対して、会社が公正・公平な処遇ができないために、優秀な社員のヤル気をそいでしまったことにならないでしょうか。

一つの提案として申し上げますが、私は成長シートの成長点数によって、昇格人事ができるのであれば、この筆記試験や面接試験はなくてもいいと断言できます。

もし、仮にどうしても筆記試験や面接試験をおこなうとすれば、あくまでも箔《はく》づけのように、成長点数による昇格要件が整って、なおかつ筆記試験や面接試験で合格した、というくらいの意味合いです。

成長点数で基準要件をクリアしたのに、筆記試験や面接試験で落ちたことにでもなったとすれば、おかしな人事をしたと思わざるを得ません。社員の成長のためには納得できる人事にする必要があるのです。ここも経営者としてよく考えてまとめなければなりません。

④昇格要件表にまとめる

一つ上の等級に上がる要件

ステップアップ制度をつくるための最後の手順は、どんな要件が整ったら、次の成長等級に行けるかを、第20表のような昇格要件表にまとめ上げます。

経営者が考えてきたとおりにまとめ上げていくので、すべての項目について経営者は社員の質問に答えることができるようになります。一つ上の等級に上がるための標準昇格年数、最短昇格年数、それにともなう評価結果、上司推薦、資格取得などを昇格要件の項目として検討していただきます。

第20表の事例に、**「上司推薦」**という項目がありますが、この「上司推薦」は私がおすすめする要件の一つです。

私が長年、弊社で開催する管理者研修をやってきて驚くようなことがあります。

それは管理者（上司）になった人は、少なからず部下の成長を図ろうと日夜努力をしているにもかかわらず、その部下から感謝の言葉をもらったことがないという残念な事実です。たとえば、現場で仕事をやっている一般職層の社員が大きく成長するときがあります。それはどんなときかおわかりでしょうか？

上司から褒《ほ》められたときは嬉しい、それはそのとおりですが、自分でやった仕事がお客様から直接喜んでもらえた、評価してもらえたときに、今まででは考えられないくらいに大きな感動を呼び起こします。お客様のために役に立ったことが嬉しいのです。

一般職層の仕事は、お客様に喜んでもらうための仕事です。お客様に感謝されることは大きな喜びであり、またその喜びを求めて大きな成長をしようと思うのです。ときどき一般職で「最近、彼はすごく成長したね」といった話題にのぼる社員は、必ずお客様から何らかの感謝をされたり、褒《ほ》めてもらった社員です。

管理者研修で、集まってもらった上司のみなさんに、「今まで部下を一生懸命指導してこられましたか？」と聞けば、全員がサッと手を挙げます。ところが、「それでは、今まで一生懸命指導してきた部下に『あなたの指導のおかげで成長できました。ありがとうございます』と感謝の言葉をもらったことのある人はいますか？」と聞くと、その反応は、３０人の研修でだいたい１人か２人という実態です。

第20表　昇格要件表（事例）

昇格要件 成長等級	標準 昇格年数	最短 昇格年数	評価結果	上司推薦	筆記試験	面接試験	資格取得
8等級 → 9等級	5年	4年	○	○		○	
7等級 → 8等級	5年	4年	○	○		○	
6等級 → 7等級	4年	3年	○	○	○	○	○
5等級 → 6等級	4年	3年	○	○			
4等級 → 5等級	4年	3年	○	○			
3等級 → 4等級	3年	2年	○	○	○	○	○
2等級 → 3等級	2年	1年	○	○			
1等級 → 2等級	2年	1年	○	○			

わずか３％程度の上司しか感謝されていないのです。これでは、なかなか部下を一生懸命指導しようという気持ちに繋《つな》がりません。

そこで、とくに部下が大きく成長した、つまり部下が昇格したというタイミングで上司に感謝の言葉を述べてもらう場所をつくってもらいたい、これが私の願いです。

上司推薦を昇格要件の一つに入れている会社は、上司が部下を呼んで、

「あなたはこの度、１等級から2等級に行くための要件、４０点以上を2年獲得することができたので、次年度からは2等級へ昇格して活躍してもらいます。今まで頑張ったね、おめでとう」

という発言をします。部下は何と答えるでしょうか？

「ありがとうございます。あなたの指導のおかげで私は成長することができました」

という場にならないでしょうか。

通常、こういう場を準備するのが経営者の大事な仕事だと思います。それによって、上司は次のように言うでしょう。

「これからも一生懸命指導するね。これからも成長してね」

となるでしょう。

部下からの感謝の言葉は、上司がこれからも頑張ろうという意欲をもたらす大事なひと言になるのです。このような場をつくってもらいたいので、上司推薦を昇格要件の一つにしてもらうことにしています。

そして、筆記試験と面接試験は、やると決めたのであれば絶対やる、と覚悟を決めておこなってください。決めた以上、忙しくてできません、という言い訳は一切できません。筆記試験や面接試験は思った以上に準備が大変です。問題をつくることも大変です。採点することも大変です。すべて時間が必要です。十分に検討してください。

そしてもう一つ検討していただきたい要件が、**資格取得**です。

第７章の賃金制度の所でもう一度確認をしますが、それぞれの業界に必要な資格がありま す。

たとえば、建築業界であれば１級建築士、２級建築士のような資格があるでしょうし、他の業種でも様々な資格が求められます。その資格を取得してもらうために、経営者が社内の中で次のような発言をしている場合があります。

それは「資格手当を出すので、頑張って資格をとってください」です。

それ自体は、けっして問題のある発言ではありませんが、最近は次のような発言をする社員が増えてきました。実際に社員から言われたことのある経営者であれば、その悪夢が蘇《よみがえ》ることでしょう。

「社長、そんな少ない資格手当の金額では、資格をとろうという気持ちになりません」

経営者は「ちょっと待て」と思います。なぜなら、この仕事をあなたが選んだ以上は、この資格はどうしても必要なもの。それは金額の問題ではなく、あなたがこの会社で活躍する以上は自ら積極的にとるべきものではないのか？　金額の多寡《たか》によってとったりとらなかったり、と選択するものではないだろう、という気持ちが生まれます。

ですから、必要な資格をとることを、一つ上の等級に昇格するための要件の一つとするのです。

つまり、成長点数をとり、昇格年数をクリアしたとしても、必要な資格を取得していなければ上の等級に上がれない仕組みにするのです。これは社員にとってみれば驚きかもしれません。しかし、社員が資格をとらないまま、成長点数が上がっていくと、昇格することになる。こちらのほうが問題です。

なぜなら、社員が一般職から中堅職、中堅職から管理職とステップアップし、役職についたときに、組織の中でする話があるからです。

「みなさん、○○の資格は必ずとってくださいね」

このように発言したところ、ある会社では社員がその上司に向かって、こう言ったそうです。

「部長だって資格とっていないじゃないですか。資格をとれと言うなら、先に部長が資格をとってください」

この話を笑っていいのかどうか悩むことでしょう。苦虫《にがむし》を噛みつぶしたような顔になる部長もいるでしょう。

であれば、早いうちに資格取得を昇格要件の一つにする必要があります。最初はこの要件を多くの経営者が渋《しぶ》っていましたが、実際に導入してみると、ほとんどの経営者から驚きの報告があります。

それは、社員がこぞって資格取得に邁進《まいしん》するようになったのです。

社員もわかっています。記憶力を中心にした試験は、歳をとればとるほど難易度が高まります。実務経験年数が必要な資格もありますが、資格をとるのであれば、できるだけ早いうちにとろうとします。

これによって、資格手当を不要にした会社もあります。成長していったら成長給が上がるので、社員からの不平・不満もありません。

仕事に必要な資格があるとすれば、要件の一つにすればいいのではないでしょうか。

仮格付け決定基準表をつくる

もう一つ、大事な格付けを決める基準表が必要になります。

それは、現在在職している社員の等級を決めるためです。

社員の成長等級が決まると、処遇の決定がとても楽になります。成長等級が社員が納得する形で受け入れられると、今までやってきた昇給・賞与も、考えられないほど簡単になります。

第 21 表　仮格付け決定基準（事例）

<table>
<tr><th>階層</th><th>成長等級</th><th>成長点数</th><th colspan="2">対応役職</th></tr>
<tr><td rowspan="3">管理職層</td><td>9</td><td>80 点以上</td><td rowspan="2">部長</td><td></td></tr>
<tr><td>8</td><td>60 点以上</td><td rowspan="2">次長</td></tr>
<tr><td>7</td><td>60 点未満</td><td rowspan="2">課長</td></tr>
<tr><td rowspan="3">中堅職層</td><td>6</td><td>60 点以上</td><td rowspan="2">課長代理</td></tr>
<tr><td>5</td><td>40 点以上</td><td rowspan="2">係長</td></tr>
<tr><td>4</td><td>40 点未満</td><td></td></tr>
<tr><td rowspan="3">一般職層</td><td>3</td><td>60 点以上</td><td></td><td></td></tr>
<tr><td>2</td><td>40 点以上</td><td></td><td></td></tr>
<tr><td>1</td><td>40 点未満</td><td></td><td></td></tr>
</table>

その成長等級を決める作業をしていただくことになりますが、最初の格付けは中途社員と同じように、まずは仮格付けにする必要があります。

いきなり成長シートを発表され、いきなり評価がフィードバックされ、そして、いきなり成長等級が本格付けになったりすると、社員は自分の処遇が大きく変わるのではないかと不安になって、反対する場合があります。これが一番心配です。

そのため成長支援制度が動き出してからの仮運用期間中は、社員の成長等級は仮の成長等級として運用してください。

そして、成長支援制度の仮運用が終了し、本格運用になったタイミングで、ステップアップ制度も仮等級を決める段階から本格付けをおこなうことになります。

第21表のような最初の仮格付けの基準表を社員に発表する必要があります。これは昇格基準表を、そのまま社員の仮格付けの表として活用できます。

たとえば、４０点以上とれている社員は2等級、６０点以上とれている社員は3等級という決め方になります。

そして、中堅職で４０点以上とれている社員は5等級、６０点以上とれている社員は6等級という格付けの仕方ができます。

管理職であれば、その成長点数で６０点以上であれば8等級、８０点以上であれば9等級という決め方ができます。

ただ、この等級の決め方をするときにとても重要なのは、役職によって等級を決めてはいけないということです。

一般職・中堅職・管理職の3つの階層に、まず社員を大きく格付けしなければなりません。とくに中小企業の場合には、対外的な理由で役職を決めていることがよくあります。たとえば社長が代理を立てるときに、部長という役職であれば、「社長の代わりに来ました」と言っても通用します。

ところが、営業係長という名刺をもって、「社長の代わりに来ました」と発言しても、相手の経営者から断られることがあります。

「昨日まで社長が来ていたのに、今日から営業係長では、いくらなんでも権限が少なすぎます。あなたと交渉しても話は進まないので、やはり明日社長に来てもらいたい」となります。これでは困ったことになります。

どうしても自分と同じ権限を与えた係長に、自分の代わりに仕事をしてもらわなければなりません。そこで経営者は「営業係長」という役職をおもて向きに、「営業部長」という役職に変えることがたびたびあります。

営業部長であれば、先ほどの経営者も問題ありません。「部長ならいいよ」となります。しかしこれは、あくまでも対外的な理由で決めたことであり、実態に合った形で任命したのではありません。このようなことは、中小企業ではよくあることです。

しかし、4等級（中堅職）の社員を対外的な理由で「部長」という役職に任命する場合、任命されたことで、この社員が管理職層に昇格することはありません。なぜなら、管理職に昇格できるのは、人を育てることができるかどうかで決まるからです。よって、人を育てることができなければ、この社員は部長であっても4等級のまま賃金も変えることはありません。

前にも述べたとおり、中堅職と管理職を分ける最大の基準は、人を育てることができたかどうかになります。

組織の中に発生してしまったヤル気のない社員、失敗が多くて困っている社員、様々な悩みを抱えていて成長をやめた社員、いろいろな社員がいたとしても、その問題をすべて解決できるようになってから管理職になるのです。

人を育てることに合格点をもらった社員であれば、管理職としていいでしょう。そうでなければ、あくまでも中堅職となります。これで分けなければなりません。

この分け方によって、中堅職層の中で４等級、５等級、６等級を決め、そして人を育てることができたという社員が管理職層の中で７、８、９という等級になります。どの成長階層で成長してもらっているかを経営者が決めることは、とても重要なことなのです。

昇進基準をつくる

今まで昇進人事、いわゆる役職者を任命するということは、けっして簡単なことではなかったと思います。

たとえ決めることができたとしても、昇進人事を決めた後で、どうしてその社員が部長になったのか、課長になったのかという質問を必ず受けることになります。

昇進人事の後に質問してくるときも、基本的に、昇格人事と同じような質問になります。

たとえば、

「なぜAさんが営業所長になったのですか」

という質問です。経営者からすれば、Aさんが営業所長に一番ふさわしい社員であるから営業所長にしたのであって、何も社員から質問されるいわれはありません。

ところが、「どうしてですか？」という質問に具体的に答えることができません。

「優秀だから」と答えたら、質問してきたBさんが「私のほうが優秀です」と言ったらどうするでしょうか。

当然ながら、経営者はAさんのほうが優秀である理由を並べます。でもBさんは食い下がります。

そこでさらにBさんがAさんに比べて、いかに営業所長にふさわしくないかを説明することになります。とても嫌な説明です。

しかし、成長点数がある会社は簡単です。

たとえば、Ａさんの成長点数が８５点、Ｂさんの点数が８２点だとすれば、「Ａさんを営業所長にしたのはあなたよりも３点高いからです」と説明して終わりです。

わずか１０秒の説明で、質問してきたＢさんが、「そうでしたか。それじゃあ、次は私が営業所長になれる可能性がありますね」と言って感謝して立ち去るでしょう。立ち去ったＢさんは、「次は自分だ」という意欲に燃えて仕事をすることになると思います。

ところが、明確に説明できないと、昇進人事で必ずひと揉《も》めします。誰かが昇進したことによって、誰かがヤル気を落とすことが繰り返し繰り返し発生している会社があるくらいです。

今のように、成長点数があれば、成果が高い、やるべきことをやっている、知識・技術をもっている、勤務態度を守っている総合点数の高い社員から選ぶという基準で、じゅうぶん事足ります。

もちろん、それ以外のことがあるのであれば、それを昇進基準としてつくってもらえばいいだけです。それを別個につくったとしても、それは決定要素全体の１０％を超えないようにしてください。

昇進人事の場合、たとえば第22表にあるように、部長は８等級９等級が対象等級であり、

第22表　昇進基準、成長等級と役職の対応パターン（事例）

●昇進基準（事例）

役職	対象成長等級	選考基準
部長	8・9等級	対象成長等級で、成長点数の高い社員の中から選ぶ
次長	7・8等級	対象成長等級で、成長点数の高い社員の中から選ぶ
課長	6・7等級	対象成長等級で、成長点数の高い社員の中から選ぶ
課長補佐	5・6等級	対象成長等級で、成長点数の高い社員の中から選ぶ

●昇進人事の発生事由（事例）

①組織が大きくなり新しい部署が発生した。
②ある社員が昇進することにより空席が発生した。
③ある社員が退職したため空席が発生した。

●成長等級と役職の対応パターン（事例）

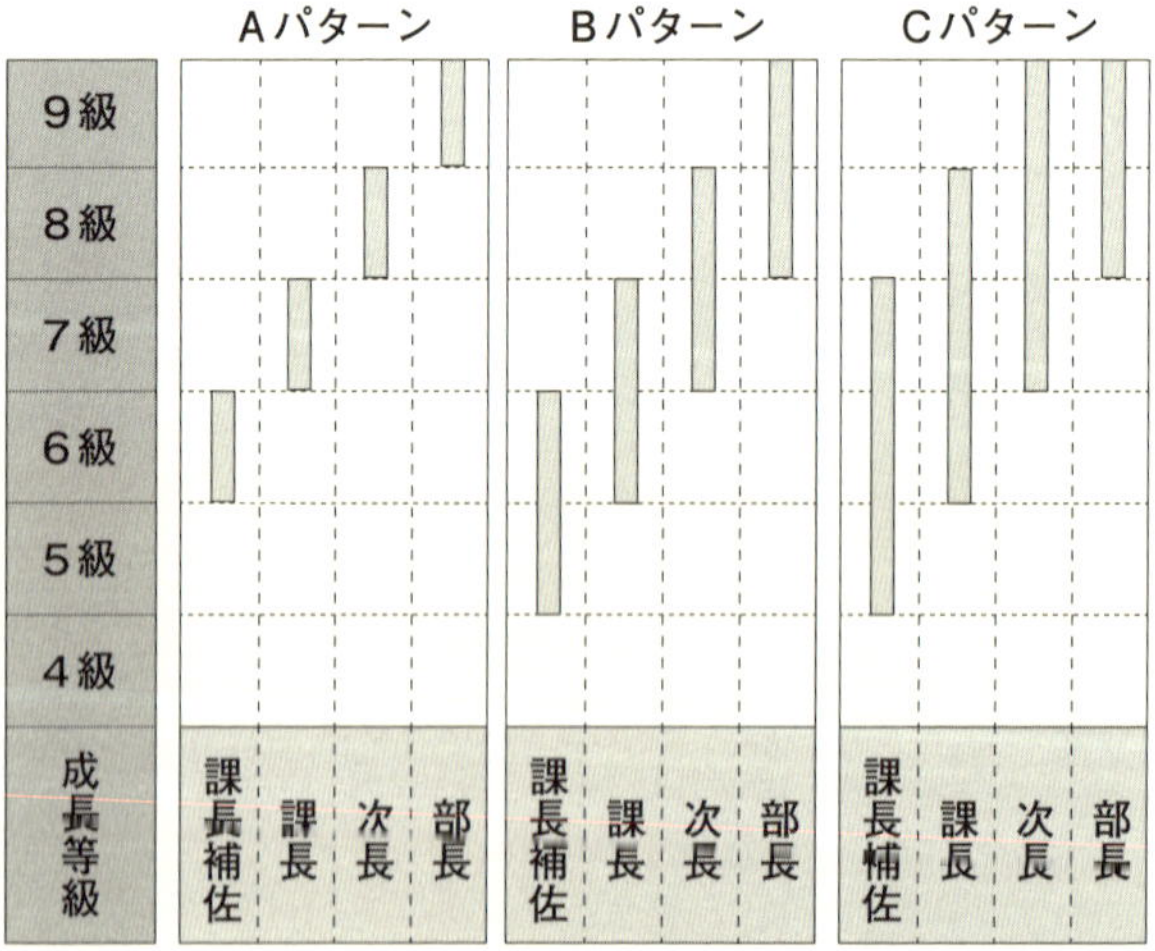

その対象の成長等級の中で、成長点数の高い社員から選ぶ。
次長は、７等級８等級の対象成長等級の中で、成長点数の高い社員から選ぶ。
課長は、６等級７等級の対象成長等級の中で、成長点数の高い社員から選ぶ。
課長補佐は、５等級６等級の対象成長等級の中で、成長点数の高い社員から選ぶ。
営業所長は、４等級５等級の対象成長等級の中で、成長点数の高い社員の中から選ぶ

これを発表するだけで十分です。

もっとも一つだけ問題があるのは、さきほどの、部長を４等級や5等級から選んでいる場合です。しかし、会社として部長は4等級から9等級の間で選ぶと発表する必要はありません。

従業員が１００人から３００人規模の段階で、部長は8等級か9等級、さらに３００人以上になってくると9等級から任命することが基準として発表できるようになります。それまでは、どうしてもこれだけは理想的な決め方をしなければならないということを知ってもらいたいと思います。第22表で、成長等級と役職の対応パターンはＢパターンを活用することになります。

そして、昇進人事の発生事由は大きく３つあります。

1．組織が大きくなり新しい部署が発生した。
2．ある社員が昇進することにより空席が発生した。
3．ある社員が退職したため空席が発生した。

という3つです。

これを社員に前もって説明しておいてもらいたいと思います。

もっとも、大手企業では役職定年制を設けている会社があります。その場合には、定年になった時点で役職を降りることになり、そのために昇進人事が発生する場合もありますが、中小企業の場合にはほぼ1～3に当てはまるでしょう。

ここで経営者が考えておく必要のあることが一つあります。

それは、このステップアップ制度を導入すると、社員は自分の成長のゴールがわかり、ゴールを目指して成長していきます。そのため今までとは成長のスピードが格段に違います。となると、社員が成長したときに活躍する場所を経営者が準備する必要があるということです。

もっとも大手企業であったとしても、社員が成長したときに活躍する場所を確保することができれば、役職定年制はつくる必要はありません。中小企業であれば、なおさらのこと、その社員が活躍する場所を今から考えておく必要があります。いわゆる経営戦略を考えるということです。

経営戦略を考えるヒントは、優秀な社員が、今、何をしているかということです。

たとえば、営業の現場ではお客様の新しいニーズに応えていくことが、営業成果につながることは、どの会社でも同じです。つまり、お客さんが営業社員に求めていることは、会社に求めているということです。つまり優秀な社員がさらに優秀な社員になることで、会社の進むべき方向性をその優秀な社員が示唆することになります。

それを掴《つか》むことによって、会社はスピーディーに、そして的確に進む方向を知ることができるのです。

一番強い会社は、環境に適応した会社です。いわゆる経営環境適応業という言い方もあります。これは半分当たっていますが、半分外《はず》れています。なぜなら、環境に適応するのは会社ではなく、第一線にいる社員が最初に適応していくからです。その環境に適応していった社員を、しっかりと可視化して、その方向に会社を変革していくことができれば、会社は環境適応業として永遠に伸び続けていくことができるでしょう。それが経営戦略を打つ方向性なのです。

成長シートがあれば、その方向性を決めることができます。間違いない成長発展の方向です。

そして、その方向に成長していくことができれば、必ず会社は社員の成長していった暁《あかつき》に、その活躍する場所を与えることができるようになるでしょう。それは今から準備が必要です。たとえば、10年サイクルで、社員がどのくらい成長するかを考えて、それを人材育成計画表にまとめるのです。

これを計画することによって、多くの経営者が驚きます。

社員が標準で成長していったら、こんなに嬉しいことはありません。しかし、中堅職が育ったときに本当に活動拠点を増やすことができるでしょうか。営業所がある会社であれば、営業所をその分だけ増やす必要があります。

10年後に中堅職が10人育つのであれば、10の営業所を出す必要があります。店舗であれば、10の店舗をつくる必要があるのです。それがまた20年後にもあれば、その数も倍になる可能性も十分にあります。その計画を経営者がつくっておかなければなりません。

私が人事部長を務めた魚力も、そうやって社員の成長を追いかける形で、店舗や事業を増やしていきました。

といって、私はみなさんに事業規模拡大をおすすめしているわけでは毛頭ありません。しかし社員が成長したら、その成長した社員が活躍する場所をつくるのは経営者の責務と考えます。

まさか社員が成長してしまったときに、こんなに社員が成長するのであれば、ステップアップ制度はつくるんじゃなかったという発言だけはしてほしくないと思います。そのための準備は今からしてもらう必要があります。

いずれにせよ、このステップアップ基準をつくることによって、すべての社員が公平に公正に処遇されることに安心し、満足して働くことによって、全力で成長していくことでしょう。

第6章　効果が測定できる〈教育制度〉

教育制度 作成手順

①教育課題の整理

↓

②重要業務の遂行者の確認

↓

③知識・技術の習得者の確認

↓

④知識・技術の内容の整理

↓

⑤教育訓練計画表の作成

教育制度のつくり方

教育制度は右の図の手順でまとめていきます。

まず、最初に実施するのは、「**教育課題の整理**」です。

自分の会社のどこに教育課題があるかを正確に分析できずに教育すると、効果が上がりません。なぜならパフォーマンス（効果）が測定できないからです。

最も教育効果があるのは、教育課題を成長シートの成長要素に限定することです。

たとえば、ある重要業務で、A君は1点、B君は4点、C君は5点という、社員によって重要業務の遂行度《すいこうど》にギャップがあるもの、これが最も教育課題として優先順位が高いものです。

知識・技術も同じように、1点の社員と、4点、5点の社員がいる知識・技術が教育課題になります。勤務態度も同じようにギャップのあるものが教育課題になります。それを階層別職種別にまとめあげて、今後1年間の教育課題は何にすべきかを整理していきます。

2番目にやることは、「**重要業務の遂行者《すいこう》の確認**」です。

どの会社にも、重要業務の成長基準で4点、5点という高い点数をとる社員がいます。その4点、5点の社員が誰であるか、ほとんどの社員は知りません。

そのため、誰に重要業務のやり方を聞いていいのかわからない状況です。重要業務を教えることができる人を一つの表にまとめ上げて社内に発表して、社員が誰にその重要業務のやり方を聞けばいいかをひと目でわかるようにします。

3番目の手順は「**知識・技術の習得者の確認**」です。

会社の中で、すでにその知識・技術をもっていて、それを他の社員に教えているところまで成長している社員がいます。これも社内で明らかにします。誰でも簡単に、教えることができる人が誰かをわかるように一つの表にまとめてオープンにします。

4番目の手順は「**知識・技術の内容の整理**」です。

成長シートが出来上がって運用する段階で、はっきりしないものがあります。

それは、知識・技術の成長基準の3点は基礎的なもの、4点は応用的なものとなっていますが、何が基礎であり、何が応用であるか、最初からすべて明らかになっている会社はほとんどありません。今回、成長シートで、成長基準3点と4点にその基準を当てましたので、社員から質問が出てくることになります。

「これは基礎的ですか？　応用的ですか？」

その質問が出てくるたびに、知識・技術の内容の整理をし、仕事に必要な知識・技術の何が基礎で何が応用かをまとめていきます。

最後、５番目に、「**教育訓練計画の作成**」をします。

教育訓練はやると決めないかぎりは、やりきることはできません。なぜなら、教育をする経営者と管理職はとても忙しい状況の中で仕事をしているからです。

では、教育訓練はしなくてもいいのか、優先順位が低いのかといえば、経営者にとって、優先順位が低いわけがありません。ですから、どんなに忙しくても、教育訓練の優先順位を高めて、教育訓練をおこなう計画を必ず立ててほしいと思います。

具体的には、組織の中で、誰が、どのテーマで、いつ、教育訓練をやるかをまとめていただきます。そして、これは基本的に毎年発表する経営計画書と一緒に発表されるのがよいでしょう。

では次から、教育制度の作成手順①から⑤をさらに詳しく説明しましょう。

①教育課題の発見方法

コストパフォーマンスの高い教育課題

教育する前に大切なことは、我が社での教育課題が何であるかを見つけることです。やみくもに教育しても、その教育の目的は達成されることはありません。今後、コストパフォーマンスの高い教育を実施したいのであれば、その教育課題をまず見つけ出さなければなりません。

今まで、社員教育の成果やコストパフォーマンスをどうやってはかるかわからなかったために、経営者の思いつきで勉強会をすることがあったことでしょう。

今後は、成長シートを作成しましたので、教育の対象はすべて成長シートに書いてある成長要素が優先されます。

経営者の好きな言葉に「優先順位を考えて仕事をしなさい」があります。

経営においては、優先順位を考える理由ははっきりしています。働く時間が限られているからです。エンドレスで時間があるのであれば、優先順位を考える必要はまったくありません。１日の時間が無限大にあるならば、やりたいようにやればいいのです。

ところが、１日の働く時間は限られています。そのため限られた時間の中でもっとも効果のあることから手をつけていく必要があります。

この場合、考えてもらいたいのは、成長シートは優秀な社員を可視化してつくったことです。そのため、優秀な社員がこの成長シートで評価すれば、８０点以上の点数になるでしょう。一方、４０点未満の社員もいます。これから成長しようとする社員は低い点数しかとれません。

それはプロセスに違いがあり、結果として成果に大きなギャップが出るのです。

もし仮にすべての社員が８０点以上になったら、どれだけの業績になると思われますか。黙っていても、業績は前年対比で1・5倍以上になることは間違いありません。社員の平均成長点数を上げる、これが最も簡単な業績向上の方法です。

どれだけ簡単な方法かといいますと、優秀な社員がやっているやり方を、すべての社員がその優れたやり方で実行するのです。これほど簡単な方法はありません。社外の新しいことを学ぶ必要はないのです。

そして、優秀な社員はさらに優秀になりたいという思いがあり、成長基準の5点にあるように、他の社員に教えたいと思っています。一方、これからの社員は優秀になって成果を出したいと思っています。

つまり、全社員が教え合って、それだけで業績が簡単に1・5倍になるのです。売上高10億円の会社であれば15億円、売上高30億円の会社であれば45億円、売上高100億円の会社であれば150億円になるのです。

このため、今後の教育の対象は、成長シートに書いてある**重要業務の成長要素、知識・技術の成長要素、勤務態度の成長要素**、これが最も優先されます。

今後まず1年間は、この成長シートの成長要素以外の教育はしないことと社内に宣言してください。

そして、第23表のように、現在の成長シートから成長要素を書き出し、さらに在職している社員が成長基準の1・2・3・4・5点の5段階の成長基準のどの評価であるか、人数を書き出し、それぞれの%も書きます。

これによって、どの成長要素の教育の優先順位が高いかがわかります。

優先順位が高いのは、まずは成長シートの成長要素で平均点が低いものです。この低い成長要素の平均点を上げることが一番効果的です。

第23表　教育課題の発見方法

※成長シートを活用して「できていないこと」と「不足していること」を発見する

成長要素		1	2	3	4	5	合　計	区　別
重要業務		人(　%)	人(　%)	人(　%)	人(　%)	人(　%)	人(　%)	主　OJT 従　off JT
		人(　%)	人(　%)	人(　%)	人(　%)	人(　%)	人(　%)	
		人(　%)	人(　%)	人(　%)	人(　%)	人(　%)	人(　%)	
		人(　%)	人(　%)	人(　%)	人(　%)	人(　%)	人(　%)	
知識・技術		人(　%)	人(　%)	人(　%)	人(　%)	人(　%)	人(　%)	主　off JT 従　OJT
		人(　%)	人(　%)	人(　%)	人(　%)	人(　%)	人(　%)	
		人(　%)	人(　%)	人(　%)	人(　%)	人(　%)	人(　%)	
		人(　%)	人(　%)	人(　%)	人(　%)	人(　%)	人(　%)	
勤務態度		人(　%)	人(　%)	人(　%)	人(　%)	人(　%)	人(　%)	主　OJT 従　off JT
		人(　%)	人(　%)	人(　%)	人(　%)	人(　%)	人(　%)	
		人(　%)	人(　%)	人(　%)	人(　%)	人(　%)	人(　%)	
		人(　%)	人(　%)	人(　%)	人(　%)	人(　%)	人(　%)	

次は、成長基準にギャップのあるところを教育することです。

たとえば、重要業務で1点の社員がいて、4点、5点の社員もいることは成果に大きなギャップがあることを意味します。

これがすべて4点以上になったときに、その重要業務のプロセスにまったくギャップがなくなったことを意味しますので、その期待成果は1・5倍以上になっています。

このように平均点の低いも

の、ギャップのあるものを優先して教育することは、とても重要です。これをやることによって、教育のパフォーマンスが成長点数で計測できます。

たとえば、ある商品知識の研修をしました。今の社員の平均成長点数は2・8点です。それが研修をやることによって、この点数が3・2点になりました。平均成長点数が0・4点向上しました。こういう具合に、教育の効果を計測できるのです。

2・8点だった平均点数が、研修をやっても2・8点のままであるとすれば、これは教育の効果がないことをはっきりと示してくれます。

この成長要素を対象に教育することによって、全員の成長点数が高くなっていくことになります。つまりは、現状で、推定平均点数50点でスタートした成長シートが、やがて全社員が80点以上とる状態になってくることを意味します。

ここで若干心配になるのは、全社員が80点以上とった段階で会社の業績が頭打ちになってしまう、限界が来てしまうのではないかということです。

たとえば、全社員が80点以上になったときに、売上が10億円から15億円になった。それはそれで好ましいことですが、もうこれ以上、売上を伸ばすことができないのではないかという心配です。

ところが、そうはなりません。それどころか、不思議な現象が生まれてくるでしょう。

その現象とは、優秀な社員がさらに優秀な社員に成長することです。

よく「教えることによって二度学ぶ」と言われますが、教えることによって自分以外の社員がやっていることとの違いが、はっきりとわかるようになります。そのため、その違いをさらに工夫することで、さらに大きな成果を出すようになります。つまり、教えることで、ヒントが次から次へと生まれるのです。

そうなると、優秀な社員は今までとはまったく違ったやり方で重要業務に取り組むことになり、さらに大きな成果を出すようになります。

ですから、先ほどの年商10億円の会社は15億円になって終わりではなくて、優秀な社員がさらに優秀になっていくために、またその社員を可視化してつくった成長シートを目標にして、他の社員が成長していくことになります。この連続です。

つまり、優秀な社員がさらに優秀になることによって、さらにすべての社員を成長させて優秀にしていくという、経営者にとって願ってもない好循環のサイクルが動き出すのです。

ですから､会社の業績に上限はありません。エンドレスで業績が向上することになります。

そのために、経営者の大事な仕事は、優秀な社員をさらに優秀にすることだと考えてください。優秀な社員を優秀にしていって、それを成長シートで可視化する。それによって、組織原則の真ん中の6割と下の2割の社員に成長してもらうのです。

これがわかれば、経営者は今以上に楽にすべての社員を優秀にすることができるようになります。

今までやってきた、成果の上がらない、ヤル気を失ったような社員に対する説教や、思いつきの勉強会、計画なしの外部研修がいかに無駄だったかがわかることでしょう。

②重要業務の遂行《すいこう》者の確認

誰が重要業務のやり方を知っているか

その次にやってもらいたいのが、重要業務の遂行《すいこう》者の確認です。

新しい社員が入ってくると困ることがあります。それは誰に仕事のやり方を聞いたらいいか、わからないということです。

この成長シートに書いてある重要業務について、４点、５点の人は誰であるかをすべての社員は知っているでしょうか。

もっとも、成長シートの成長点数は社内に発表することはありません。誰が合計点数が何点であるかを示すことはありません。

しかし、次から次へと入ってくる社員のためにも、特定の重要業務を誰が知っているのか、誰が優れたやり方でやっているのかということを公表する必要があります。

そのために、第24表のような、重要業務の遂行《すいこう》者の確認表をつくっておく必要があります。

重要業務ごとに完全遂行《すいこう》者、つまり成長基準の５点は誰なのか、そして、完全遂行《すいこう》の候補

第24表　「重要業務」の遂行者の確認

重要業務の種類	完全遂行者	その候補生

生4点は誰なのかということを示しておきます。

これによって新人の社員も、仕事をやり始めた社員も、誰に聞いたらよいかがはっきりとわかります。

これを示しておかないと、誰に聞いたらいいか社員はわかりません。まさか、新人の社員が先輩一人ひとりに「あなたはこの仕事ができますか？」と聞き回るのは現実的ではありません。

もし、先輩社員がその重要業務が4点以上でないとすれば、若い社員の「この仕事はできますか？」という質問に対して、答えに窮《きゅう》することになります。「まだ僕は成長基準2点だよ」とその新人の質問に答えるのはかなり抵抗感があります。

ですから、４点が誰であり、５点が誰であるかを示すことは、会社の中で教え合うことを急速に広めるための仕組みの一つでもあるのです。

優れた社員は何をしているか

次は、優れたやり方の調査・分析です。

経営者が現場に入って、プレーヤーの仕事を一緒にできる規模には限界があります。従業員数が５０人～１００人の規模だと、経営者が現場に入って、社員と一緒に仕事ができますが、それ以上の規模になると難しくなります。

ここで、問題になることが一つあります。

それは、我が社の優秀な社員がなぜ優秀なのかがだんだんわからなくなることです。

環境適応業という言葉があります。それは、最も強い会社は、環境に適応して変化していくということです。

しかし、企業が環境適応業だという前に、優秀な社員が環境にどのように適応しているかを知っておく必要があります。

なぜ優秀な社員なのか。それは目の前にある環境に合わせて、自分の仕事のやり方を変えていく、あるいは、提供すべき商品・サービスを変えていくことをしているからです。

だから、大きな成果を上げることができるのです。環境の変化に合わせず、お客様のニーズに適応せずに成果を上げ続けることは無理です。そのために、現場の第一線で環境の変化に適応している社員の仕事のやり方を知らないと、経営戦略を立てることはできません。

しばしば経営戦略を会議室でつくろうとする会社がありますが、これは残念なことをしているとしか思えません。机上の空論になる確率が高いといわざるをえません。

なぜなら、戦略は第一線で働く社員が新しく適応した方向にあるからです。

たとえば、ある営業社員がとても高い成果を上げているとわかれば、経営者はその社員が何をしているかを見つけ出し、それを可視化して、そちらの方向に進むことが、今後の成長につながるのです。このことをしっかりと自覚した上で戦略を立ててください。

そして、経営戦略の柱は2つです。営業戦略と商品戦略です。

お客様にどのように営業していったらいいのか、新しいお客様をどう獲得し、同時に既存のお客様をどう維持していくか。もう1つは、お客様のニーズにあった新しい商品・サービスの開発・提供をどう考えていくか、この2つになります。

第25表　優れたやり方の調査分析シート

〈業務の種類：新規訪問活動〉

No.	優秀な社員の行動	その目的	普通の社員の行動	その違い
1	訪問先を○○資料から見つけ出している	ターゲットの鮮明化	事前に訪問先が決まっていない	事前にターゲットを鮮明にしている
2	訪問時に「総務の責任者の方に経費削減の情報をお渡し下さい」と言って、資料と名刺を窓口担当者に渡す	窓口突破	訪問して「総務の責任者の方にお渡し下さい」と資料と名刺を渡す	いきなり窓口担当者を飛び越えようとしない
3				

この２つを現場で敏感に対応しているのが、優秀な社員なのです。

つまり、経営者は自ら現場に出ることがなくなって、現場の第一線でどういう変化が起きているかがわからなくなった段階で、優秀な社員はなぜ優秀なのか、どういうやり方をしているのかの情報を現場から集める必要があります。

そのときに、優れたやり方の調査分析シート（第25表）を使って、優秀な社員の直属の上司から報告を受けてください。

たとえば、営業会社のテレアポの事例で説明します。この会社は、新人の社員が入ると、電話帳が渡されて、電話帳を使ってテレアポをとっていました。

通常、電話帳を渡された社員のほとんどが、電話帳のあ・い・う・え・おの順に電話をします。そのために、「あ」で始まる会社名のところには、頻繁に電話がかかりました。

電話がかかってきた「あ」のつく会社は、最初は必要がなければ「結構です」と丁寧に断ったでしょう。

ところが、しばらくしてまた同じ会社の別な営業社員から電話がかかってきます。一度断ったので、冒頭で「もう電話をかけないでほしい」と断ります。わずか10数秒での断りになるでしょう。

ところがまた同じ会社から電話がかかってきます。3回目の電話を受けた会社は、怒り心頭です。「いい加減にしろ!」と怒鳴って、数秒で電話をガチャンと切るでしょう。

結果、この会社の平均的なアポ率は5%です。100回電話して、5件のアポがとれるかどうかでした。全員が役割分担もなく「あ行」から電話をして同じ会社に何度も営業をかけたからです。

一方、同じ会社にアポ率が50%のK君がいました。K君は何をしているのでしょうか。K君のアポのとり方は、少しだけ変わっていました。それは電話帳をひっくり返して、社名の最初の読み方が「わ」で始まる会社に電話していたのです。

この会社では社員が「あ行・か行・さ行」まで電話をかける段階で社員が辞めており、「た行」以上は電話していないという実態があったようです。

しかし優秀な社員のＫ君は、「わ」から電話しました。電話がかかってきた会社は初めての電話だったので、しっかり話を聞いてくれて、そのアポ率がなんと５０％。１０倍も違うのです。

ところが、この営業部長はその実態を知っていたかというと、「君は優秀だ、さすが根性がある」と変な評価をしていたようです。ほぼ、どの会社でもそうですが、高い成果を上げている社員が、なぜ優秀なのかということを知っている上司は極端に少ないのです。

これを調べ上げて、共有化するのは上司の仕事であり、その共有化の仕方を指導するのは、経営者の仕事なのです。

これがわかれば、簡単に業績を上げることができるにもかかわらず、こんな簡単なことができていないために業績を上げることができないでいるのです。

つまり、この問題は社員の問題ではなく、マネジメントしている人たちの問題と言わざるをえません。

この大事なことがわかっている会社はどれだけあるでしょうか。残念なことに、我が社にある優れたやり方が、可視化され共有化されている会社は思った以上に少ないのが現実です。

経営者は、従業員数１００人以上になってきたら、現場の優秀な社員が何をしているかが見えなくなってきますので、部下からその報告を聞かなければなりません。

③知識・技術の習得者の確認

誰がその知識・技術を知っているか

次は知識・技術の習得者の確認です。

これはノウフー（ＫＮＯＷ ＷＨＯ）と言います。誰が必要な知識・技術を知っているか、先ほどの重要業務と同様、非常に重要です。

成長シートに記載している知識・技術の成長要素を書き出して、５点の完全習得者で教えることのできる人は誰なのか、４点でその知識・技術を応用的な所までもっている人は誰なのかを社内にオープンにします。

これをすることによって、社員は自分が習得すべき知識・技術を教えることができる人は誰なのかをすぐに一覧表で知ることができます。

社員は現場でその知識がなくて困っています。しかし、困っているかどうかをすべての上司・先輩が把握しているとは限りません。

その知識・技術を誰に聞いたらいいか、わからないことがとても多いのです。

第26表 「知識・技術」の習得者の確認（Know-Who）

知識・技術の種類	完全習得者	その候補生

ところが、知識・技術の習得者を一覧表にして貼り出してもらうと、誰に聞いたらいいいか、ひと目でわかりますので、安心して聞いて、その知識・技術を学ぶようになります。

組織のなかで誰に聞いたらいいかわかることは、社員にとってはとても楽であり、聞いても面倒くさそうな顔をされることはなく、笑顔で迎え入れてもらって教えてもらうことができるようになります。

これも会社の中で一覧できる場所にオープンにしておきます。社内専用のサーバーにデータを置いて、社員のＰＣで見れるようにしてもいいし、社内のカベに貼り出してもいいでしょう。

また、貼り出すことによって、優秀な社員は前向きに指導に取り組むようになります。知識・技術をもっている人に、教えてくださいと社員が次から次へと押しかけます。これにより知識・技術のギャップはなくなり、知識・技術の習得が早まることになります。

④知識・技術の内容の整理

その知識・技術は基礎か応用か

そして次は、知識・技術の内容の整理です。

知識・技術の成長要素の成長基準は、基礎的なものが3点、応用的なものを4点としました。成長基準としてはいかにも曖昧《あいまい》ですが、最初はこのまま運用してもらいます。運用するなかで、社員から質問されることがあります。

「私のもっているこの知識は基礎的なレベルですか。それとも応用的なレベルですか」と。それに対して、「それは基礎的、これは応用的」と一つひとつ、そのつど明確にしていけばいいのです。

2～3割の企業が何が基礎的であり、何が応用的なのかを、最初に決めてから成長シートを運用しようとしますが、それはやめなければなりません。

なぜなら、それを可視化しなければ成長シートが活用できないとすれば、運用が半年も1年も遅れてしまいます。運用する段階でわからないことは、経営者が判断すればいいだけの

第 27 表　「知識・技術」の内容の整理

知識・技術の種類	基礎的	応用的

話です。

　実際に運用しながら、社員からの質問をさばきながら、これは基礎的、これは応用的と整理をしていけば、社員はそれを整理するたびに、自分も納得して自己評価を間違うことなく、自分の成長の確認ができるようになります。

　ただこれをやっていくと、ほとんどの会社はあることに気がつきます。取り組みはじめた当初は、応用的なものが多いというイメージをもちますが、ところが実際に運用して、この整理をしていくと、何年か経ったとき、当初考えていた応用的なものの多くが基礎的に移っていく現象です。

　どうしてこのような現象が出てくるので

しょうか。

それは当初、知識・技術そのものが可視化されていなかったので、応用的なものと言わざるをえなかったものが、よくよく可視化していったら、けっして応用的ではなく、基礎的なものであるとわかってくるのです。ですから、可視化することは、様々な間接的な効果を生み出します。

可視化しないと、難しいとか困難であるという形容詞をつけがちですが、可視化していくと、けっして難しいことではないことがわかります。

⑤教育訓練計画表の作成

教育計画は年間で立てる

最後に、教育をするための年間スケジュールを立ててもらいます。

通常、教育計画の年間スケジュールを立ててくださいと言うと、経営者に「そんなことは今の段階では難しくてできない」と言われます。スケジュールを立てるまでいっていないというのです。

しかし、この考え方自体、問題があります。スケジュールというのは、スケジュールどおりにならないからスケジュールを立てるのです。

経営環境は常に流動的です。決まったとおり物事が進むことはまずありません。だからといって計画しない人は、計画どおりに行かない理由、つまり計画を阻害する要因を把握することができません。それではいつまでも、上手に計画を立てることができないのです。

つまり、いつまでも、経営環境に左右されたまま仕事をするようになります。その会社の生産性の低い理由がここにあります。

ふつう教育訓練計画を立てる場合、次のことを考えます。

どのような事業でも、事業の繁忙期、閑散期があります。それを考えて、閑散期に教育研修を集中させることでしょう。

多くの場合は、忙しい時は長時間働き、閑散期には時間を少なくするという、いわゆる変形勤務時間制の働き方をしてもらっていると思います。

その閑散期に教育訓練を予定しますが、そのときは、日にちだけではなく、何時から何時までという時間まで決めておく必要があります。

これによって、初めて教育訓練をするという意思が確定したことになります。やろうではありません。その日にやると決めたことがスケジュールです。

もちろん、そのスケジュールの最中にお客様からクレームがあったとすれば、そのクレーム対応によって、その教育訓練は次の日に延期になる場合があります。それでいいのです。

そして、同じようなクレームが発生しないようにするためにはどうすればいいかと知恵を絞ればよいのです。

また、もう一つの最大のポイントは、自分の会社の中には優秀な講師がいるということです。

つまり組織原則の２：６：２の、上の2割の社員に教育の講師になってもらいます。最もコストパフォーマンスが高い、そして効果のある教育ができます。テーマは先に述べたとおり、重要業務であれば、平均点の低いもの、ギャップが大きいものから取り組んでいきます。知識・技術も同様に取り組んでいきます。

優秀な人が講師なることによって、その優れた仕事のやり方を他の社員に教えていくことになります。学ぶ社員からすれば、同じ社員です。

同じ会社の社員から学べば、学ぶ側の社員は「私にもできる」という思いで話を聞くことでしょう。講師を務める社員の成長基準は4点以上です。4点以上のその優れたやり方を聞いて、自分もそれと同じように実践することができたら、必ず4点以上になるとわかっています。

第28表にあるように、たとえば管理者研修であれば、部下指導が上手な部長に講師になってもらいます。

この部長は、他の誰よりも、部下の成長点数を伸ばすことが実証されている人です。この

第28表　教育訓練計画表（事例）

日時	テーマ	内　容	講師	費用科目（本来発生する）	金額	計算式
平成○○年 ○月○日 ○時～○時	管理者研修	管理者の「部下指導」業務の進め方	○○部長	教育研修費 教育研修費	20万 20万	講　師20万×　1人 受講生　1万×20人
平成○○年 ○月○日 ○時～○時	新入社員研修	新入社員の基本ビジネスマナーの習得	○○課長			

部長がどんな内容の指導をするのかは、参加する社員からすれば垂涎《すいえん》の思いで話を聞くことになるでしょう。そして、この部長から学んだことは、すぐにでも実践したいと思うことでしょう。

このように、すべての社員を社外で研修させるのではなく、８割の社員は社内で研修させる計画を立てることが、とても重要です。

参考までに、この教育訓練計画表には、本来、発生する費用として教育研修費という勘定科目が設けてあります。

通常は研修というと社外の研修に派遣したり、または講師を呼んで研修することになりますが、もしこれが社内でできるようになれば、社外に支払う教育研修費を削減できることになります。

人事部長や総務部長が、このように社内研修を実施することによって経費削減をすることは、経営者にとっては喜ばしいことに違いありません。

教育効果がものすごくあるのに、その教育研修費の削減ができた。そして、その効果も計測できた、これが本来の教育制度です。

そこまで制度を高めていくことができれば、社員は笑顔で成長し、経営者は高い経営目標を実現していることでしょう。

第7章　社員が納得する〈賃金制度〉

賃金制度 作成手順

①現行賃金制度の問題の整理

↓

②新賃金体系相関表の作成

↓

③新賃金体系の設計

↓

④賃金表の作成

↓

⑤諸手当表の作成

賃金制度のつくり方

賃金制度の作成手順は右の図のとおりです。

まず１番目に、**「現行賃金制度の問題の整理」**をおこないます。

賃金制度については常に見直しが必要です。今、新しく賃金制度をつくっても、５年後１０年後には必ず見直しが必要になります。

大事なことは、現在ある賃金決定の問題を解決して賃金制度をつくり、問題が出たら見直しすることです。

そのため、今の賃金制度のどこに問題があるか、賃金制度のない企業であれば、賃金の決め方に社員が不満に感じていることはないか、または経営者が問題と感じていることはないか、を最初にまとめていただきます。

私が提案する賃金制度は、そのような問題を解決しながらつくりあげていきます。よって、賃金に関する問題が明確になっていない会社は、良い賃金制度をつくることはできません。

２番目にやっていただくことは、**「新賃金体系相関表の作成」**（第31表）です。

現在の賃金決定上の問題の解決の方向性がわかりましたら、現在の賃金体系から新しい賃金体系に移行していくことになります。これによって、現在の賃金項目にはなくて新しく項目を設定するもの、逆に、現在はあるが新しい賃金体系ではなくなるものを、この体系表の中でわかるようにします。

社員がこの体系表を見ることによって、どのような変更があるか、ひと目でわかるようにしてください。

3番目は、「**新賃金体系の設計**」(第32表)となります。

新しい賃金項目を明記し、その支給の目的は何か、対象者は誰かをまとめることになります。これによって社員は、今回の新しい賃金体系、各賃金項目はどんな目的で支給されるかが一目瞭然《いちもくりょうぜん》でわかるようになります。

4番目は、「**賃金表の作成**」です。

そして、賃金制度の概略が決まった段階で、いよいよ賃金表の作成に入っていきます。

賃金表には基本給の中の「**年齢給**」「**勤続給**」「**成長給**」という3つの賃金表の作成を検討していただきます。

もっとも、会社の状況によって「年齢給」「勤続給」をつくるかどうかは検討する必要があります。新卒社員、若い社員の採用を積極的に始めた会社、またはすでに採用している会社は、経営者の考え方によっては、この「年齢給」や「勤続給」は必要になる場合があるとお考えください。

一方、「成長給」は社員の成長にともなって支給する賃金ですので、成長支援制度を導入し運用できるようになった会社には必須のものです。

そして最後に、「**新しい諸手当表の作成**」（第36表）をしてもらうことになります。どんなときにどの手当を支給するかは、経営者が決めることであり、専門家のアドバイスによって決定することは基本的にありません。

手当の中で必ず経営者が守らなければならないのは、超過勤務手当、いわゆる残業手当など、法律に基づいて支給する手当です。それ以外の支給項目はすべて経営者の考え方によって決めることになります。はじめて諸手当を検討する経営者は、手当にはどのようなものがあるかわからないと思いますので、第29表を参考に検討してください。

その手当の内容を明確にしますが、新しい賃金制度によって現在の賃金の総支給額を変え

第29表　いろいろな手当

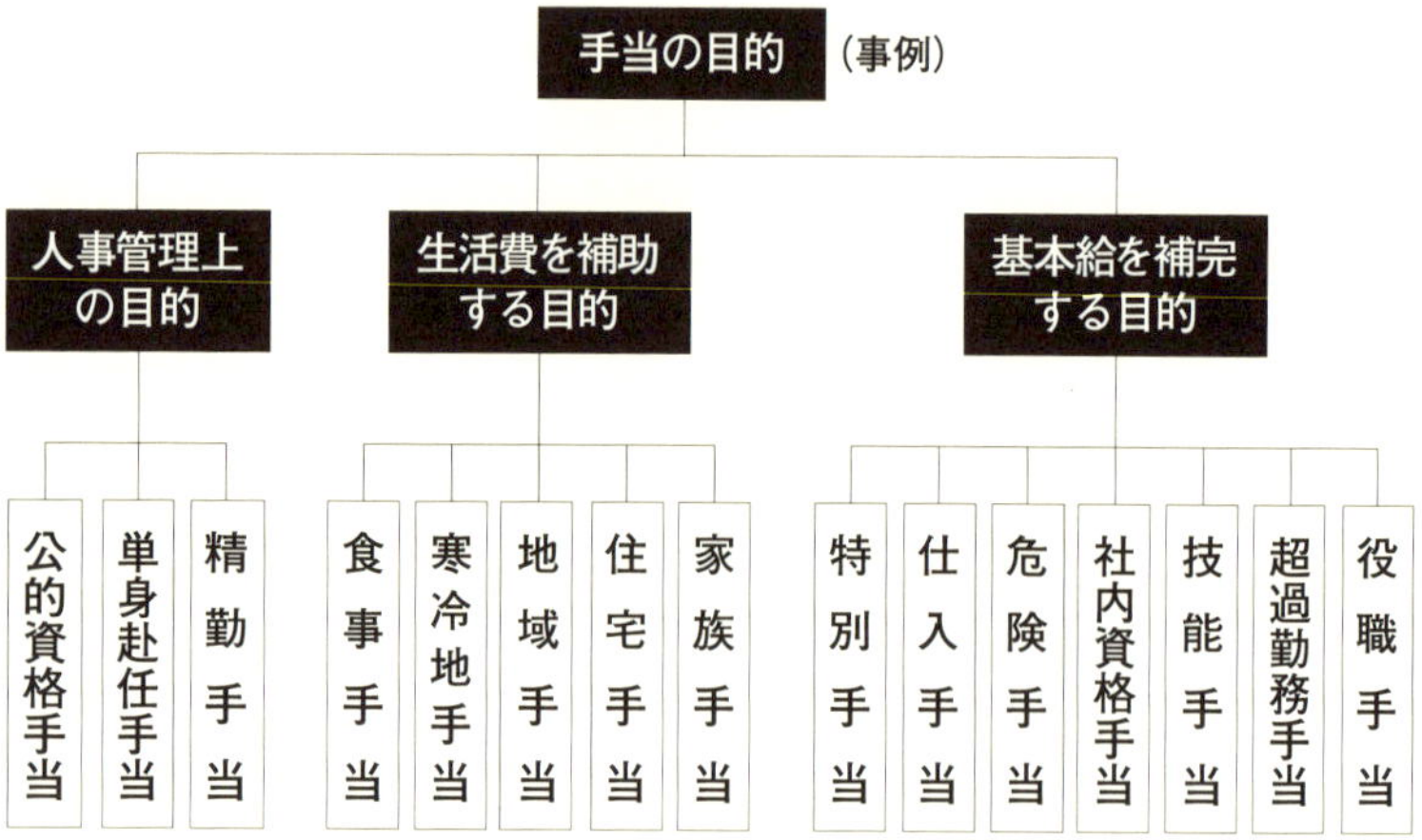

ることはありません。

つまり、現在の総支給額からは「何も足さないし、何も引かない」という大原則に基づいて新しい賃金体系へ移行していくことになりますので、基本的に社員からの不平・不満は一切ないと考えていただいて結構です。

それでは、賃金制度のつくり方の①から⑤までをさらに詳しく説明していきましょう。

①現行賃金制度の問題の整理

まずは問題の洗い出し

賃金制度をつくるにあたって、一番最初に経営者がやるべきことは、現行賃金制度の問題の整理です。第30表をご覧ください。

第30表の「現行賃金体系の課題の整理一覧表」のとおり、今支給している賃金項目を書き出し、支給目的を書き出し、どんな問題があるかを書き出してもらうことになります。

そして、その問題をどのように解決していくかをまず検討しなければなりません。解決方法が明らかになったら、その賃金項目を継続するのか廃止するのか、最終的に決めます。これが賃金制度の構築時に経営者が一番最初にすべき大事な分析です。

ここで問題になることが一つあります。

第30表の中に「支給の目的」を書く欄があります。この支給の目的をどう書いたらいいか、悩まれる経営者がいます。しかし、支給の目的は経営者が決めることであり、専門家が口出しするところではありません。すべて経営者がその支給目的を決めるのです。法律的に制約

第30表　現行賃金体系の課題の整理（事例）

	支給項目	支給目的	問題・課題	解決の方向性
基本給	年齢給	生活を保障する目的	活用されていない	運用上の問題を解決する　（**継続**・廃止）
	勤続給	定着率を高める目的	活用されていない	運用上の問題を解決する　（**継続**・廃止）
	成長給	成果を創出する業務遂行能力向上を図る目的	活用されていない	運用上の問題を解決する　（**継続**・廃止）
諸手当	役職手当	基本給を補完する目的	本人にはよくわからない	役職手当支給基準表を作成する　（**継続**・廃止）
	家族手当	生活費を補助する目的	なし	なし　（**継続**・廃止）
	住宅手当	生活費を補助する目的	なし	なし　（**継続**・廃止）
	営業手当	固定残業代	不足している	業務の生産性向上を図る　（**継続**・廃止）
	精皆勤手当	人事管理上の目的	ほとんど遅刻・欠勤はない	基本給に算入する　（継続・**廃止**）
	超過勤務手当	法律に基づく	サービス残業が多い	業務の生産性向上を図る　（**継続**・廃止）
				（継続・廃止）
				（継続・廃止）

を受けるのはたった一つ、超過勤務手当、いわゆる残業手当の項目だけです。それ以外は、経営者が自由に決めて支給していいのです。

日本では、「基本給」と「諸手当」が基本的な賃金体系になっています。

基本給の種類は、「年齢給」「勤続給」「成長給」の3つしかありませんので、冷静に決めることができるでしょう。

もう一つは諸手当ですが、これは支給目的を経営者が自由に決めていいものです。ところが、この手当の目的もなかなか決められない経営者が多いようです。

第30表で、一つの事例を提示してお

きます。ただし、これはあくまでも一つの事例であり、これを参考にしながら経営者として支給目的を決めてもらうことになります。

自分で決める理由は簡単です。今後手当の見直しをするときに、自分でその支給する目的を明らかにしておかなければ、見直しそのものができないことになるからです。

ところで、今までの賃金体系で一つの大きな問題がありました。

それは退職金制度の問題です。

基本給を増やさずに諸手当を増やしてきた時代があります。特に団塊の世代の退職が話題になった頃です。退職金の計算方法で、基本給をベースに計算する仕方は経営者にとって納得できるものではありません。社員とひと口にいっても標準で昇格していく社員、最短で昇格していく社員、ゆっくり昇格していく社員がいますが、たとえば、成長スピードは違っても、最終的に成長等級９等級まで行ったとすれば、辞めるときの基本給は全員ほとんど同じになります。

この場合、すべての社員の退職時に基本給に勤続年数を一律に掛けたとすれば、これは経営者としては納得できない退職金となります。なぜなら、最短で昇格していくということは、管理職層にいる年数が長く、管理職層で活躍する年数が長いということを意味します。

一方で、ゆっくり成長してきた社員がいるとすれば、最終的な管理職層での活躍は短くなります。このケースを考えると、経営者の中では、当然、最短で管理職層へ行った社員のほうが永年にわたり大きな組織貢献をしていますので、その社員にこそ退職金をたくさん払いたいと思うでしょう。

しかし、その経営者の想いは叶《かな》えられることはありません。一般的な退職金の計算方法は退職時の基本給がベースとなるからです。

これからは、成長等級を活用して退職金を決めるポイント制度を導入して、決めることが必要です。これによって、9等級に長期間いる社員にたくさんの退職金を支給することができます。退職金も、経営者が支給したいように決めなければなりません。

ただし、これは矛盾しているようですが、退職金に差をつけるためのものではありません。最短昇格であれば、すべての社員が同じように高い退職金になるでしょう。ただ、ゆっくりである場合は組織貢献度に合わせて退職金の金額が違うだけの話です。

これは差をつけることが目的ではありません。あくまでも社員の組織貢献度に合わせて退職金を払うということです。

経営者がこの退職金の計算方法に賛同するのであれば、当然ながら、諸手当の割合を減らすことができます。統計データでみるように、諸手当の割合は基本給の２０％未満になっていないと、社員の成長に合わせて決める基本給の割合が少なくなってしまいます。

十分にその割合は検討していただきたいと思います。

②新賃金体系の相関表の作成

旧賃金体系から新賃金体系へ

次に実施することは、現行の賃金体系から新賃金体系にどう移行していくかを確認します。これによって、経営者のなかで、新しい賃金体系が整理されることになります。

以前あった賃金項目で止めるものもあるでしょう。逆に、新たに追加する項目もあるでしょう。経営者は自分の中で、新しい賃金体系を確立する必要があるのです。

第31表の中に、「調整給」というものがありますが、これは賃金体系を移行する時に必要となってくる賃金項目です。

ほとんどの中小企業には、中途採用の社員がいると思います。繰り返し述べるように、中途採用については採用してみたら、思ったほど仕事ができないケースがしばしばあります。つまり、中途採用の場合、賃金の払い過ぎが生じることがたびたびあるのです。

新しい賃金体系に移行するときに、この問題を解決する必要があります。そのために、ここでは「調整給」という支給項目をつくっています。

第31表　新賃金体系相関表

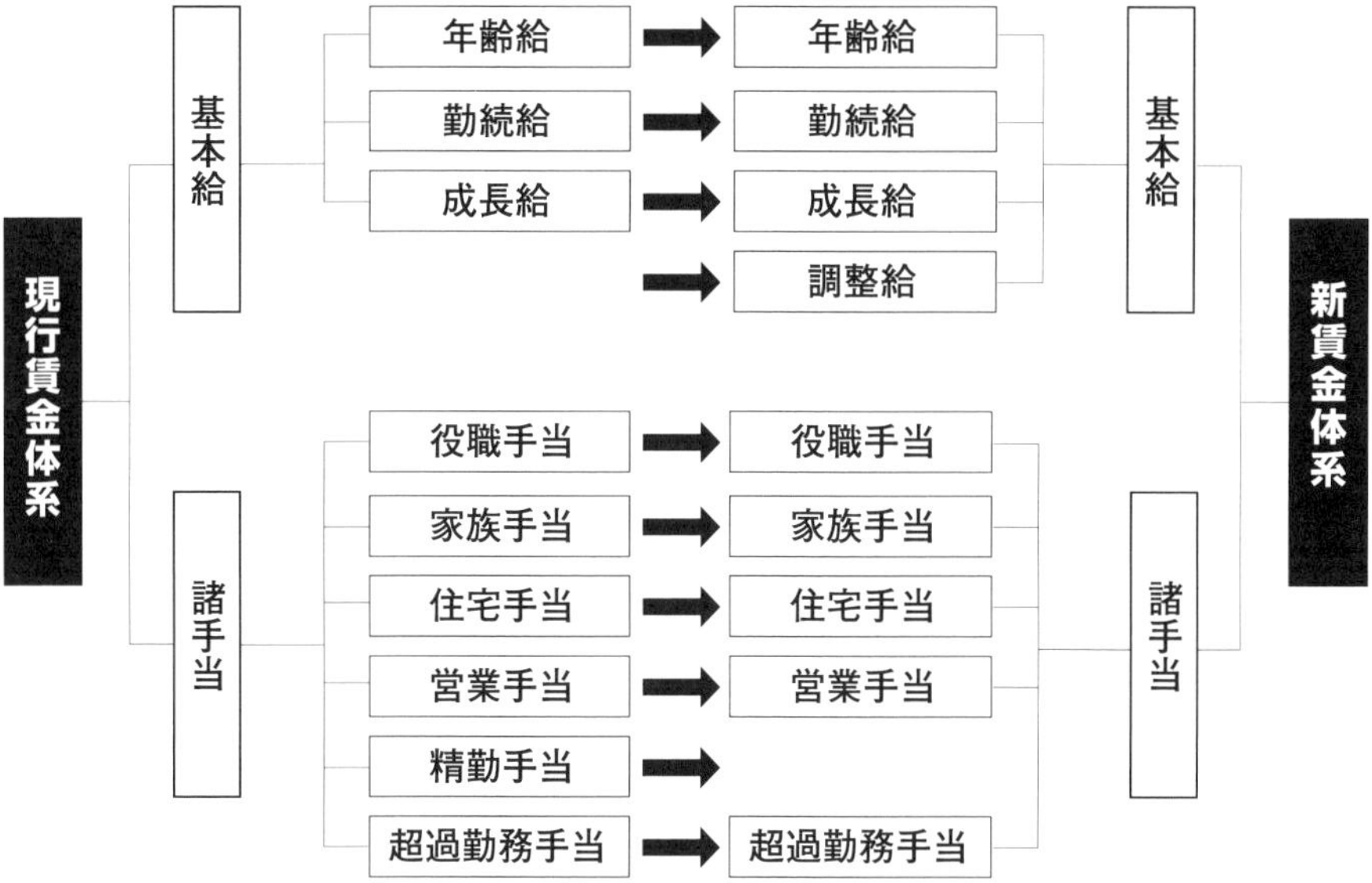

このとき多くの会社がするような、賃金の引き下げはおこないません。

たとえば、中途採用の社員を成長シートに基づいて成長点数を出してみると４０点となり、３万円の払い過ぎであるとわかる場合があります。

この場合は、新しい賃金制度に移行する際に「調整給」として3万円を支給し、この社員が成長点数６０点をとれるまで、この「調整給」を加算し、６０点とれるようになったらなくなります。

中途採用の賃金の払い過ぎの社員に対して、このような対応ができます。ですから、「調整給」をなくすためには、全社をあげてその社員の成長を促すことが一番です。

③新賃金体系の設計

新しい賃金体系をつくる

次に、新賃金体系の設計をしていただきます。

まず、第32表をご覧ください。

大きく2つに分けて、「基本給」と「諸手当」の支給項目がありますが、経営者にそれぞれ支給項目とその支給目的、支給対象者を明らかにし、定義づけをします。

今まで会社でとくに問題だったのは、残業手当です。

ほとんどの会社が、この残業代については苦しんでいます。それは成果を上げるために、どうしても時間を投入する傾向があるからです。しかし成果を上げるために時間を投入する会社は生産性が落ちます。

たとえば、営業社員には残業代として固定残業代を支給して、残業代がこれ以上増えないように残業時間の制限を設けたりしている会社がありますが、これでは本質的な解決とはいえません。

第32表　新賃金体系の設計（事例）

	支給項目	支給目的	対象者	定義づけ
基本給	成長給	成果を創出する業務遂行能力向上を図る目的	全社員	社員の成長に応じて支給する基本給
	年齢給	生活保障する目的	全社員	年齢に応じて支給する基本給
諸手当	役職手当	残業手当を補完する目的	役職者	役職に応じて支給する手当
	超過勤務手当	法律に基づく	管理職以外の一般社員	通常の勤務時間を超えて勤務する場合に支給する手当
	家族手当	生活費を補助する目的	全社員	扶養家族の人数に合わせて支給する手当
	精皆勤手当	人事管理上の目的	全社員	欠勤・遅刻・早退をなくすために支給する手当

そもそも、固定残業代の決め方自体にも問題があります。社員が本来もっと成長するためには生産性を高める必要があるのに、固定残業代があるために生産性を上げようとしない残念な社員を生み出す結果となっています。

これはマネジメントの問題です。現在、多くの会社が残業代の問題から、社員の生産性を上げることに取り組むようになっています。

生産性を上げたら、当然のこと、残業代はなくなります。生産性を上げて、残業しなくても同じ成果を上げることができれば、会社の利益は増えます。

つまり、生産性を向上させた分は利益となり、増えた利益は賞与として社員に配分することができるのです。これを経営者は口だけではなく、社員に計算式を示して、残業代はカットになっても賞与は増えて賃金は減らないことを説明しなければならないのです。そして生産性を高める方向に社員を指導していくことが必要です。

残業が多い会社の社員は、残業代は生活費の一部になっています。残業代がなくなると社員も家族も困るでしょう。しかし、生産性が向上すれば、残業代は減ったとしても、それで増えた利益が賞与で返ってくるとしたら、社員は困りません。会社も困りません。

さらに大切なことがわかります。

生産性を上げて残業がない会社だからこそ、実はまた仕事が増えた時に残業することができます。

日常的に残業している会社は、ここぞというときに残業ができません。残業せずに成果を上げている会社は、ここぞというときに全社を挙げて残業することができるのです。

つまり、残業で仕事をこなして１２０の成果を上げていた会社が、生産性を上げて残業しなくても同じ成果を上げるようになったら、今度は残業をして１４０の成果を上げる。さらに生産性を上げて、残業しないで１４０の成果を上げる。

このように継続的に生産性を上げていくことを目指すべきです。

新しい賃金体系を設計する段階で、経営者は大きな経営改善の一つの方向性が明確になるのです。

④賃金表の作成

年齢給を支給しますか？

いよいよ実際に賃金表をつくっていきたいと思います。最初は「年齢給表」です。「年齢給表」は年功序列賃金の代表選手みたいなもので、今さら「年齢給表」をつくる必要性を感じない経営者がおられると思います。経営者が必要ないと思えば、つくる必要はありません。

「年齢給」が必要ないと考える経営者の特徴は、中途採用を中心にしている会社の経営者です。なぜなら、採用するときの賃金決定に年齢をまったく考えていないからです。仕事ができることが中心であり、社員の年齢が２０歳であろうが３０歳であろうが４０歳であろうが、まったく関係ありません。

逆に、若い人を採用する場合は、この「年齢給表」が必要になる場合が多いとお考えください。

たとえば、会社によって違いますが、新卒で採用した社員は7年から１０年かけて、一般職層から中堅職層にステップアップしていきます。

この7年から10年の間、社員として好ましい勤務態度を守り、知識・技術を身につけ、そして重要業務ができるようになり、そのあとようやく成果を上げることができるようになります。その年数が7年から10年です。

この間、会社はその新卒社員を継続して教育指導することでしょう。時間もかけ、教育費用もかけながら社員を成長させていくことになります。社員としてまだまだ一人前になっていないので、成果を上げて組織に貢献することはできません。であれば、昇給しないことが一般的だと思うかもしれません。しかし、多くの会社はこのような新卒社員でも1年に3000円～5000円は昇給をします。

なぜ昇給をするのでしょうか。

私なら、新卒社員に次のように説明します。

「あなたにはこれから7年かけて一人前になってもらいます。最初は勤務態度を守ることからはじめて、徐々に必要な知識・技術を習得し、少しずつ重要業務ができるようになってください。現場の仕事はとても重要です。理屈ではなく、からだで仕事を覚えてください。会社としては、あなたが成果を出せる一人前となるまで年齢給を毎年昇給して支給しましょう。いわゆる生活保障給です。だから安心して、焦らずにじっくりと仕事を覚えていってください」

ところが、ある年の新卒社員の昇給が４０００円、中堅職の昇給が５０００円だとします。この金額の差は、中堅職の社員にとってみれば納得できません。なぜなら、仕事を教えているのは中堅職の社員だからです。教えている自分が５０００円で、教えられている新卒の社員が４０００円では納得できないのです。

この場合、たとえば、新卒社員の４０００円の昇給は「年齢給」の昇給で、中堅職社員の５０００円の昇給は「成長給」の昇給だったらどうでしょうか。

その中堅職の社員も、若い時には年齢給が支給されていました。そして一人前となって中堅職になってからは、「年齢給」の昇給がなくなり、「成長給」での昇給となったのです。実際に似たような金額であったとしても、支給する内容は違っています。不満を言ってきた中堅職の社員には、そういう説明をすればいいのです。

経営者は新しい賃金体系を考えるときに、そのような様々なことを検討して、そもそも年齢給を支給するのか支給しないのか、支給するとすれば何歳まで支給するのか、その金額はいくらにするかを決めていただきます。

最終的には経営者の判断にお任せしますが、アドバイスを求められれば、さきほど例にあげたように、新卒社員が一人前になるまでの7年から１０年の間は生活保障の意味で年齢給を昇給し、一人前となって中堅職になった以降は、年齢給の昇給を中止し、基本給の昇給は成長給一本で運用することをおすすめしています。

次に、年齢給表のつくり方を説明します。

第33表をご覧ください。

見てのとおり、事例としてあげたのは、３８歳まで年齢給が上がるケースとなっています。このことの是非を問う前に、まず年齢給表をつくるにあたって、経営者に決めていただきたいことを順番に説明します。

最初に、年齢給を新しい賃金体系に入れるかどうか、「ＹＥＳ」なら引き続き解説をお読みいただき、「ＮＯ」の方はここの説明を飛ばして読んでいただいて結構です。ただし「ＮＯ」の方も年齢給が必要になったら、そのときにこの説明を読んでください。

つくり方の１つ目は、「**昇給金額のピーク年齢**」です。

第33表の事例では、１９歳から２３歳となっていますが、この表から、年齢の若い時には生活保障給的な昇給をしていき、社員の成長に合わせて、その金額を減らしていくことを経

第 33 表　社員の生活を保障する年齢給表（事例）

年齢	金額	ピッチ
18	80,000	0
19	84,000	4,000
20	88,000	4,000
21	92,000	4,000
22	96,000	4,000
23	100,000	4,000
24	103,000	3,000
25	106,000	3,000
26	109,000	3,000
27	112,000	3,000
28	115,000	3,000
29	117,000	2,000
30	119,000	2,000
31	121,000	2,000
32	123,000	2,000
33	125,000	2,000
34	126,000	1,000
35	127,000	1,000
36	128,000	1,000
37	129,000	1,000
38	130,000	1,000
39	130,000	0
40	130,000	0
41	130,000	0
42	130,000	0
43	130,000	0
44	130,000	0
45	130,000	0
46	130,000	0
47	130,000	0
48	130,000	0
49	130,000	0
50	130,000	0
51	130,000	0
52	130,000	0
53	130,000	0
54	130,000	0
55	128,000	-2,000
56	126,000	-2,000
57	124,000	-2,000
58	121,000	-3,000
59	118,000	-3,000
60	0	-118,000
61	0	
62	0	
63	0	
64	0	
65	0	

営者が考えていることがわかります。

当然ながら、年を追うごとに年齢給は下がっていきますが、一方では成長給が増えていくことになります。社員が成長していったら、生活保障給的なものは少なくなり、自分の成長によって成長給を上げていくことを考えていく必要があります。このピーク年齢、そしてその金額をどうするかも、すべて経営者の考え方で決めてください。

今まで自分がどうやってきたのかを振り返りながら、この金額を決めていきます。

経営者によっては、昇給金額のピーク年齢を２９歳から３３歳に設定される場合がありま す。その理由は、この年代で社員が結婚し、経済的な負担が増えることに対応して年齢給を増やしてあげたいというものです。

しかし、自社内で晩婚化がすすむのであれば、この年齢給のピーク年齢もその都度変更する必要があります。それが賃金表の見直しということになります。

２つ目の検討事項は、「**昇給金額は一律か変動か**」ということです。

一律でも、変動でも結構です。どちらにするか決めてもらいます。

３つ目は、「**何歳まで加算するか**」です。

４０数年前になりますが、私が年齢給表について初めて調査したとき、当時はどの会社も年齢給表は60歳まで加算していました。

いわゆるそれをもって年功序列賃金というのでしょうが、日本語で「年功」というのは年の功のことです。年の功というのは1年経ったら年の功が付く場合もあるし、そうでない場合もあります。ですから、年齢給で60歳まで加算していることは、年の功が付くという想定のもとに加算しているか、または平等給として一律に年齢給として加算しているか、のどちらかです。

それがいいかどうかも含めて、経営者が最終的に決めなければいけませんが、仮に年齢給を生活保障給として考えるのであれば、60歳まで加算する必要はないと考えるのが妥当です。

それは、この競争の激しい時代に、すべての社員が60歳になるまでのあいだ、ずっと生活を保障するなど、真面目に経営に取り組んでいる経営者であればあるほど、できない約束だからです。

もし経営者が、社員には一般職から中堅職、中堅職から管理職へと成長してもらうことを前提に考えているとすれば、年齢給の役割は途中で終わらなければなりません。

もし60歳まで加算すれば、すべての社員に対して、60歳まで生活保障しますと宣言したことになります。それは経営者から社員に対するメッセージです。それが社員にとって好ましいかどうかは、その社員の成長度合いが示してくれることになるでしょう。

そして４つ目は、**「年齢給を減額するかどうか」**を検討してもらいます。

生活保障するのであれば、一方では生活保障が必要なくなったときに、その分の減額措置はあってしかるべきだという考え方はあってもいいでしょう。

たとえば、子供が成人して自立する５５歳前後の社員は、その分、年齢給は少なくなってもいいという考え方です。逆に、子供が巣立っても、年齢給は下げたくないと考えるのであれば、それは下げる必要はありません。いずれにせよ、経営者に判断をしてもらいます。

最後に**「減額するとすれば、いつから減額するか」**を考えていただきます。これが５番目です。以上が、年齢給表の作成手順です。

勤続給を支給しますか？

次に、勤続給表のつくり方を説明します。

最初に、勤続給を新しい賃金体系に入れるかどうか、まず自分の考え方を定めます。

「ＮＯ」の方は、ここの説明を飛ばして読んでいただいて結構です。必要になったときに読んでください。

「ＹＥＳ」の方は、第34表をご覧いただき、引き続きつくり方を説明いたします。

つくり方の１つ目は、「**１年当たりの加算額をどうするか**」ということを考えます。

第34表の事例は、５００円の加算をしています。これでなければならないということではありません。今までいろいろ調べて、勤続給の昇給額の８０％以上が３００円から５００円でした。

２つ目に「**何年間加算するか**」を考えてもらいます。

年齢給をつくるまたは存続させるときに、この勤続給の支給目的はなんでしょうか。

それは経営者が自由に設計していいことですが、たとえば、勤続給は社員の定着率を高める目的のために支給するとしたとします。

そして、我が社の社員は１０年定着すれば、その後は辞める社員はいないとわかったとします。であるならば、勤続給表の加算は１０年でいいとなります。加算するには加算する理由があります。それを明確にして加算する年数を決めてもらいます。

このように経営者の考え方を可視化してつくっていきますが、はっきり言えることは、賃金表には経営者のメッセージが込められていることです。社員から様々な質問がありますが、

第 34 表　社員の定着率を上げる勤続給表（事例）

勤続年数	高卒標準年齢	累計金額	年当り加算額
1	19	500	0
2	20	1,000	500
3	21	1,500	500
4	22	2,000	500
5	23	2,500	500
6	24	3,000	500
7	25	3,500	500
8	26	4,000	500
9	27	4,500	500
10	28	5,000	500
11	29	5,500	500
12	30	6,000	500
13	31	6,500	500
14	32	7,000	500
15	33	7,500	500
16	34	8,000	500
17	35	8,500	500
18	36	9,000	500
19	37	9,500	500
20	38	10,000	0
21	39	10,000	0
22	40	10,000	0
23	41	10,000	0
24	42	10,000	0
25	43	10,000	0
26	44	10,000	0
27	45	10,000	0
28	46	10,000	0
29	47	10,000	0
30	48	10,000	0
31	49	10,000	0
32	50	10,000	0
33	51	10,000	0
34	52	10,000	0
35	53	10,000	0
36	54	10,000	0
37	55	10,000	0
38	56	10,000	0
39	57	10,000	0
40	58	10,000	0
41	59	10,000	0
42	60	0	-10,000
43	61	0	
44	62	0	
45	63	0	
46	64	0	
47	65	0	

経営者が可視化してつくった賃金制度であれば、経営者はすべて自分の言葉で答えることができます。

以上が、基本給の勤続給です。

成長給は必須です

最後に、成長給表をつくってもらうことになります。

成長給表は第35表を見ていただければわかるように、3つの構成要素があります。その3つとは、「**成長等級**」と「**号俸**」と「**ピッチ額**」です。

まず1つ目の構成要素の「**成長等級**」は9等級です。

基本的に3階層で9等級を設計していただきます。40年前から、この成長等級は何等級がいいか、様々な経営者から質問を受け、またアドバイスをしてきました。

成長等級というのは社員の成長の階段です。運用するにあたって、この一般職層3つの等級、中堅職層3つの等級、管理職層3つの等級、合計9等級がいいことが40年を経て現状ではっきりしています。今も継続的に活用されているのは、この9等級だからです。そのため、第35表の事例の成長給表も9等級でつくってあります。

第35表　社員の成長と伴い増える成長給表（事例）

最大号俸の設定　40号俸

成長給表（総合職）

等級	1等級	2等級	3等級	4等級	5等級	6等級	7等級	8等級	9等級
号俸	ピッチ額 300	ピッチ額 400	ピッチ額 500	ピッチ額 1,000	ピッチ額 1,100	ピッチ額 1,200	ピッチ額 2,400	ピッチ額 2,500	ピッチ額 2,600
1	80,000	81,800	84,200	88,700	100,700	113,900	128,300	164,300	201,800
2	80,300	82,200	84,700	89,700	101,800	115,100	130,700	166,800	204,400
3	80,600	82,600	85,200	90,700	102,900	116,300	133,100	169,300	207,000
4	80,900	83,000	85,700	91,700	104,000	117,500	135,500	171,800	209,600
5	81,200	83,400	86,200	92,700	105,100	118,700	137,900	174,300	212,200
6	81,500	83,800	86,700	93,700	106,200	119,900	140,300	176,800	214,800
7	81,800	84,200	87,200	94,700	107,300	121,100	142,700	179,300	217,400
8	82,100	84,600	87,700	95,700	108,400	122,300	145,100	181,800	220,000
9	82,400	85,000	88,200	96,700	109,500	123,500	147,500	184,300	222,600
10	82,700	85,400	88,700	97,700	110,600	124,700	149,900	186,800	225,200
11	83,000	85,800	89,200	98,700	111,700	125,900	152,300	189,300	227,800
12	83,300	86,200	89,700	99,700	112,800	127,100	154,700	191,800	230,400
13	83,600	86,600	90,200	100,700	113,900	128,300	157,100	194,300	233,000
					115,000	129,500	159,500	196,800	235,600
31	89,000	93,800	99,200	118,700	133,700	149,900	200,300	239,300	279,800
32	89,300	94,200	99,700	119,700	134,800	151,100	202,700	241,800	282,400
33	89,600	94,600	100,200	120,700	135,900	152,300	205,100	244,300	285,000
34	89,900	95,000	100,700	121,700	137,000	153,500	207,500	246,800	287,600
35	90,200	95,400	101,200	122,700	138,100	154,700	209,900	249,300	290,200
36	90,500	95,800	101,700	123,700	139,200	155,900	212,300	251,800	292,800
37	90,800	96,200	102,200	124,700	140,300	157,100	214,700	254,300	295,400
38	91,100	96,600	102,700	125,700	141,400	158,300	217,100	256,800	298,000
39	91,400	97,000	103,200	126,700	142,500	159,500	219,500	259,300	300,600
40	91,700	97,400	103,700	127,700	143,600	160,700	221,900	261,800	303,200

そして２つ目の要素は「**号俸**」です。

号俸という言い方はとても古い言い方ですが、号俸をつくる理由は、社員が成長することによって昇格時、つまり1等級から2等級、２等級から3等級に昇格した時に徐々に昇給額を増やしているからです。これについて、ほとんどの経営者は異論がないでしょう。

もし昇格（等級が上がる）することによってしか昇給しないとすれば、１等級の標準昇格年数が2年であるとすると、その2年間はまったく昇給しないということになります。

そういう昇給の仕方をしている会社は、ほとんど見受けられません。つまり、同じ1等級でも成長点数が伸びたら、同じ等級の中でも昇給するのが一般的です。いわゆる「習熟昇給」と言われるものです。習熟昇給を実施するためには、この号俸数がないと対応することができません。そのために号俸数があります。

そして３つ目は、「**ピッチ額**」です。

第35表を見ていただくとおわかりになるように、１等級のピッチが３００円、２等級が４００円、３等級が５００円、４等級が１０００円、５等級が１１００円、６等級が１２００円、7等級が２４００円、8等級が２５００円、9等級が２６００円となっています。

このピッチ額は、その経営者の考え方によって金額が変わっていきます。そのため、このピッチ額がこのまま使える会社は一社もありません。

３つの構成要素を基にして、経営者は成長給表をつくっていきますが、まず何等級にするかどうかは企業規模に関係なく、９等級をご検討いただくのがよろしいでしょう。

号俸数の上限は、この事例では４０号俸となっています。号俸数については３０号俸でも５０号俸でも６０号俸でもかまいません。ただ、新卒社員だけを採用している企業が必要な号俸数は基本的に２０号俸です。つまり号俸数が多いのは、経営者が中途社員の賃金を決めるときに必要になるのです。

おおむね、中途で採用する社員の９０％は賃金が払い過ぎです。この成長給表の２０号俸以上で号俸を決めて成長給を決めたとすれば、その金額は明らかに払い過ぎなのです。経営者はそのことになかなか気がつきません。

ですから、２０号俸で止めてしまうという方法を考えてもいいでしょう。

ところが、それをすると中途社員の賃金の決定ができません。どうしても払い過ぎながら、賃金を決めていくことになります。新卒であれば払わないものを、中途採用だから払う必要がある。成長等級、成長点数以上に賃金を払うことになってしまうのです。

これが中途社員を採用すると労働分配率を悪化させる隠れた理由です。それも検討する必要があるでしょう。

ピッチ額については、実際に社員の昇給を決める時に、自分（経営者）が今まで昇給を決めてきたことを振り返りながら、ピッチ額をいくらにするかを決めることになります。

そのうえで、各等級の1号俸の金額を設計することになりますが、その設計の仕方は基本的に次のように決めてもらいます。

ここで、第35表の「1等級の7号俸」の金額と「2等級の1号俸」の金額を見比べてください。２つの金額は、同じ８万１８００円であることが確認できると思います。

これは、どういうことかというと、１等級の１号俸の成長給に1年間に仮に3号俸昇給したとすると、標準昇格年数が2年なので2年間で6号俸昇給することになります。そのタイミングで2等級に昇格し、そしてまた2等級で1年間で3号俸昇給して2年間で6号俸を昇給したその金額で3等級の1号俸になります。

これはその企業の標準昇格年数と、たとえば1年間に3号俸昇給するという計算をして、次の等級の1号俸の金額を決めていくのです。

これは経営者が今まで昇給してきたことを振り返りながら決めると同時に、実はその地域によって金額が違ってきます。

日本は最低賃金を決めて発表していますが、一番高い東京は一番低い宮崎や沖縄と比べて、最低賃金が２００円以上も違います。最低賃金は業種によって違うというよりも、地域ごとの生活コストの違いによって決まるのです。それゆえ、成長給表は地域によって大きく変動することになります。

そのため、先ほどの事例の3号俸昇給は、東京は4号俸昇給に、宮崎・沖縄は2号俸昇給になる可能性があります。それによって成長給表の金額が大きく変動します。その成長給表を経営者が納得することによって完成です。

いずれにせよ、成長給表をつくっていく段階で、経営者が今まで勘で決めてきた昇給の金額に根拠があったことを確認できると思います。

⑤諸手当表の作成

賃金体系の中で諸手当の金額を考えることになります。

総支給額の中の諸手当の割合は、20%未満にすることを目標に設計していただきたいと思います。

基本的には社員の成長により昇給する成長給が中心であり、諸手当は、あくまでもその成長給を補完する役割をもっているものと考えていただかなければなりません。

現在支給している手当があれば、その金額を変更する場合もあるでしょう。または中止する手当もあり、新規で増設する手当もあるでしょう。しかし、手当そのものは新しい賃金体系に移行するときに「何も足さない、何も引かない」という原則のもとに移行していくことになりますので、新設したとしても、その分だけ金額が増えることはありません。

仮に、現在の総支給額が30万円のA社員が家族手当を1万円支給される場合は、現在の30万円の中に家族手当1万円が新しい項目として設計されただけであり、合計金額が30万円から31万円になることはありません。

第36表　諸手当支給表（事例）

手当	区分	金額	変更	備考
役職手当	部長	80,000		
	次長	60,000		
	課長	50,000		
	課長補佐	30,000		
	係長	20,000		
家族手当	配偶者	5,000		
	第１子	3,000		
	第２子	2,000		
	第３子	1,000		
住宅手当	世帯主でない者	5,000		
	世帯主である者	10,000		

賃金制度の見直しをするときに、しばしばこのように社員から新しい手当の設計を求められることがありますが、この原則に従ったまま、手当の設計をすることが大事です。

基本的に賃金が増えるのは、業績が良くなったとき、社員が成長したときであり、個々の事情により手当を増やすことは賃金制度を複雑にするばかりか、社員の成長の後に賃金は増えていくということが曖昧《あいまい》になります。そのことをよく考えて諸手当支給表を作成していただきたいと思います。

また、しばしば諸手当の相場はどれくらいか質問されることがありますが、これも基本的なデータはありません。厚生労働省で発表する、「就労条件総合調査」などで、諸手当の種類別一人当たり平均支給額が発表されることがありますが、このデータは従業員数30人以上のデータであり、日本全体のデータとは言い難いものです。参考にご覧になることは否定しませんが、そのデータを基にして決めると、社員に対する説明がおかしなものになる可能性がありますので、注意してください。

それは、「手当の金額を世間相場で決めた」という、言ってはいけないような発言をしてしまうことになるからです。諸手当を世間相場で決めることはありえません。経営者の考えで決めなければなりません。世間相場で決める会社は、世間相場が変わるとその金額を増額しなければならないという問題点を､最初の段階でビルトインしてしまう可能性があります。そのことも十分気をつけてもらいたいと思います。

絶対必要な手当は超過勤務手当のみであり､その他の手当は経営者の考えによって設計し、また、その金額を決めるとお考えいただくことが大事です。以上のことを検討して諸手当表を作成してください。

モデル賃金表をつくる

賃金体系・賃金表ができ上がったら、一つ作成してもらいたいものがあります。それがモデル賃金です。

今まで賃金を決めてきた要素を、賃金体系・賃金表に可視化してまとめ上げると多くの経営者は驚きます。

「自分は勘で決めてきたと思っていたが、それがこの賃金表でこんなに明確になっているとは驚きだ」と。しかし一方で「これが本当に活用できるかどうかはいまだに不安だ」という声があります。

そこで作成してもらうものがモデル賃金表です。

高卒・短大卒・大卒等の新卒社員が入社したときに、どのようなモデル賃金であるかを実際にデータを入れて確認します。今回は高卒のモデル賃金をご覧いただきますが、高卒が入社する１８歳での初任給がいくらであり、その後、３つの条件に基づいたモデル賃金を作成していきます。

モデル賃金をつくるときの条件は次の３つです。

ひとつは、会社が、その高卒社員が入って約４０年間、常に業績が良いということを前提に作成します。当然、業績は良いときも悪いときもあります。しかし、経営者は常に継続的に業績向上を前提に経営していますので、このモデル賃金は４０年間連続して業績が良いことを前提につくります。

さらに社員の成長に関して、標準年数で昇格する人もいるでしょうし、最短で昇格する社員もいるでしょう。もっとも中には標準以上に長い年数をかけてステップアップする社員もいるでしょう。しかしステップアップすることに違いはありません。ただしモデル賃金をつくるにあたって、標準か最短かどちらかのステップアップを前提に構築することになります。第37表は標準のステップアップに基づいて、モデル賃金を作成してあります。

もうひとつは、社員が毎年成長していることを前提に作成します。モデル賃金を社員の成長を前提につくるのであれば、毎年の昇給予定表に基づいて、何号俸昇給するかは変動があります。そこで、一番想定される昇給の号俸数を設計することにします。今回は毎年3号俸昇給することを前提に設計しました。

つまり４０年間業績が良いこと、標準でステップアップすること、毎年成長しており3号俸昇給することを前提に、このモデル賃金を作成しました。

これによって、その社員の年齢給や勤続給、成長給の約４０年間の金額が決まります。そ

第 37 表　モデル賃金表 (高卒・総合職)

1　1. 標準ステップアップ　　2. 最短ステップアップ　　65　定年の年齢設定

勤続年数	対象年齢	等級	号棒	基本給 年齢給	基本給 勤続給	基本給 成長給	諸手当 役職手当	諸手当 家族手当	諸手当 住宅手当	合　計	昇給額 属人給	昇給額 成長給	昇給額 小　計	賃金アップ合　計
0	18	1	1	80,000	0	80,000				160,000	-	-	-	-
1	19	1	4	84,000	500	80,900				165,400	4,500	900	5,400	5,400
2	20	2	1	88,000	1,000	81,800				170,800	4,500	900	5,400	5,400
3	21	2	4	92,000	1,500	83,000				176,500	4,500	1,200	5,700	5,700
4	22	3	1	96,000	2,000	84,200				182,200	4,500	1,200	5,700	5,700
5	23	3	4	100,000	2,500	85,700				188,200	4,500	1,500	6,000	6,000
6	24	3	7	103,000	3,000	87,200			5,000	198,200	3,500	1,500	5,000	10,000
7	25	4	1	106,000	3,500	88,700	10,000		5,000	213,200	3,500	1,500	5,000	15,000
8	26	4	4	109,000	4,000	91,700	10,000		5,000	219,700	3,500	3,000	6,500	6,500
9	27	4	7	112,000	4,500	94,700	10,000		5,000	226,200	3,500	3,000	6,500	6,500
10	28	4	10	115,000	5,000	97,700	10,000	5,000	10,000	242,700	3,500	3,000	6,500	16,500
11	29	5	1	117,000	5,500	100,700	20,000	5,000	10,000	258,200	2,500	3,000	5,500	15,500
12	30	5	4	119,000	6,000	104,000	20,000	8,000	10,000	267,000	2,500	3,300	5,800	8,800
13	31	5	7	121,000	6,500	107,300	20,000	8,000	10,000	272,800	2,500	3,300	5,800	5,800
14	32	5	10	123,000	7,000	110,600	20,000	10,000	10,000	280,600	2,500	3,300	5,800	7,800
15	33	6	1	125,000	7,500	113,900	30,000	10,000	10,000	296,400	2,500	3,300	5,800	15,800
16	34	6	4	126,000	8,000	117,500	30,000	10,000	10,000	301,500	1,500	3,600	5,100	5,100
17	35	6	7	127,000	8,500	121,100	30,000	10,000	10,000	306,600	1,500	3,600	5,100	5,100
18	36	6	10	128,000	9,000	124,700	30,000	10,000	10,000	311,700	1,500	3,600	5,100	5,100
19	37	7	1	129,000	9,500	128,300	50,000	10,000	10,000	336,800	1,500	3,600	5,100	52,100
20	38	7	4	130,000	10,000	135,500	50,000	10,000	10,000	345,500	1,500	7,200	8,700	8,700
21	39	7	7	130,000	10,500	142,700	50,000	10,000	10,000	353,200	500	7,200	7,700	7,700
22	40	7	10	130,000	11,000	149,900	50,000	10,000	10,000	360,900	500	7,200	7,700	7,700
23	41	7	13	130,000	11,500	157,100	50,000	10,000	10,000	368,600	500	7,200	7,700	7,700
24	42	8	1	130,000	12,000	164,300	60,000	10,000	10,000	386,300	500	7,200	7,700	17,700
25	43	8	4	130,000	12,000	171,800	60,000	10,000	10,000	393,800	0	7,500	7,500	7,500
26	44	8	7	130,000	12,000	179,300	60,000	10,000	10,000	401,300	0	7,500	7,500	7,500
27	45	8	10	130,000	12,000	186,800	60,000	10,000	10,000	408,800	0	7,500	7,500	7,500
28	46	8	13	130,000	12,000	194,300	60,000	10,000	10,000	416,300	0	7,500	7,500	7,500
29	47	9	1	130,000	12,000	201,800	80,000	10,000	10,000	443,800	0	7,500	7,500	27,500
30	48	9	4	130,000	12,000	209,600	80,000	10,000	10,000	451,600	0	7,800	7,800	7,800
31	49	9	7	130,000	12,000	217,400	80,000	10,000	10,000	459,400	0	7,800	7,800	7,800
32	50	9	10	130,000	12,000	225,200	80,000	10,000	10,000	467,200	0	7,800	7,800	7,800
33	51	9	13	130,000	12,000	233,000	80,000	10,000	10,000	475,000	0	7,800	7,800	7,800
34	52	9	16	130,000	12,000	240,800	80,000	10,000	10,000	482,800	0	7,800	7,800	7,800
35	53	9	19	130,000	12,000	248,600	80,000	7,000	10,000	487,600	0	7,800	7,800	4,800
36	54	9	22	130,000	12,000	256,400	80,000	7,000	10,000	495,400	0	7,800	7,800	7,800
37	55	9	25	128,000	12,000	264,200	80,000	5,000	10,000	499,200	-2,000	7,500	5,800	3,800
38	56	9	28	126,000	12,000	272,000	80,000	5,000	10,000	505,000	-2,000	7,500	5,800	5,800
39	57	9	31	124,000	12,000	279,800	80,000	5,000	10,000	510,800	-2,000	7,500	5,800	5,800
40	58	9	34	121,000	12,000	287,600	80,000	5,000	10,000	515,600	-3,000	7,800	4,800	4,800
41	59	9	37	118,000	0	295,400	80,000	5,000	10,000	520,400	-3,000	7,800	4,800	4,800
42	60	9	40	0	0	303,200	80,000	0	0	383,200	-130,000	7,800	-122,200	-137,200
43	61	9	43	0	0	311,000	80,000	0	0	391,000	0	7,800	7,800	7,800
44	62	9	46	0	0	318,800	80,000	0	0	398,800	0	7,800	7,800	7,800
45	63	9	49	0	0	326,600	80,000	0	0	406,600	0	7,800	7,800	7,800
46	64	9	52	0	0	334,400	80,000	0	0	414,400	0	7,800	7,800	7,800
47	65	9	55	0	0	342,200	80,000	0	0	422,200	0	7,800	7,800	7,800

第38表　モデル賃金表(高卒・総合職)　※折れ線グラフにしたもの

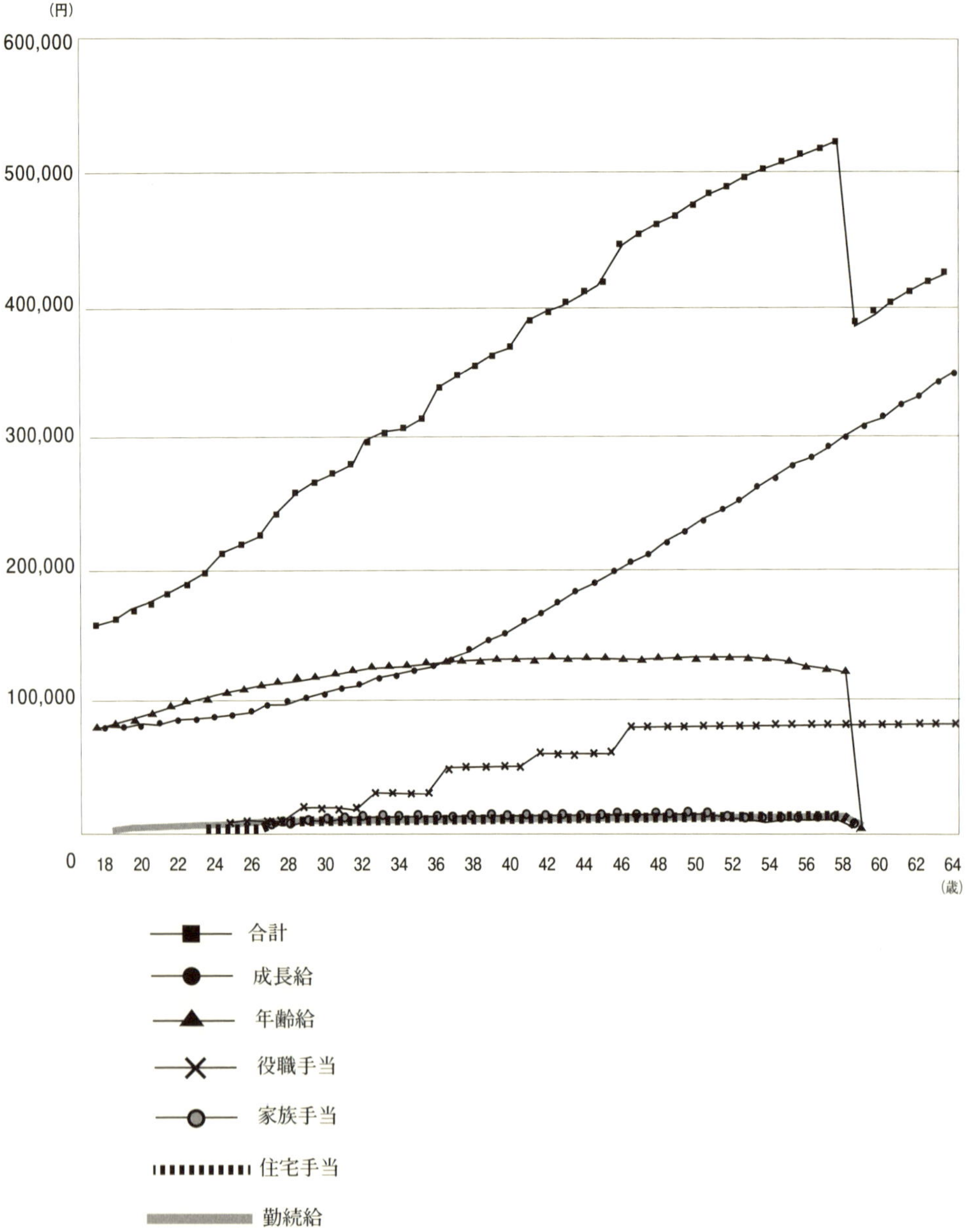

れに合わせて、手当の支給についても予想して入力します。

役職手当に関しては、中堅職以上になって昇進する可能性のある役職に就いてもらったことを前提に役職手当を加算していきます。４等級・５等級・６等級と昇進するにしたがって、その役職手当も変わってきます。さらに、家族手当、住宅手当は、その社員がいつ親元から独立し、いつ結婚し子供が生まれ、住宅費用がどうかかるかということに合わせて、我が社のモデルとなる社員を前提に金額を入力していきます。これによって、新卒社員の４０年間のモデル賃金が作成されることになります。

第38表は、第37表のモデル賃金表を見やすいように折れ線グラフにしたものです。モデル賃金表については、これら２種類の表をつくっておけば万全でしょう。

なお巻末に、第37表と第38表の拡大版を添付していますので参考にしてください。

このモデル賃金を見ると、多くの経営者は驚きます。

それは、「こんな金額を本当に支払うことができるだろうか」という驚きです。このモデル賃金自体は、実は大手企業のモデル賃金とそれほど遜色のない、つまり高い金額の支給になるように見えるでしょう。

ところで、ここでひとつチェックをしてもらいます。
それは現在、優秀な社員に支給している金額とこのモデル賃金を比べて、どうであるかということです。優秀な社員に支給している金額は決して払い過ぎと思っていることはないでしょう。つまり、優秀な社員に支給している金額は妥当な金額だと経営者は思っています。その優秀な社員の金額とモデル賃金の金額を比較してもらうことです。

たとえば、新卒で採用したかどうか、勤続年数が長いかどうかは別にして、一般職層で優秀であれば3等級に格付けされる社員と考えてよいでしょう。その社員との金額を比較します。この優秀な社員に支給している金額が、モデル賃金の支給額以上である場合がほとんどです。

また中堅職で、優秀な社員であれば6等級でしょう。この社員もやはり新卒で採用した社員ではない可能性があります。その社員に現在支給している金額とこのモデル賃金を比較すると、現在の優秀な社員に支給している金額のほうが多い場合がほとんどです。

これを見てまた経営者は驚きます。実際に現在、優秀な社員に支給している金額と比べても、このモデル賃金は高すぎることはなく、十分この金額を支給できるということです。

であれば、ここまでつくってきた賃金体系・賃金表は運用が可能であることが十分理解できるでしょう。

このモデル賃金表は、あくまでも新卒採用した社員に対して見せる資料ですので、在職社員は対象ではありません。

もちろん現在いる社員からも、この会社でどれだけ賃金がもらえるか、頑張ったら収入は増えるのかという質問があるでしょう。そのために、それぞれの社員に自分でモデル賃金をつくってもらうことをおすすめします。

新卒社員とまったく同じ条件で、自分のモデル賃金を設計するのです。仮にその社員が40歳であるとすれば、これからの20年間、継続して業績が良いかどうか、標準で成長しようと思っているのか、最短で成長しようと思っているのか、もっとゆっくりなのか、自分の成長のスピードを計画してもらいます。そして、毎年成長することを計画しているかどうか、この3つを考えて自分のモデル賃金を設計します。

これによって経営者は社員から聞かれる次の質問から逃れることができます。

「社長、この会社で頑張ったら賃金は増えますか?」

増やしてあげたいと経営者は思っています。だからこそ、人事制度をつくりました。しかしこの3つの条件が整わないかぎりは、昇給することはできないのです。それを社員自らモデル賃金をつくることによって、経営者が昇給する気持ちがあることがはっきりとわかるのです。経営者が話すだけでは社員は信じません。しかし経営者の考えを可視化したモデル賃金表を見せると、社員ははっきりとわかります。

ですから、このモデル賃金は新卒採用の武器のひとつとなります。新卒採用の「三種の神器」は、「3つの成長階層の成長シート」とステップアップ制度で示した「ステップアップ基準」、そしてこの「モデル賃金」です。これから新卒採用はとても厳しい環境に入ります。少子高齢化が日本の今後のトレンドだからです。その中で新卒を採用する力をもつかどうかは、今後の企業の成長を大きく左右する要因のひとつとなるでしょう。

そのため、初任給を上げる会社があるでしょう。その会社は応募者にこんなことを言います。「当社は初任給が高いからどうぞ当社を選んでください」。

その提案に呼応して入ってくる社員を採用しますか？

それとも、「当社は40年間のあなたの成長の計画を立てることができる会社です。そしてあなたが40年間にこのように成長していくと、その成長の確認をこのような要件でおこない、その後あなたの賃金はこのように変わっていきます」と説明し、この会社には自分の成長できる人生があると感じて入ってくる社員を採用しますか？

どちらが活躍するかは火を見るよりも明らかです。ぜひこれからの新卒採用はこのモデル賃金を含めた「三種の神器」を活用していただきたいと思います。

昇給の決め方

業績がいい時と悪い時

昇給の決め方は、経営者の今まで決めてきた考え方を可視化しながら決めることになります。

一般には、業績のいい時に昇給します。業績がいいというのは、会社の今期の経営目標が実現できた時をいいます。

第35表をご覧ください。

業績のいい時にどのくらい昇給するかということに関しては、総合評価（S・A・B・C・D）によって、金額が大きく違ってきます。

総合評価Sの社員とAの社員とBの社員とCの社員とDの社員では、当然ながら昇給額が違ってきます。さらに成長等級が違うことによって、その昇給額も違います。

これを第39表のような昇給予定表という形でまとめていただきます。

昇給予定表を作成するときに大事なことは、まずは今期の経営目標を実現できたときに、

第 39 表　昇給の決め方を可視化する昇給予定表（事例）

パターン	①	②	③	④	⑤
業績	経営目標を 110%以上達成した時	経営目標を 105%以上達成した時	経営目標を 100%以上達成した時	経営目標を 95%以上達成した時	経営目標の 95%未満の時
S	7	6	5	3	2
A	6	5	4	2	1
B	5	4	3	1	0
C	4	3	2	0	-1
D	3	2	1	-1	-2

総合評価	総合評価決定表
	成長点数
S	100 点　～ 90 以上
A	90 未満 ～ 80 以上
B	80 未満 ～ 60 以上
C	60 未満 ～ 40 以上
D	40 未満 ～ 20 点

昇給パターンの選択

③	経営目標を 100%以上達成した時

等級	１等級	２等級	３等級	４等級	５等級	６等級	７等級	８等級	９等級
S	1,500	2,000	2,500	5,000	5,500	6,000	12,000	12,500	13,000
A	1,200	1,600	2,000	4,000	4,400	4,800	9,600	10,000	10,400
B	900	1,200	1,500	3,000	3,300	3,600	7,200	7,500	7,800
C	600	800	1,000	2,000	2,200	2,400	4,800	5,000	5,200
D	300	400	500	1,000	1,100	1,200	2,400	2,500	2,600

昇給ピッチ	
１等級	300 円
２等級	400 円
３等級	500 円
４等級	1,000 円
５等級	1,100 円
６等級	1,200 円
７等級	2,400 円
８等級	2,500 円
９等級	2,600 円

その昇給を「**昇給号俸数**」という言葉を使って表現することになります。

そして、各総合評価のときに、昇給できる号俸数に各等級ごとのピッチ額を計算して昇給額を計算します。たとえば経営目標を１００％以上達成した時の２等級のＢ評価の社員の昇給は、２等級の３号俸の昇給となります。昇給ピッチは４００円ですので、４００円×３号俸で昇給額は１２００円となります。第39表の下の表をご覧ください。経営目標を１００％以上達成した時の2等級B評価に該当する欄に「1、200」と書かれていることを確認してください。つまり先ほど計算した1200円の昇給額を意味します。

ただし、この昇給額は、あくまでも成長給の昇給であり、他に年齢給や勤続給がある場合は、別途に昇給することになります。

この昇給予定表を作成するためには、経営者が今まで経営目標を実現したときにどれだけ昇給してきたのかを可視化することが重要になります。

なぜなら経営目標を実現できたときに経営者が昇給する総額が最初から決まっているからです。その総額になるように各等級のピッチ額は決めていかなければなりません。ここが最大のポイントです。

昇給予定表でもうひとつ必要になる列があります。

それは昇給をしない時の列⑤です。第39表の事例では、業績が「経営目標の95%未満の時」が列⑤です。

事業経営をしている中で、一度ぐらいは昇給をしなかった経験をおもちの経営者はいることでしょう。基本的に、今まで指導してきた経営者の95%以上は、業績の厳しい時の昇給に関しては全員ゼロと決めてきました。しかし、総合評価の違いがある以上、その昇給に関してはプラスになるＳ、Ａの社員や、評価によってマイナスになる社員がいることは不思議ではありません。

総合評価で社員が成長することによって昇給額が増えるという考え方であれば、業績が悪い時の昇給は、第39表の列⑤のようにおこなうのが、論理的な決め方となります。

これについても、その是非は経営者が決めることであり、経営者の考え方をそのまま社員にオープンにしてください。

基本的に、必要なのは③と⑤の列となります。それ以外の昇給をしてきた経験のある経営者であれば、今期の目標を１０５％以上達成した場合の②の列、または、さらにそれ以上の業績を上げた時の①の列を社員に発表することになるでしょう。

さらには、③と⑤の間の④の列です。④の列は、前年よりは業績は向上したが、経営目標に届かなかった時の例です。これによって社員は、目標未達でも業績がいい時には昇給額が上がることがわかります。

多くの経営者はよく、「業績が良かったら昇給する」という発言をしますが、それは社員にはまったくわかりません。

しかし、この昇給予定表を発表すれば、経営者が業績が良ければ、高い昇給をしたいと考えていることがはっきりと理解できます。

社員は経営者の言ったことはあまり信じることはありません。しかし、昇給予定表のような資料を示して全員に発表することによって、業績と自分の昇給の関係性を理解できるようになります。

多くの会社で経営目標を掲《かか》げていますが、その目標を掲《かか》げたときに、一緒にこの昇給予定表を発表してください。

社員が昇給予定表を見ることによって、今期の目標は自分のためにも実現させたいと思うことでしょう。経営目標を実現することは、世の中に対する貢献度を高めると同時に、それに取り組む社員の昇給額も上がることを説明した表となります。

この昇給予定表は経営者の考えてきた、つまり、今まで支給してきた昇給額と同じになるようにつくります。

この金額より、もっと多かったという場合には、成長給のピッチ額を増やすことになります。成長給表の見直しです。または、それほどの金額ではなかったという場合には、成長給表のピッチ額を減らします。またこれも成長給表の変更となります。経営者の今までの処遇の仕方によって、一社一社成長給表が違ってくる理由はここにあります。

昇給額が負担になる？

さらに、昇給は賞与と違ったあるリスクがあるために別個な検討が必要になります。

それは、賞与は決算賞与という考え方があるように、一事業年度内の確定した利益を配分することになりますので、経営上はしっかりと確定した数字で賞与額を決めることができます。労働分配率も悪化することはありません。

ところが、昇給に関しては、若干賞与とは違います。それは、今期の業績がいいから翌期に昇給して、その昇給額を翌期の業績が負担するという考え方です。

これは、昇給予定表を発表しながら、次の期の業績がどうなるかをしっかりと見定めた上で発表しないと、逆にリスクになる可能性があります。今期が良くても、来期も良いかどうかはわかりません。そのため、経営者が事前にやっておくべきことがあります。

それは、今期の昇給額のシミュレーションをやった結果として、その昇給額を来期負担することができるかどうかということをあらかじめ確認しておくということです。

それが、第40表の**昇給額計算シート**です。

この例では、仮に毎月の昇給合計額９万１４００円を来期負担することになると、来期は１１６９万９２００円の売上高を、昇給額を負担する分だけ増やす必要があることがわかり

第40表　昇給額合計から可能な昇給額か検討する

【昇給額計算シート】

昇給合計額	人件費係数	労働分配率	粗利益率
91,400	1.60	50.00%	30.00%

年間で増える人件費	
1,754,880	＝昇給合計額 ×12カ月 × 人件費係数

増やすべき粗利益額	
3,509,760	＝年間で増える人件費 ÷ 労働分配率

増やすべき売上額	
11,699,200	＝増やすべき粗利益額 ÷ 粗利益率

ます。

今期の業績も、当然ながら、スタートしてみないとわかりません。それ以上に、来期どうなるかは予測が難しいでしょう。

しかし、経営者が実際にこの計算をしてみて、負担できるかどうかを事前に確認することはとても重要なことです。

この計算なしに昇給予定表を発表することは無謀と言えます。この昇給額計算シートでしっかりと負担する金額を確認してから、社内に発表してください。

賞与の決め方

賞与原資をオープンにする

経営者は毎年賞与の決定をしなければなりません。

その決定を勘でやっている経営者も多くいます。

経営者は、会社の業績を考え、社員の成長を経営者独自の視点から見極めて、賞与を配分しています。

多くの会社は、評価点数や考課点数を基にして賞与を決めようとしていますが、そのままストレートに賞与算定に活用できていないのが実情です。それは評価点数や考課点数そのものが社員の成長を正確に表わしていないことが最大の理由です。

社員の成長が成長点数と完全に一致しているのであれば、それはそのまま社員の賞与決定に活用できます。社員も一般職層であれば、７年から１０年かけて成長して、２０点、４０点、６０点、８０点と成長点数が伸びていくことがわかれば、その点数によって賞与金額が違うことも当然のごとく理解できます。

賞与の決定については、経営者はおおむね2つの判断をすることになります。

1つは、**「賞与原資の計算」**です。

日本では40年前から賞与原資の計算の仕方として、利益三分法（賞与3分の1、税金3分の1、社内留保3分の1）という方法を使ってきています。もちろん、経営者には経営者独自の考え方があり、すべての経営者がこの利益三分法で賞与を分配しているわけではありません。

経営者は売上高や粗利益や経常利益や当期利益の賞与対象期間の6か月間の合計を見たうえで、自分なりの計算式に基づいて賞与を算出しています。

これが経営者の毎年の恒例の仕事でありながら、そのプロセスは社員に説明されることはありません。そのため、賞与の時期が近くなると、業績が悪くても社員から驚くような質問が出てくる場合があります。

それは「社長、今年の賞与はどうですか？　去年よりも増えますか？　どうでしょう？」こんな質問です。

この質問は、経営者にとってみれば、驚きの質問と言わざるをえません。賞与対象期間の6か月間の業績が良ければ、間違いなく賞与は増やします。逆に、6か月間の業績が昨年よりも悪化していれば、当然のごとく原資は減ります。そういう当たり前のことを社員は理解していません。

毎月、業績を発表していない会社の場合、この社員の質問も当然でしょう。

しかし、多くの会社は、業績を毎月毎月会議などで説明し、社員に明確に伝えているはずです。この半年間の業績を発表している会社であれば、この社員の質問はこう理解せざるをえません。

「毎月の業績の説明はまったく関心がありません。理解できませんし、興味もありません。しかし、私の賞与だけは業績に関係なく出してください」と要望しているのと同じなのです。

こういう無責任な社員をなくすためには、経営者は賞与対象期間の６か月間で、毎月、業績評価をしながら、それにともない賞与原資がどう積み立てられたのかを説明する必要があります。

たとえば、経営者が経常利益の１０％を賞与原資とすると考えているのであれば、毎月経常利益の１０％を賞与原資として積み立て、今現在いくらになったかを社員に発表しなければなりません。

そうすれば、経常利益は毎月変動しますので、その変動に合わせて賞与原資が変動することがわかるでしょう。

いずれにせよ、どのように賞与を計算するかは、経営者一人ひとりの考え方があり、良い決め方というのはありません。

今まで決めてきた決め方を可視化することが最も大切なことです。そして、発表された瞬間から社員は業績に関心をもつようになります。そして、先ほどのような社員の質問は二度と出なくなります。

なぜなら、賞与対象期間の6か月間が終わった段階で、会社全体の賞与原資はいくらになっているかがすでに計算されて、社員がわかっているからです。

業績が良かったら賞与原資が増える。業績が悪かったら賞与原資は減る。

この考え方はとても重要です。

多くの会社の賃金制度は、個人の賞与額に差をつけて社員を無駄に競争させ、疲弊《ひへい》させることをしています。

経営者がひと言でも「格差をつける」と発言してしまえば、もうその組織は会社全体の業績を上げることを捨てたも同然となります。なぜなら、格差をつけると言われて嬉しそうな顔をするのは、組織原則2：6：2の上位の2割の社員だけだからです。私たちは格差をつ

第41表　人件費総額管理表（事例）

（単位：千円）

		4月	5月		6月		7月		8月		9月	
		当月	当月	累計	当月	累計	当月	累計	当月	累計	当月	累計
売上高		40,000	40,000	80,000	40,000	120,000	40,000	160,000	40,000	200,000	40,000	240,000
粗利益高		8,800	8,800	17,600	8,800	26,400	8,800	35,200	8,800	44,000	8,800	52,800
粗利益率		22.0	22.0	22.0	22.0	22.0	22.0	22.0	22.0	22.0	22.0	22.0
販売費（人件費以外）		840	840	1,680	840	2,520	840	3,360	840	4,200	840	5,040
人件費	給与	3,000	3,000	6,000	3,000	9,000	3,000	12,000	3,000	15,000	3,000	18,000
	賞与			0		0	3,080	3,080		3,080		3,080
	その他	960	960	1,920	960	2,880	960	3,840	960	4,800	960	5,760
管理費		2,000	2,000	4,000	2,000	6,000	2,000	8,000	2,000	10,000	2,000	12,000
営業利益		2,000	2,000	4,000	2,000	6,000	-1,080	4,920	2,000	6,920	2,000	8,920
労働分配率（実績）		45.0	45.0	45.0	45.0	45.0	80.0	53.8	45.0	52.0	45.0	50.8
労働分配率（目標）		52.0	52.0	52.0	52.0	52.0	52.0	52.0	52.0	52.0	52.0	52.0
賞与原資		616	616	1,232	616	1,848	-2,464	-616	616	0	616	616

※賞与原資＝粗利益高×（目標労働分配率－実績労働分配率）

けてもらえば、他の社員よりもたくさん賞与をもらえる、と思って微笑《ほほえ》むことでしょう。

しかし、真ん中の6割と下の2割の社員は、自分たちの賞与はこれからはそれほど増えない、自分たちはダメな社員であると思うだけです。

これは経営者にとても残念なことではないでしょうか。

繰り返し述べてきたとおり、会社の業績を上げる最も簡単な方法は、優秀な社員が、優秀でない、成果を上げられない社員に成果を上げる仕事のやり方を教えることです。

教えられた社員はすぐに成果を上げて、教えてくれた社員に感謝するでしょう。教えた社員は、成長シートの成長基準5点になり、最も高い評価を得るでしょう。教える社員も教えられる社員も喜んでいます。

そして組織全体の風土が良くなって、会社の業績が向上するのです。それを仕組み化したのが、成長支援制度なのです。

そして、経営者は業績の良し悪しで賞与原資を決めますが、賞与原資を増やすことは経営者の仕事でありながら、この原資計算を社内にオープンにすることによって、全社員みんなが協力しあって互いに教えあって、この賞与原資を増やそうとします。

つまり、自分だけの賞与が増えれば良いという考え方から、すべての社員の賞与が増えることを良しとする社内風土が培われるのです。これはすべての社員がこの企業で成長することを支える大事な考え方となります。

この考え方でいったら、何ひとつデメリットはありません。経営者は経営者の考えどおりに説明できるようになったので、賞与原資の計算から解放されるのです。

賞与の配分の仕方

次に、個人の賞与の配分のやり方です。

経営者の考え方とすれば、おおむね２つの考え方があると言ってよいでしょう。

１つは、**基礎賞与**として支給する、もう１つは**成長賞与**として支給する、この２つです。

基礎賞与とは、**基礎額×支給月数**を掛け算して支給する方法です。

たとえば、夏の賞与は平均１か月という説明をする会社がありますが、この場合、基礎額に平均の１か月を掛け算して、その賞与を出すという計算式になります。

この場合の基礎額は単純ではありません。基礎額の範囲、概念が違うからです。

ある会社は、基本給をベースに計算しているという場合があります。また、ある会社では基本給に手当を加算して支給する場合があります。役職手当相当額や、家族手当相当額を加算したうえに支給月数を掛け算するということです。

仮に、基本給が３０万円で平均１か月ということであれば、３０万円×１か月＝３０万円の支給になるでしょう。または、基本給３０万円＋役職手当５万円＋家族手当１万円で合計３６万円×１か月で３６万円の支給という会社もあるでしょう。

経営者によって、その考え方が違いますので、それも明確に説明する必要があります。なおかつ、賞与の計算の仕方については、なんら法律的な制約を受けません。さらに、加算する役職手当は毎月の役職手当と同等の金額である必要はありません。

たとえば、毎月の役職手当を3万円支給していながら、賞与の時には5万円と金額を変更して加算することは一向に差し支えありません。

家族手当も毎月1万円支給していても、賞与の時には2万円と手当額を変えて加算しても何ら問題ありません。

それは、経営者の考え方次第です。なおかつ、平均という説明の仕方をしている会社は、おおむね評価の部分をプラスマイナスしている可能性があります。

厳密にいうと、経営者の中で優秀な社員は、その基礎額に1・2か月の賞与、つまり20%加算している可能性があります。逆に、これから成長するであろう社員は20%減額して0・8か月の賞与を支給している可能性があります。

そのため、平均という言葉を使いますが、このままだと、1か月もらっていない社員が自分で計算して少ないことがわかりますので、その計算の仕方について質問が出る可能性があります。

この場合は、「基礎賞与の支給月数は0・8か月で、それに個々に評価した分を加算する」

と説明したほうが、社員にとっては納得がいきます。

社員が成長するたびに、その加算額が段階的に増えるという説明の仕方であれば、社員は自分の成長に伴って、加算額が増えていくことがわかりますので、誤解することもないでしょう。

その次は**成長賞与**としての支給の仕方になります。

これは社員の成長に伴って増やしていくことになります。

社員の成長とは、２つの要素で考えることができます。

１つ目は、**成長階層（成長等級）が上がっていく**ということです。

一般職層の社員と、中堅職層の社員と、管理職層の社員では、明らかに上位の成長階層の社員の賞与を多く出したいと経営者は考えています。

それは社員が成長して成果をしっかり出しているからです。成長等級が上に行けば行くほど、成長賞与が増えるのは当然です。

さらにもう１つは、**総合評価（成長点数）が上がっていく**ということです。

ステップアップ制度を構築するときに、総合評価表を作成しました。

それは、90点以上はSの社員、80点以上はAの社員、60点以上はB、40点以上はC、40点未満はDというふうに総合評価を決めました。

つまり、一般職層であったとしても、その総合評価によって、賞与の金額に違いがあってもいいという考え方になります。

これが可視化されると、社員はあることに気がつきます。それは、総合評価が高まれば賞与が増える、そして成長等級がステップアップすることによって賞与が増えることです。社員は経営者が賞与に格差をつけていると考えるでしょう。しかし、それは一見、正しいようで正しくありません。

たとえば、成長等級が全員9等級になったら、総合評価が全員Sになったら、全員がもっとも高い賞与を支給されることを示しています。たとえば、現在30人の社員がいて、すべての社員が9等級でSになるのはどんなときでしょうか。

経営者が80点以上とれる管理職の成長シートで、すべての社員が80点以上とれるような組織とはどんな組織でしょうか。

その30人の社員が、しっかりと中堅職を育て上げ、その中堅職がしっかりと一般職を成長させることができる組織になったということです。

第42表　賞与配分方法（事例）

①賞与原資の計算

賞与原資＝(粗利益額 × 目標労働分配率)－人件費（賞与除く）合計額

②個人配分額の計算

イ．各個人の賞与額＝(基礎賞与分＋成長賞与分)×勤怠係数×勤続係数

ロ．成長賞与分＝１点単価 × 賞与配分ポイント

ハ．$１点単価＝\frac{賞与原資－基礎賞与合計額－(調整予定額)}{全社員の賞与配分ポイント総合計}$

③賞与配分ポイント表

総合評価	1等級	2等級	3等級	4等級	5等級	6等級	7等級	8等級	9等級
S	200	220	260	320	400	500	620	760	920
A	190	200	220	260	320	400	500	620	760
B	180	190	200	220	260	320	400	500	620
C	170	180	190	200	220	260	320	400	500
D	160	170	180	190	200	220	260	320	400

今の３０倍以上の規模になっていることは間違いありません。そして、間違いなく３０倍以上の業績になっているはずです。ですから、全員が９等級でＳの評価をとることに問題はないのです。

これは、すべての社員に高い賞与を出すことを経営者は考えていることを社員に示すことになります。そのプロセスの途中で、段階的に社員は成長していきますから、社員は段階的に賞与が増えていくことになります。

この考え方を示すと、第42表のような賞与配分ポイント表をつくることができます。

これは一つの例であり、このまま使える会社は当然のことながら、一社もありません。

経営者の考え方、支給の仕方をしっかり可視化しなければなりません。このポイント表ができあがると、第42表のように、1点単価を計算することができるようになります。

これが説明できれば、それぞれの社員の成長賞与が計算できるようになります。

1点単価×賞与配分ポイント数

がその社員の成長賞与となります。

経営者が今まで業績や社員の成長にともなって算出してきた賞与を、完全に可視化した状態がこれです。

これによって、社員はどんなときに成長賞与が増えるのかも明確になりました。1点単価を高める最大の方法は、賞与原資を増やすことです。

賞与原資が増えれば、1点単価が増えることがわかります。1点単価が1000円のときもあれば、業績が厳しければ500円になることもあるでしょう。

経営者の今までの配分の仕方を可視化した賞与配分ポイント表で掛け算をすると、社員は自分の賞与を計算することができます。

このような計算式が明確になれば、社員は今回の事業年度のスタート段階で自分の賞与がどれくらいもらえるかも前もって計算できることになります。

これが社員にとっては一つの大切な情報であり、これがオープンになっていれば、いっさい賞与のことに気を使わず、好きな仕事を楽しみながら成長することができるようになります。

先に述べた基礎賞与と成長賞与の支給の仕方は、経営者にとってみれば、概《おおむ》ね３つのパターンがあると考えてください。

①基礎賞与だけを支給する
②成長賞与だけを支給する
③基礎賞与と成長賞与の両方を支給する

このうち、どれを選んでいただいても問題ありません。まずは経営者の考え方を可視化することが重要です。

そして、計算された基礎賞与と成長賞与に次の調整をしなければならないことがあります。

第43表　勤続係数と勤怠係数

勤怠係数	$\dfrac{\text{A}-(\text{欠勤数}+\text{遅・早 換算数})}{\text{出勤すべき日数(A)}}$
勤続係数	$\dfrac{\text{勤続月数}}{\text{6か月}}$　※最大限は「1」

それは2つあります。

1つは「**勤怠係数**」という考え方です。

会社には出勤すべき日数があります。社員は欠勤せずに、遅刻・早退・私用外出もないことを会社は望んでいます。ところが、社員のなかには欠勤や遅刻・早退する社員がいるでしょう。この場合、そのまま満額出すことは経営者にとってみれば考えられないとの思いになるでしょう。

そのため、勤怠係数を掛けることになります。

出勤すべき日数分から欠勤日数や遅刻・早退の換算日数を引くことになります。

遅刻・早退・私用外出の換算日数とは、たとえば遅刻・早退・私用外出が3か月間で3回あったら1回の欠勤とみなすという換算の仕方です。

これは一つの経営者の考え方でしょう。振り返ればよくわかります。5回で1回の欠勤とみなすという方もいるでしょう。今まで自分が遅刻・早退・私用外出に対して考えていたことを換算数に置き換えてください。

さらにもう１つは「**勤続係数**」です。

おおむね、社員は１年間勤めないと、通常の賞与を支給することはありません。ただ、なかには対象期間６か月間の間で５か月在職しているのであれば支給することを考えている経営者もいます。

この場合は、さきほどの計算に６分の５の係数を掛けることが必要になります。丸々６か月在職していないのですから、この６分の５を掛けないと公平な支給とは言えません。もっとも多くの場合は、１年以上勤めていない社員に対しては、賞与は「寸志」という形で支給することになるでしょう。

あとがき

この本を手に取っていただいて良かったと思っています。

この本を手に取った方は、これから人事制度をつくろうと考えている、あるいは、今までに他の制度を導入したことがあったが、うまくいかず見直しを迫られている経営者がほとんどでしょう。

これから人事制度をつくる方も、見直しする方も、本書を手に取ったことによって、成功をお約束することができます。

私のこれまでの人事制度構築実績数は782社(平成28年7月)で、現在、生きている人事コンサルタントの中では、もっとも実績数の多いコンサルタントです。

いろいろな所で、経営者の方々に人事制度のお話をしてきましたが、経営者の方々が私の話の中で、もっとも役に立ったとおっしゃることは何かおわかりでしょうか。本書の中でも繰り返し述べたことです。それは、

「そもそも人事制度は専門家につくってもらうものではありません。専門家につくってもらった人事制度で成功する確率はほぼゼロです」という文言です。

このひと言が、「一番役に立った」と経営者に感謝されるのです。

確かに、これから人事制度を構築しようと思っている経営者にとってみれば、少し驚くような内容かもしれません。

いままで日本では、人事制度や賃金制度は専門のコンサルタントに依頼してつくってもらうのが常識でした。しかし残念なことに、つくってもらった制度の多くは、社員を成長させ業績を向上させるというものではなかった。

なぜうまくいかなかったのか。

それは、人事制度をつくってもらった会社の力不足のせいではありません。

どんな商品でもサービスでも、機能しなかった、役に立たなかった原因は、提供する側にあるのです。

では、どうして専門家がつくった人事制度が機能しないのか。

それは、経営者一人ひとりの顔がすべて違うように、それぞれ考え方や価値観が違うからです。そういう一人ひとりの経営者の考え方や価値観に基づいた人事制度でなければ、その会社でうまく機能しないのです。それなのに専門家はすべての会社に同じ考え方の制度を当てはめようとします。それではうまくいかないのです。

そもそも経営者は、人事制度がなくても、自分の勘で評価も賃金も決めることができます。

しかし本当にこれでよいのか、多くの経営者は悩んできました。

その勘はけっして間違っていません。ただ、経営者が何を評価し、どのように賃金を決めてきたのかということが、社員に説明できる状態に可視化されていないということが最大の問題なのです。ですから、私はその可視化のお手伝いをしているのです。

今回、本書を読んでいただいて、実際に人事制度をつくろう、あるいは見直そう、という気持ちになられたでしょうか。

もし、経営者がその気持ちになったのであれば、本書を書いた目的の90%は果たせたと思います。

しかしこれからが本番です。人事制度のつくり方は3つあります。

1つは、本書を参考にして独力で人事制度をつくることです。

経営者がリーダーシップをとり、プロジェクトチームを率いて、人事制度をつくっていただきたいと思います。5年間ぐらいはかかり、多少の失敗はあるかもしれませんが、その失敗の中から様々な経験則を学び、最終的に揺るぎない、しっかりとした人事制度ができあがることでしょう。

２つ目は専門家に頼むことです。

人事制度をつくることが得意な会社は１社もありません。どうしても専門的なノウハウや知識が必要になります。そこで実績のある専門家に可視化をお願いするのです。

私も日本全国にいるパートナーの先生方と一緒にこの取り組みをしています。

専門家に依頼をすることによって費用はかかりますが、短い時間でしっかりとした制度をつくりあげることができます。もちろん、品質保証(返金保証)をしている専門家に頼んでください。

３つ目は、私が主宰する「成長塾」というグループコンサルティングに参加していただくことです。専門家に依頼する費用の１０分の1、そしてわずか3か月間の6回講座で人事制度を可視化することができます。

もちろん、品質保証(返金保証)をしております。安心してご参加いただけます。

ただし、可視化するのは経営者自身です。経営者の想いを込めない人事制度は、抜け殻のようです。経営者の今までの経験を可視化していかないかぎり、機能する人事制度はつくれません。どうぞ幹部や後継者の方と一緒に参加して、自分の会社に最適の人事制度を可視化していただきたいと思います。

以上、どの方法をとったとしても、人事制度をつくる目的は社員の成長です。その結果、業績が向上し、賃金を増やすことができるようになります。

そういう人事制度を導入している経営者のもとに集った社員は、物心ともに豊かな人生を歩むことができるでしょう。

社員の幸せを心から願う経営者と、本書でお会いできたことを誇りに思います。

この人事制度を取り入れる経営者が増えれば、日本はまた世界に誇れる日本になれると思うからです。一緒にそこへ向かって歩んでまいりましょう。

ご精読ありがとうございました。

最後に、大学3年時に父を亡くし、女手一つで大学院まで支えてくれた母に、大学院中退後の魚力での第二の人生、その後、独立のワガママの第三の人生を支えてくれた妻に心より感謝させてください。2人がいなかったら、これほどのワクワクする人生を生きることができませんでした。心からありがとう。

二〇一六年八月

株式会社ＥＮＴＯＥＮＴＯ
代表取締役　松本順市

著者／松本順市（まつもと じゅんいち）氏について

ダントツ日本一の指導実績を誇る、注目の人事コンサルタント。

大学３年生のとき、当時３店舗しかなかった街の鮮魚店「魚力」に、同社初の大学生アルバイトとして入社、社長の参謀役として社長室に勤務する。３年後に正社員となり、当時、残業が多く社員の定着率が悪かった同社の労働環境改善に取り組む。

いわゆる「５Ｋ職場（きつい・危険・汚い・休日が少ない・給料が安い）」といわれる鮮魚小売業界にて、業績を上げながら、業界初のサービス残業ゼロ、完全週休２日制を実現。社長とともに氏が構築した〈社員の成長を支援する人事制度〉が原動力となって、１６年後には年商３億円から１７５億円へ、労働分配率６７％から３７％へと成長し、業界一の高収益企業となる。その後、東証二部（現在は東証一部）に上場。

１９９３年、人事コンサルタントとして独立。株式会社ＥＮＴＯＥＮＴＯ代表取締役。

現在、中堅・中小企業に正しい人事制度を広めるために全国を飛び回っている。過去１２年間の支援実績数７８２社（２０１６年７月３０日現在）、構築成功率９９・６％、導入各社の業績向上に貢献している。

１９５６年福島県生まれ。中央大学大学院中退。

主な著書に、『「即戦力」に頼る会社は必ずダメになる』『上司は部下が辞めるまで気づかないのか？』『経営者の誤解している15 の常識』『目からウロコの業績向上ノウハウ』『成果主義人事制度をつくる』他。

〈著者の連絡先〉
〈成長塾の問合せ先〉
株式会社ＥＮＴＯＥＮＴＯ
東京都昭島市松原町１・１８・１１ダイヤヒルズ２Ｆ
ＴＥＬ０４２(５４２)３６３１
ホームページ http://www.1ess.com/

社員が成長し業績が向上する人事制度

定価：本体 一三、五〇〇円（税別）

二〇一六年 九月 四 日 初 版発行
二〇二三年 九月 七 日 十八版発行

著 者 松本順市
発行者 牟田太陽
発行所 日本経営合理化協会出版局
東京都千代田区内神田一―三―三
〒一〇一―〇〇四七
電話 〇三―三二九三―〇〇四一（代）

※乱丁・落丁の本は弊会宛お送り下さい。送料弊会負担にてお取替えいたします。
※本書の無断複写は著作権法上での例外を除き禁じられています。また、私的使用以外のスキャンやデジタル化等の電子的複製行為も一切、認められておりません。

装 丁 森口あすか
印 刷 精興社
製 本 牧製本印刷
箔 押 牧製本印刷

©J.MATSUMOTO 2016 ISBN978－4－89101－379－0 C2034

巻末資料

①第８表拡大版　成長シートの構成要素は３つ
②製造業　成長シート
③製造業　成長要素相関表
④小売業　成長シート
⑤小売業　成長要素相関表
⑥建設業　成長シート
⑦建設業　成長要素相関表
⑧卸売業　成長シート
⑨卸売業　成長要素相関表
⑩飲食業　成長シート
⑪飲食業　成長要素相関表
⑫ＩＴ業　成長シート
⑬ＩＴ業　成長要素相関表
⑭モデル賃金(表)
⑮モデル賃金(グラフ)

①

第８表　成長シートの構成要素は３つ

部門名　店舗運営　　職種　販売　　階層　一般職

成長基準

対象期間　2015 年 4 月 1 日～ 2015 年 6 月 30 日　　ウェート　　実施日　2015 年　7 月　8 日

所属	鮮魚	等級	3	社員コード	10003	社員名	田中一郎	成長支援者	松本　太郎	印

成長要素

成　長　要　素			定　義	着眼点	ウェート	成　長　基　準					成長確認		
						1	2	3	4	5	本人	上司	
期待成果	1	お客様１人当り買上点数	買上点数 ÷ 購買客数	３カ月平均	0.50	1.2 点未満	1.2 点以上	1.6 点以上	2.0 点以上	2.4 点以上			
	2	販売商品１品当り平均単価	売上高 ÷ 買上点数	３カ月平均	0.50	350 円未満	350 円以上	460 円以上	570 円以上	680 円以上			
	3	人時生産性	荒利益 ÷ 総労働時間	３カ月平均	1.00	2,400円未満	2,400 円以上	3,100 円以上	3,800 円以上	4,500 円以上			
			小　計		2.00								
重要業務	4	鮮度管理	販売計画に基づく仕入の実施	商品の売り切り	0.50	その業務をやっていない。	その業務を少しやっている。	その業務を基本となるやり方で実施している。	その業務を優れたやり方で実施している。	その業務を優れたやり方で実施しており、他の社員にも教えている。			
	5	接客販売	明るい声で、好感のもてる笑顔で接客。マニュアルに従った接客	明るさ・笑顔	0.50	その業務をやっていない。	その業務を少しやっている。	その業務を基本となるやり方で実施している。	その業務を優れたやり方で実施している。	その業務を優れたやり方で実施しており、他の社員にも教えている。			
	6	商品づくり	商品に合わせてメニュー提案	見映え	0.50	その業務をやっていない。	その業務を少しやっている。	その業務を基本となるやり方で実施している。	その業務を優れたやり方で実施している。	その業務を優れたやり方で実施しており、他の社員にも教えている。			
	7	価格設定	商品の仕入価格・競合店価格を把握しているか	値ごろ感	0.50	その業務をやっていない。	その業務を少しやっている。	その業務を基本となるやり方で実施している。	その業務を優れたやり方で実施している。	その業務を優れたやり方で実施しており、他の社員にも教えている。			
	8	出勤計画の遵守	出勤計画表通りの出勤	日々の人時生産性の実績	2.00	その業務をやっていない。	その業務を少しやっている。	その業務を基本となるやり方で実施している。	その業務を優れたやり方で実施している。	その業務を優れたやり方で実施しており、他の社員にも教えている。			
			小　計		4.00								
知識・技術	9	商品知識（鮮度知識）	商品の鮮度を保つための知識	商品の保管	0.75	持っていない。	少し持っている。	基本的なものは持っている。	応用的なものも持っている。	業務を実施するために必要なものはすべて持っており、他の社員にも教えている。			
	10	接客トーク	来店客の対応に必要な接客トークを保有し活用しているか	来客対応	0.75	持っていない。	少し持っている。	基本的なものは持っている。	応用的なものも持っている。	業務を実施するために必要なものはすべて持っており、他の社員にも教えている。			
	11	商品知識（料理知識）	商品（素材）を使った料理メニュー	メニューの種類和・洋・中	0.75	持っていない。	少し持っている。	基本的なものは持っている。	応用的なものも持っている。	業務を実施するために必要なものはすべて持っており、他の社員にも教えている。			
	12	加工技術	商品を加工するための技術	包丁技術	0.75	持っていない。	少し持っている。	基本的なものは持っている。	応用的なものも持っている。	業務を実施するために必要なものはすべて持っており、他の社員にも教えている。			
	13	計数知識	人時生産性の計算知識	出勤計画書	3.00	持っていない。	少し持っている。	基本的なものは持っている。	応用的なものも持っている。	業務を実施するために必要なものはすべて持っており、他の社員にも教えている。			
			小　計		6.00								
勤務態度	14	積極性	困難な仕事にも自発的に、積極的に取り組んだか	困難な仕事 自発的 積極的	2.00	困難な仕事を避けることが多く、ほとんど自発的に仕事をすることはなかった。	言われれば、多少困難な仕事にも取り組むが、自発的に仕事をする意欲は見られなかった。	困難な仕事にも取り組む姿勢は見られたが、自発的な行動は少なかった。	困難な仕事にも積極的に取り組む姿勢があり、自発的な行動がかなり見られた。	困難な仕事にも積極的にチャレンジし、常に全力を尽くしていた。			
	15	責任感	自分に課せられた業務を、計画通り最後までやり抜いていたか	計画通り 最後までやり抜く	2.00	与えられた仕事を理由もなく途中で止めることがしばしばあった。	与えられた仕事を計画通りやろうとするが、困難があると責任逃れをすることがかなり見られた。	与えられた仕事を計画通りやろうと努力していたが、困難があると責任逃れをすることが時々あった。	多少の困難があっても仕事を最後までやろうと努力していたが、責任逃れをすることも何回かあった。	どんな困難があっても、最後まで最善を尽くし、責任逃れをすることはめったになかった。			
	16	規律性	上司の命令や業務上の規則をきちんと守っていたか	上司の命令 業務上の規則	2.00	上司の命令や業務上の規則を守らないことが多く、同じことで注意されることが多かった。	上司の命令や業務上の規則を破ることが時々あり、注意されることがかなりあった。	上司の命令や業務上の規則はほぼ守っていたが、注意されることも何回かあった。	上司の命令や業務上の規則についてはほぼ守っており、注意されることはめったになかった。	上司の命令や業務上の規則は完全に守っており、他の社員にも守るよう働きかけていた。			
	17	協調性	自分の都合にとらわれず、他と協力して業務を推進したか	他との協力	2.00	自分の都合を優先することが多く、他人の意見を聞こうとしないことが多かった。	他人の意見を聞く姿勢はあるが、争ったりチームワークを乱したりすることがしばしばあった。	他人の意見をできるだけ聞くようにし、チームワークを保つことに努力していた。	意見の不一致があった場合、積極的に話をまとめるように努力していた。	チームのリーダー的役割を果たし、より強いチームワークができるように努めていた。			
			小　計		8.00								
			合　計		20.00								

Copyright All Right Reserved by 株式会社 ENTOENTO

② 部門名　　職種　製造職　　階層　一般職

対象期間　年　月　日 〜 年　月　日

■成長シート（製造業）■

実施日　年　月　日

所属		等級		社員コード		社員名		成長支援者	印

		成長要素	定義	着眼点	ウェート	成長基準 1	2	3	4	5	成長確認 本人	上司
期待成果	1	生産性			0.50							
	2	稼働率			0.40							
	3	良品率			0.60							
	4	改善額			0.50							
		小計			2.00							
重要業務	5	生産管理			0.50	その業務をやっていない。	その業務を少しやっている。	その業務を基本となるやり方で実施している。	その業務を優れたやり方で実施している。	その業務を優れたやり方で実施しており、他の社員にも教えている。		
	6	工場管理			0.50	その業務をやっていない。	その業務を少しやっている。	その業務を基本となるやり方で実施している。	その業務を優れたやり方で実施している。	その業務を優れたやり方で実施しており、他の社員にも教えている。		
	7	工程管理			0.40	その業務をやっていない。	その業務を少しやっている。	その業務を基本となるやり方で実施している。	その業務を優れたやり方で実施している。	その業務を優れたやり方で実施しており、他の社員にも教えている。		
	8	生産計画の遵守			0.40	その業務をやっていない。	その業務を少しやっている。	その業務を基本となるやり方で実施している。	その業務を優れたやり方で実施している。	その業務を優れたやり方で実施しており、他の社員にも教えている。		
	9	組み換え作業			0.60	その業務をやっていない。	その業務を少しやっている。	その業務を基本となるやり方で実施している。	その業務を優れたやり方で実施している。	その業務を優れたやり方で実施しており、他の社員にも教えている。		
	10	品質管理			0.60	その業務をやっていない。	その業務を少しやっている。	その業務を基本となるやり方で実施している。	その業務を優れたやり方で実施している。	その業務を優れたやり方で実施しており、他の社員にも教えている。		
	11	開発業務			0.50	その業務をやっていない。	その業務を少しやっている。	その業務を基本となるやり方で実施している。	その業務を優れたやり方で実施している。	その業務を優れたやり方で実施しており、他の社員にも教えている。		
	12	問題発見業務			0.50	その業務をやっていない。	その業務を少しやっている。	その業務を基本となるやり方で実施している。	その業務を優れたやり方で実施している。	その業務を優れたやり方で実施しており、他の社員にも教えている。		
		小計			4.00							
知識・技術	13	段取り技術			0.75	持っていない。	少し持っている。	基本的なものは持っている。	応用的なものも持っている。	業務を実施するために必要なものはすべて持っており、他の社員にも教えている。		
	14	安全作業技術			0.75	持っていない。	少し持っている。	基本的なものは持っている。	応用的なものも持っている。	業務を実施するために必要なものはすべて持っており、他の社員にも教えている。		
	15	工程内設備知識			0.60	持っていない。	少し持っている。	基本的なものは持っている。	応用的なものも持っている。	業務を実施するために必要なものはすべて持っており、他の社員にも教えている。		
	16	時間管理スキル			0.60	持っていない。	少し持っている。	基本的なものは持っている。	応用的なものも持っている。	業務を実施するために必要なものはすべて持っており、他の社員にも教えている。		
	17	作業マニュアル			0.90	持っていない。	少し持っている。	基本的なものは持っている。	応用的なものも持っている。	業務を実施するために必要なものはすべて持っており、他の社員にも教えている。		
	18	原料知識			0.45	持っていない。	少し持っている。	基本的なものは持っている。	応用的なものも持っている。	業務を実施するために必要なものはすべて持っており、他の社員にも教えている。		
	19	製品の用途知識			0.45	持っていない。	少し持っている。	基本的なものは持っている。	応用的なものも持っている。	業務を実施するために必要なものはすべて持っており、他の社員にも教えている。		
	20	開発ツール			0.75	持っていない。	少し持っている。	基本的なものは持っている。	応用的なものも持っている。	業務を実施するために必要なものはすべて持っており、他の社員にも教えている。		
	21	作業プロセス			0.75	持っていない。	少し持っている。	基本的なものは持っている。	応用的なものも持っている。	業務を実施するために必要なものはすべて持っており、他の社員にも教えている。		
		小計			6.00							
勤務態度	22	協調性			1.60	守っていない。	少し守っている。	守っている。	模範となっている。	模範となっており、他の社員に教えている。		
	23	規律性			1.60	守っていない。	少し守っている。	守っている。	模範となっている。	模範となっており、他の社員に教えている。		
	24	積極性			1.60	守っていない。	少し守っている。	守っている。	模範となっている。	模範となっており、他の社員に教えている。		
	25	責任感			1.60	守っていない。	少し守っている。	守っている。	模範となっている。	模範となっており、他の社員に教えている。		
	26	明朗性			1.60	守っていない。	少し守っている。	守っている。	模範となっている。	模範となっており、他の社員に教えている。		
		小計			8.00							
		合計			20.00							

Copyright All Right Reserved by 株式会社 ENTOENTO

③

成長要素相関表

作成日	2016年7月1日	部門名		職　種	製造職	階層	一般職

期待成果	重要業務	知識・技術1・2
期待成果1：生産性	重要業務1：生産管理	段取り技術
	重要業務2：工場管理	安全作業技術
	重要業務3：	
期待成果2：稼働率	重要業務1：工程管理	工程内設備知識
	重要業務2：生産計画の遵守	時間管理スキル
	重要業務3：	
期待成果3：良品率	重要業務1：組み換え作業	作業マニュアル
	重要業務2：品質管理	原料知識 製品の用途知識
	重要業務3：	
期待成果4：改善額	重要業務1：開発業務	開発ツール
	重要業務2：問題発見業務	作業プロセス
	重要業務3：	
期待成果5：	重要業務1：	
	重要業務2：	
	重要業務3：	

勤務態度
協調性
規律性
積極性
責任感
明朗性

Copyright All Right Reserved by 株式会社 ENTOENTO

④

部門名　　職種　販売職　　階層　一般職

対象期間　年　月　日　～　年　月　日

■ 成長シート(小売業) ■

実施日　年　月　日

所属		等級		社員コード		社員名		成長支援者	印

		成長要素	定義	着眼点	ウェート	成長基準 1	2	3	4	5	成長確認 本人	上司
期待成果	1	お客様1人当り買上点数			0.50							
期待成果	2	販売商品1品当り平均単価			0.50							
期待成果	3	人時生産性			1.00							
		小計			2.00							
重要業務	4	鮮度管理			0.50	その業務をやっていない。	その業務を少しやっている。	その業務を基本となるやり方で実施している。	その業務を優れたやり方で実施している。	その業務を優れたやり方で実施しており、他の社員にも教えている。		
重要業務	5	接客販売			0.50	その業務をやっていない。	その業務を少しやっている。	その業務を基本となるやり方で実施している。	その業務を優れたやり方で実施している。	その業務を優れたやり方で実施しており、他の社員にも教えている。		
重要業務	6	商品づくり			0.50	その業務をやっていない。	その業務を少しやっている。	その業務を基本となるやり方で実施している。	その業務を優れたやり方で実施している。	その業務を優れたやり方で実施しており、他の社員にも教えている。		
重要業務	7	価格設定			0.50	その業務をやっていない。	その業務を少しやっている。	その業務を基本となるやり方で実施している。	その業務を優れたやり方で実施している。	その業務を優れたやり方で実施しており、他の社員にも教えている。		
重要業務	8	出勤計画の遵守			1.00	その業務をやっていない。	その業務を少しやっている。	その業務を基本となるやり方で実施している。	その業務を優れたやり方で実施している。	その業務を優れたやり方で実施しており、他の社員にも教えている。		
重要業務	9	体調管理			1.00	その業務をやっていない。	その業務を少しやっている。	その業務を基本となるやり方で実施している。	その業務を優れたやり方で実施している。	その業務を優れたやり方で実施しており、他の社員にも教えている。		
		小計			4.00							
知識・技術	10	商品知識（鮮度知識）			0.75	持っていない。	少し持っている。	基本的なものは持っている。	応用的なものも持っている。	業務を実施するために必要なものはすべて持っており、他の社員にも教えている。		
知識・技術	11	接客トーク			0.75	持っていない。	少し持っている。	基本的なものは持っている。	応用的なものも持っている。	業務を実施するために必要なものはすべて持っており、他の社員にも教えている。		
知識・技術	12	商品知識（料理知識）			0.75	持っていない。	少し持っている。	基本的なものは持っている。	応用的なものも持っている。	業務を実施するために必要なものはすべて持っており、他の社員にも教えている。		
知識・技術	13	加工技術			0.75	持っていない。	少し持っている。	基本的なものは持っている。	応用的なものも持っている。	業務を実施するために必要なものはすべて持っており、他の社員にも教えている。		
知識・技術	14	計数知識			1.50	持っていない。	少し持っている。	基本的なものは持っている。	応用的なものも持っている。	業務を実施するために必要なものはすべて持っており、他の社員にも教えている。		
知識・技術	15	予防知識			1.50	持っていない。	少し持っている。	基本的なものは持っている。	応用的なものも持っている。	業務を実施するために必要なものはすべて持っており、他の社員にも教えている。		
		小計			6.00							
勤務態度	16	協調性			1.60	守っていない。	少し守っている。	守っている。	模範となっている。	模範となっており、他の社員に教えている。		
勤務態度	17	規律性			1.60	守っていない。	少し守っている。	守っている。	模範となっている。	模範となっており、他の社員に教えている。		
勤務態度	18	積極性			1.60	守っていない。	少し守っている。	守っている。	模範となっている。	模範となっており、他の社員に教えている。		
勤務態度	19	責任感			1.60	守っていない。	少し守っている。	守っている。	模範となっている。	模範となっており、他の社員に教えている。		
勤務態度	20	明朗性			1.60	守っていない。	少し守っている。	守っている。	模範となっている。	模範となっており、他の社員に教えている。		
		小計			8.00							
		合計			20.00							

Copyright All Right Reserved by 株式会社 ENTOENTO

⑤

成長要素相関表

作成日	2016年7月1日	部門名		職　種	販売職	階層	一般職

期待成果	重要業務	知識・技術1・2
期待成果1	重要業務1	知識・技術1・2
お客様 1人当り 買上点数	鮮度管理	商品知識（鮮度知識）
	重要業務2	知識・技術1・2
	接客販売	接客トーク
	重要業務3	知識・技術1・2
期待成果2	重要業務1	知識・技術1・2
販売商品 1品当り 平均単価	商品づくり	商品知識（料理知識）
	重要業務2	知識・技術1・2
	価格設定	加工技術
	重要業務3	知識・技術1・2
期待成果3	重要業務1	知識・技術1・2
人時生産性	出勤計画の遵守	計数知識
	重要業務2	知識・技術1・2
	体調管理	予防知識
	重要業務3	知識・技術1・2
期待成果4	重要業務1	知識・技術1・2
	重要業務2	知識・技術1・2
	重要業務3	知識・技術1・2
期待成果5	重要業務1	知識・技術1・2
	重要業務2	知識・技術1・2
	重要業務3	知識・技術1・2

勤務態度
協調性
規律性
積極性
責任感
明朗性

Copyright All Right Reserved by 株式会社 ENTOENTO

⑥ 部門名　　職種　現場管理職　　階層　一般職

対象期間　年　月　日 ～ 年　月　日

■ 成長シート(建設業) ■

実施日　　年　　月　　日

所属		等級		社員コード		社員名	

成長支援者	印

		成長要素	定義	着眼点	ウェート	成長基準 1	2	3	4	5	成長確認 本人	上司
期待成果	1	工事無事故率			0.80							
	2	生産性			0.50							
	3	クレーム改善率			0.70							
		小計			2.00							
重要業務	4	施工計画			0.60	その業務をやっていない。	その業務を少しやっている。	その業務を基本となるやり方で実施している。	その業務を優れたやり方で実施している。	その業務を優れたやり方で実施しており、他の社員にも教えている。		
	5	安全管理			1.00	その業務をやっていない。	その業務を少しやっている。	その業務を基本となるやり方で実施している。	その業務を優れたやり方で実施している。	その業務を優れたやり方で実施しており、他の社員にも教えている。		
	6	材料手配確認業務			0.35	その業務をやっていない。	その業務を少しやっている。	その業務を基本となるやり方で実施している。	その業務を優れたやり方で実施している。	その業務を優れたやり方で実施しており、他の社員にも教えている。		
	7	工事支出集計業務			0.30	その業務をやっていない。	その業務を少しやっている。	その業務を基本となるやり方で実施している。	その業務を優れたやり方で実施している。	その業務を優れたやり方で実施しており、他の社員にも教えている。		
	8	施工図チェック業務			0.35	その業務をやっていない。	その業務を少しやっている。	その業務を基本となるやり方で実施している。	その業務を優れたやり方で実施している。	その業務を優れたやり方で実施しており、他の社員にも教えている。		
	9	クレーム対応業務			0.70	その業務をやっていない。	その業務を少しやっている。	その業務を基本となるやり方で実施している。	その業務を優れたやり方で実施している。	その業務を優れたやり方で実施しており、他の社員にも教えている。		
	10	業務段取表変更業務			0.70	その業務をやっていない。	その業務を少しやっている。	その業務を基本となるやり方で実施している。	その業務を優れたやり方で実施している。	その業務を優れたやり方で実施しており、他の社員にも教えている。		
		小計			4.00							
知識・技術	11	資材・工具類の知識			0.90	持っていない。	少し持っている。	基本的なものは持っている。	応用的なものも持っている。	業務を実施するために必要なものはすべて持っており、他の社員にも教えている。		
	12	保護具の知識			1.50	持っていない。	少し持っている。	基本的なものは持っている。	応用的なものも持っている。	業務を実施するために必要なものはすべて持っており、他の社員にも教えている。		
	13	内製化の知識			0.25	持っていない。	少し持っている。	基本的なものは持っている。	応用的なものも持っている。	業務を実施するために必要なものはすべて持っており、他の社員にも教えている。		
	14	仕入・外注先情報			0.28	持っていない。	少し持っている。	基本的なものは持っている。	応用的なものも持っている。	業務を実施するために必要なものはすべて持っており、他の社員にも教えている。		
	15	市場単価の情報			0.45	持っていない。	少し持っている。	基本的なものは持っている。	応用的なものも持っている。	業務を実施するために必要なものはすべて持っており、他の社員にも教えている。		
	16	標準施工要領			0.52	持っていない。	少し持っている。	基本的なものは持っている。	応用的なものも持っている。	業務を実施するために必要なものはすべて持っており、他の社員にも教えている。		
	17	対処方法			1.05	持っていない。	少し持っている。	基本的なものは持っている。	応用的なものも持っている。	業務を実施するために必要なものはすべて持っており、他の社員にも教えている。		
	18	業務手順			1.05	持っていない。	少し持っている。	基本的なものは持っている。	応用的なものも持っている。	業務を実施するために必要なものはすべて持っており、他の社員にも教えている。		
		小計			6.00							
勤務態度	19	協調性			1.60	守っていない。	少し守っている。	守っている。	模範となっている。	模範となっており、他の社員に教えている。		
	20	規律性			1.60	守っていない。	少し守っている。	守っている。	模範となっている。	模範となっており、他の社員に教えている。		
	21	積極性			1.60	守っていない。	少し守っている。	守っている。	模範となっている。	模範となっており、他の社員に教えている。		
	22	責任感			1.60	守っていない。	少し守っている。	守っている。	模範となっている。	模範となっており、他の社員に教えている。		
	23	明朗性			1.60	守っていない。	少し守っている。	守っている。	模範となっている。	模範となっており、他の社員に教えている。		
		小計			8.00							
		合計			20.00							

Copyright All Right Reserved by 株式会社 ENTOENTO

⑦

成長要素相関表

作成日	2016年7月1日	部門名		職　種	現場管理職	階層	一般職

期待成果1	重要業務1	知識・技術1・2
工事無事故率	施工計画	資材・工具類の知識
	重要業務2	知識・技術1・2
	安全管理	保護具の知識
	重要業務3	知識・技術1・2

勤務態度
協調性
規律性
積極性
責任感
明朗性

期待成果2	重要業務1	知識・技術1・2
生産性	材料手配確認業務	内製化の知識 仕入・外注先情報
	重要業務2	知識・技術1・2
	工事支出集計業務	市場単価の情報
	重要業務3	知識・技術1・2
	施工図チェック業務	標準施工要領

期待成果3	重要業務1	知識・技術1・2
クレーム改善率	クレーム対応業務	対処方法
	重要業務2	知識・技術1・2
	業務段取表変更業務	業務手順
	重要業務3	知識・技術1・2

期待成果4	重要業務1	知識・技術1・2
	重要業務2	知識・技術1・2
	重要業務3	知識・技術1・2

期待成果5	重要業務1	知識・技術1・2
	重要業務2	知識・技術1・2
	重要業務3	知識・技術1・2

Copyright All Right Reserved by 株式会社 ENTOENTO

⑧ 部門名 卸売業 職種 営業職 階層 一般職

対象期間 年 月 日 ～ 年 月 日

■ 成長シート（卸売業）■

実施日 年 月 日

所属		等級		社員コード		社員名		成長支援者	印

		成長要素	定義	着眼点	ウェート	成長基準 1	2	3	4	5	成長確認 本人	上司	
期待成果	1	粗利益			0.80								
	2	売上高			0.60								
	3	新規開拓件数			0.60								
		小計			2.00								
重要業務	4	売価設定			0.80	その業務をやっていない。	その業務を少しやっている。	その業務を基本となるやり方で実施している。	その業務を優れたやり方で実施している。	その業務を優れたやり方で実施しており、他の社員にも教えている。			
	5	仕入れ単価交渉			0.40	その業務をやっていない。	その業務を少しやっている。	その業務を基本となるやり方で実施している。	その業務を優れたやり方で実施している。	その業務を優れたやり方で実施しており、他の社員にも教えている。			
	6	仕入先開拓			0.40	その業務をやっていない。	その業務を少しやっている。	その業務を基本となるやり方で実施している。	その業務を優れたやり方で実施している。	その業務を優れたやり方で実施しており、他の社員にも教えている。			
	7	ニーズ分析			0.80	その業務をやっていない。	その業務を少しやっている。	その業務を基本となるやり方で実施している。	その業務を優れたやり方で実施している。	その業務を優れたやり方で実施しており、他の社員にも教えている。			
	8	商品提案			0.40	その業務をやっていない。	その業務を少しやっている。	その業務を基本となるやり方で実施している。	その業務を優れたやり方で実施している。	その業務を優れたやり方で実施しており、他の社員にも教えている。			
	9	新規開拓訪問			0.80	その業務をやっていない。	その業務を少しやっている。	その業務を基本となるやり方で実施している。	その業務を優れたやり方で実施している。	その業務を優れたやり方で実施しており、他の社員にも教えている。			
	10	マーケティング			0.40	その業務をやっていない。	その業務を少しやっている。	その業務を基本となるやり方で実施している。	その業務を優れたやり方で実施している。	その業務を優れたやり方で実施しており、他の社員にも教えている。			
		小計			4.00								
知識・技術	11	市場知識			0.60	持っていない。	少し持っている。	基本的なものは持っている。	応用的なものも持っている。	業務を実施するために必要なものはすべて持っており、他の社員にも教えている。			
	12	競合相手情報			0.60	持っていない。	少し持っている。	基本的なものは持っている。	応用的なものも持っている。	業務を実施するために必要なものはすべて持っており、他の社員にも教えている。			
	13	市場価格			0.30	持っていない。	少し持っている。	基本的なものは持っている。	応用的なものも持っている。	業務を実施するために必要なものはすべて持っており、他の社員にも教えている。			
	14	材質同等品目知識			0.30	持っていない。	少し持っている。	基本的なものは持っている。	応用的なものも持っている。	業務を実施するために必要なものはすべて持っており、他の社員にも教えている。			
	15	仕入可能先情報			0.60	持っていない。	少し持っている。	基本的なものは持っている。	応用的なものも持っている。	業務を実施するために必要なものはすべて持っており、他の社員にも教えている。			
	16	業界知識			1.20	持っていない。	少し持っている。	基本的なものは持っている。	応用的なものも持っている。	業務を実施するために必要なものはすべて持っており、他の社員にも教えている。			
	17	商品知識			0.60	持っていない。	少し持っている。	基本的なものは持っている。	応用的なものも持っている。	業務を実施するために必要なものはすべて持っており、他の社員にも教えている。			
	18	営業話法			1.20	持っていない。	少し持っている。	基本的なものは持っている。	応用的なものも持っている。	業務を実施するために必要なものはすべて持っており、他の社員にも教えている。			
	19	販促知識			0.60	持っていない。	少し持っている。	基本的なものは持っている。	応用的なものも持っている。	業務を実施するために必要なものはすべて持っており、他の社員にも教えている。			
		小計			6.00								
勤務態度	20	協調性			1.60	守っていない。	少し守っている。	守っている。	模範となっている。	模範となっており、他の社員に教えている。			
	21	規律性			1.60	守っていない。	少し守っている。	守っている。	模範となっている。	模範となっており、他の社員に教えている。			
	22	積極性			1.60	守っていない。	少し守っている。	守っている。	模範となっている。	模範となっており、他の社員に教えている。			
	23	責任感			1.60	守っていない。	少し守っている。	守っている。	模範となっている。	模範となっており、他の社員に教えている。			
	24	明朗性			1.60	守っていない。	少し守っている。	守っている。	模範となっている。	模範となっており、他の社員に教えている。			
		小計			8.00								
		合計			20.00								

Copyright All Right Reserved by 株式会社 ENTOENTO

⑨

成長要素相関表

作成日	2016年7月1日	部門名		職　種	営業職	階層	一般職

期待成果1	重要業務1	知識・技術1・2
粗利益	売価設定	市場知識
		競合相手情報
	重要業務2	知識・技術1・2
	仕入れ単価交渉	市場価格
		材質同等品目知識
	重要業務3	知識・技術1・2
	仕入先開拓	仕入可能先情報

勤務態度
協調性
規律性
積極性
責任感
明朗性

期待成果2	重要業務1	知識・技術1・2
売上高	ニーズ分析	業界知識
	重要業務2	知識・技術1・2
	商品提案	商品知識
	重要業務3	知識・技術1・2

期待成果3	重要業務1	知識・技術1・2
新規開拓件数	新規開拓訪問	営業話法
	重要業務2	知識・技術1・2
	マーケティング	販促知識
	重要業務3	知識・技術1・2

期待成果4	重要業務1	知識・技術1・2
	重要業務2	知識・技術1・2
	重要業務3	知識・技術1・2

期待成果5	重要業務1	知識・技術1・2
	重要業務2	知識・技術1・2
	重要業務3	知識・技術1・2

Copyright All Right Reserved by 株式会社 ENTOENTO

⑩ 部門名　職種　キッチン・ホール職　階層 一般職
対象期間　年　月　日 ～ 年　月　日

■ 成長シート（飲食業）■

実施日　年　月　日

所属		等級		社員コード		社員名		成長支援者	印

		成長要素	定義	着眼点	ウェート	成長基準 1	2	3	4	5	成長確認 本人	上司	
期待成果	1	人時生産性			0.60								
	2	原価率			0.60								
	3	ドリンク率			0.30								
	4	重点商品注文率			0.50								
		小計			2.00								
重要業務	5	出勤計画の遵守			0.60	その業務をやっていない。	その業務を少しやっている。	その業務を基本となるやり方で実施している。	その業務を優れたやり方で実施している。	その業務を優れたやり方で実施しており、他の社員にも教えている。			
	6	健康管理			0.60	その業務をやっていない。	その業務を少しやっている。	その業務を基本となるやり方で実施している。	その業務を優れたやり方で実施している。	その業務を優れたやり方で実施しており、他の社員にも教えている。			
	7	仕込計画			0.50	その業務をやっていない。	その業務を少しやっている。	その業務を基本となるやり方で実施している。	その業務を優れたやり方で実施している。	その業務を優れたやり方で実施しており、他の社員にも教えている。			
	8	在庫管理			0.50	その業務をやっていない。	その業務を少しやっている。	その業務を基本となるやり方で実施している。	その業務を優れたやり方で実施している。	その業務を優れたやり方で実施しており、他の社員にも教えている。			
	9	仕入業務			0.20	その業務をやっていない。	その業務を少しやっている。	その業務を基本となるやり方で実施している。	その業務を優れたやり方で実施している。	その業務を優れたやり方で実施しており、他の社員にも教えている。			
	10	接客推奨			0.40	その業務をやっていない。	その業務を少しやっている。	その業務を基本となるやり方で実施している。	その業務を優れたやり方で実施している。	その業務を優れたやり方で実施しており、他の社員にも教えている。			
	11	メニュー紹介			0.20	その業務をやっていない。	その業務を少しやっている。	その業務を基本となるやり方で実施している。	その業務を優れたやり方で実施している。	その業務を優れたやり方で実施しており、他の社員にも教えている。			
	12	メニュー提案			1.00	その業務をやっていない。	その業務を少しやっている。	その業務を基本となるやり方で実施している。	その業務を優れたやり方で実施している。	その業務を優れたやり方で実施しており、他の社員にも教えている。			
		小計			4.00								
知識・技術	13	係数知識			0.90	持っていない。	少し持っている。	基本的なものは持っている。	応用的なものも持っている。	その業務を優れたやり方で実施しており、他の社員にも教えている。			
	14	予防法			0.90	持っていない。	少し持っている。	基本的なものは持っている。	応用的なものも持っている。	その業務を優れたやり方で実施しており、他の社員にも教えている。			
	15	仕込手順			0.75	持っていない。	少し持っている。	基本的なものは持っている。	応用的なものも持っている。	その業務を優れたやり方で実施しており、他の社員にも教えている。			
	16	鮮度知識			0.75	持っていない。	少し持っている。	基本的なものは持っている。	応用的なものも持っている。	その業務を優れたやり方で実施しており、他の社員にも教えている。			
	17	旬知識			0.30	持っていない。	少し持っている。	基本的なものは持っている。	応用的なものも持っている。	その業務を優れたやり方で実施しており、他の社員にも教えている。			
	18	お勧めタイミング			0.60	持っていない。	少し持っている。	基本的なものは持っている。	応用的なものも持っている。	その業務を優れたやり方で実施しており、他の社員にも教えている。			
	19	ドリンク相性			0.30	持っていない。	少し持っている。	基本的なものは持っている。	応用的なものも持っている。	その業務を優れたやり方で実施しており、他の社員にも教えている。			
	20	調理知識			1.50	持っていない。	少し持っている。	基本的なものは持っている。	応用的なものも持っている。	その業務を優れたやり方で実施しており、他の社員にも教えている。			
		小計			6.00								
勤務態度	21	協調性			1.60	守っていない	少し守っている	守っている	模範となっている	模範となっており、他の社員に教えている			
	22	規律性			1.60	守っていない	少し守っている	守っている	模範となっている	模範となっており、他の社員に教えている			
	23	積極性			1.60	守っていない	少し守っている	守っている	模範となっている	模範となっており、他の社員に教えている			
	24	責任感			1.60	守っていない	少し守っている	守っている	模範となっている	模範となっており、他の社員に教えている			
	25	明朗性			1.60	守っていない	少し守っている	守っている	模範となっている	模範となっており、他の社員に教えている			
		小計			8.00								
		合計			20.00								

Copyright All Right Reserved by 株式会社 ENTOENTO

⑪

成長要素相関表

作成日	2016年7月1日	部門名		職　種	キッチン・ホール職	階層	一般職

期待成果	重要業務	知識・技術1・2
期待成果1：人時生産性	重要業務1：出勤計画の遵守	係数知識
	重要業務2：健康管理	予防法
	重要業務3：	
期待成果2：原価率	重要業務1：仕込計画	仕込手順
	重要業務2：在庫管理	鮮度知識
	重要業務3：仕入業務	旬知識
期待成果3：ドリンク率	重要業務1：接客推奨	お勧めタイミング
	重要業務2：メニュー紹介	ドリンク相性
	重要業務3：	
期待成果4：重点商品注文率	重要業務1：メニュー提案	調理知識
	重要業務2：	
	重要業務3：	
期待成果5：	重要業務1：	
	重要業務2：	
	重要業務3：	

勤務態度
協調性
規律性
積極性
責任感
明朗性

Copyright All Right Reserved by 株式会社 ENTOENTO

⑫

部門名　　職種　システム開発職　階層　一般職

対象期間　年　月　日 ～ 年　月　日

■ 成長シート（IT業）■

実施日　年　月　日

所属		等級		社員コード		社員名		成長支援者	印

	成長要素		定義	着眼点	ウェート	成長基準 1	2	3	4	5	成長確認 本人	上司	
期待成果	1	納期遵守率			0.80								
	2	生産額			0.50								
	3	1案件当たり粗利率			0.70								
		小　計			2.00								
重要業務	4	計画立案			0.60	その業務をやっていない。	その業務を少しやっている。	その業務を基本となるやり方で実施している。	その業務を優れたやり方で実施している。	その業務を優れたやり方で実施しており、他の社員にも教えている。			
	5	進捗管理			0.50	その業務をやっていない。	その業務を少しやっている。	その業務を基本となるやり方で実施している。	その業務を優れたやり方で実施している。	その業務を優れたやり方で実施しており、他の社員にも教えている。			
	6	受注案件分析			0.50	その業務をやっていない。	その業務を少しやっている。	その業務を基本となるやり方で実施している。	その業務を優れたやり方で実施している。	その業務を優れたやり方で実施しており、他の社員にも教えている。			
	7	システム開発業務			1.00	その業務をやっていない。	その業務を少しやっている。	その業務を基本となるやり方で実施している。	その業務を優れたやり方で実施している。	その業務を優れたやり方で実施しており、他の社員にも教えている。			
	8	時間管理			0.50	その業務をやっていない。	その業務を少しやっている。	その業務を基本となるやり方で実施している。	その業務を優れたやり方で実施している。	その業務を優れたやり方で実施しており、他の社員にも教えている。			
	9	優先順位の決定			0.50	その業務をやっていない。	その業務を少しやっている。	その業務を基本となるやり方で実施している。	その業務を優れたやり方で実施している。	その業務を優れたやり方で実施しており、他の社員にも教えている。			
	10	作業内容提案			0.40	その業務をやっていない。	その業務を少しやっている。	その業務を基本となるやり方で実施している。	その業務を優れたやり方で実施している。	その業務を優れたやり方で実施しており、他の社員にも教えている。			
		小　計			4.00								
知識・技術	11	見積技術			0.90	持っていない。	少し持っている。	基本的なものは持っている。	応用的なものも持っている。	その業務を優れたやり方で実施しており、他の社員にも教えている。			
	12	問題発見技術			0.75	持っていない。	少し持っている。	基本的なものは持っている。	応用的なものも持っている。	その業務を優れたやり方で実施しており、他の社員にも教えている。			
	13	分析技術			0.75	持っていない。	少し持っている。	基本的なものは持っている。	応用的なものも持っている。	その業務を優れたやり方で実施しており、他の社員にも教えている。			
	14	プログラミング言語			1.50	持っていない。	少し持っている。	基本的なものは持っている。	応用的なものも持っている。	その業務を優れたやり方で実施しており、他の社員にも教えている。			
	15	スケジュール技術			0.75	持っていない。	少し持っている。	基本的なものは持っている。	応用的なものも持っている。	その業務を優れたやり方で実施しており、他の社員にも教えている。			
	16	重要業務の判定スキル			0.75	持っていない。	少し持っている。	基本的なものは持っている。	応用的なものも持っている。	その業務を優れたやり方で実施しており、他の社員にも教えている。			
	17	コミュニケーションスキル			0.60	持っていない。	少し持っている。	基本的なものは持っている。	応用的なものも持っている。	その業務を優れたやり方で実施しており、他の社員にも教えている。			
		小　計			6.00								
勤務態度	18	協調性			1.60	守っていない。	少し守っている。	守っている。	模範となっている。	模範となっており、他の社員に教えている。			
	19	規律性			1.60	守っていない。	少し守っている。	守っている。	模範となっている。	模範となっており、他の社員に教えている。			
	20	積極性			1.60	守っていない。	少し守っている。	守っている。	模範となっている。	模範となっており、他の社員に教えている。			
	21	責任感			1.60	守っていない。	少し守っている。	守っている。	模範となっている。	模範となっており、他の社員に教えている。			
	22	明朗性			1.60	守っていない。	少し守っている。	守っている。	模範となっている。	模範となっており、他の社員に教えている。			
		小　計			8.00								
		合　計			20.00								

Copyright All Right Reserved by 株式会社 ENTOENTO

⑬

成長要素相関表

作成日	2016年7月1日	部門名		職　種	システム開発職	階層	一般職

期待成果	重要業務	知識・技術1・2
期待成果1	重要業務1	知識・技術1・2
納期遵守率	計画立案	見積技術
	重要業務2	知識・技術1・2
	進捗管理	問題発見技術
	重要業務3	知識・技術1・2
	受注案件分析	分析技術
期待成果2	重要業務1	知識・技術1・2
生産額	システム開発業務	プログラミング言語
	重要業務2	知識・技術1・2
	重要業務3	知識・技術1・2
期待成果3	重要業務1	知識・技術1・2
1案件当たり粗利率	時間管理	スケジュール技術
	重要業務2	知識・技術1・2
	優先順位の決定	重要業務の判定スキル
	重要業務3	知識・技術1・2
	作業内容提案	コミュニケーションスキル
期待成果4	重要業務1	知識・技術1・2
	重要業務2	知識・技術1・2
	重要業務3	知識・技術1・2
期待成果5	重要業務1	知識・技術1・2
	重要業務2	知識・技術1・2
	重要業務3	知識・技術1・2

勤務態度
協調性
規律性
積極性
責任感
明朗性

Copyright All Right Reserved by 株式会社 ENTOENTO

第37表　モデル賃金（高卒・総合職）

1	1：標準ステップアップ　2：最短ステップアップ

65	定年の年齢設定

勤続年数	対象年齢	等級	号俸	基本給			諸手当			合計	昇給額			賃金アップ合計
				年齢給	勤続給	成長給	役職手当	家族手当	住宅手当		属人給	成長給	小計	
0	18	1	1	80,000	0	80,000				160,000	-	-	-	-
1	19	1	4	84,000	500	80,900				165,400	4,500	900	5,400	5,400
2	20	2	1	88,000	1,000	81,800				170,800	4,500	900	5,400	5,400
3	21	2	4	92,000	1,500	83,000				176,500	4,500	1,200	5,700	5,700
4	22	3	1	96,000	2,000	84,200				182,200	4,500	1,200	5,700	5,700
5	23	3	4	100,000	2,500	85,700				188,200	4,500	1,500	6,000	6,000
6	24	3	7	103,000	3,000	87,200			5,000	198,200	3,500	1,500	5,000	10,000
7	25	4	1	106,000	3,500	88,700	10,000		5,000	213,200	3,500	1,500	5,000	15,000
8	26	4	4	109,000	4,000	91,700	10,000		5,000	219,700	3,500	3,000	6,500	6,500
9	27	4	7	112,000	4,500	94,700	10,000		5,000	226,200	3,500	3,000	6,500	6,500
10	28	4	10	115,000	5,000	97,700	10,000	5,000	10,000	242,700	3,500	3,000	6,500	16,500
11	29	5	1	117,000	5,500	100,700	20,000	5,000	10,000	258,200	2,500	3,000	5,500	15,500
12	30	5	4	119,000	6,000	104,000	20,000	8,000	10,000	267,000	2,500	3,300	5,800	8,800
13	31	5	7	121,000	6,500	107,300	20,000	8,000	10,000	272,800	2,500	3,300	5,800	5,800
14	32	5	10	123,000	7,000	110,600	20,000	10,000	10,000	280,600	2,500	3,300	5,800	7,800
15	33	6	1	125,000	7,500	113,900	30,000	10,000	10,000	296,400	2,500	3,300	5,800	15,800
16	34	6	4	126,000	8,000	117,500	30,000	10,000	10,000	301,500	1,500	3,600	5,100	5,100
17	35	6	7	127,000	8,500	121,100	30,000	10,000	10,000	306,600	1,500	3,600	5,100	5,100
18	36	6	10	128,000	9,000	124,700	30,000	10,000	10,000	311,700	1,500	3,600	5,100	5,100
19	37	7	1	129,000	9,500	128,300	50,000	10,000	10,000	336,800	1,500	3,600	5,100	25,100
20	38	7	4	130,000	10,000	135,500	50,000	10,000	10,000	345,500	1,500	7,200	8,700	8,700
21	39	7	7	130,000	10,500	142,700	50,000	10,000	10,000	353,200	500	7,200	7,700	7,700
22	40	7	10	130,000	11,000	149,900	50,000	10,000	10,000	360,900	500	7,200	7,700	7,700
23	41	7	13	130,000	11,500	157,100	50,000	10,000	10,000	368,600	500	7,200	7,700	7,700
24	42	8	1	130,000	12,000	164,300	60,000	10,000	10,000	386,300	500	7,200	7,700	17,700
25	43	8	4	130,000	12,000	171,800	60,000	10,000	10,000	393,800	0	7,500	7,500	7,500
26	44	8	7	130,000	12,000	179,300	60,000	10,000	10,000	401,300	0	7,500	7,500	7,500
27	45	8	10	130,000	12,000	186,800	60,000	10,000	10,000	408,800	0	7,500	7,500	7,500
28	46	8	13	130,000	12,000	194,300	60,000	10,000	10,000	416,300	0	7,500	7,500	7,500
29	47	9	1	130,000	12,000	201,800	80,000	10,000	10,000	443,800	0	7,500	7,500	27,500
30	48	9	4	130,000	12,000	209,600	80,000	10,000	10,000	451,600	0	7,800	7,800	7,800
31	49	9	7	130,000	12,000	217,400	80,000	10,000	10,000	459,400	0	7,800	7,800	7,800
32	50	9	10	130,000	12,000	225,200	80,000	10,000	10,000	467,200	0	7,800	7,800	7,800
33	51	9	13	130,000	12,000	233,000	80,000	10,000	10,000	475,000	0	7,800	7,800	7,800
34	52	9	16	130,000	12,000	240,800	80,000	10,000	10,000	482,800	0	7,800	7,800	7,800
35	53	9	19	130,000	12,000	248,600	80,000	7,000	10,000	487,600	0	7,800	7,800	4,800
36	54	9	22	130,000	12,000	256,400	80,000	7,000	10,000	495,400	0	7,800	7,800	7,800
37	55	9	25	128,000	12,000	264,200	80,000	5,000	10,000	499,200	-2,000	7,800	5,800	3,800
38	56	9	28	126,000	12,000	272,000	80,000	5,000	10,000	505,000	-2,000	7,800	5,800	5,800
39	57	9	31	124,000	12,000	279,800	80,000	5,000	10,000	510,800	-2,000	7,800	5,800	5,800
40	58	9	34	121,000	12,000	287,600	80,000	5,000	10,000	515,600	-3,000	7,800	4,800	4,800
41	59	9	37	118,000	12,000	295,400	80,000	5,000	10,000	520,400	-3,000	7,800	4,800	4,800
42	60	9	40	0	0	303,200	80,000	0	0	383,200	-130,000	7,800	-122,200	-137,200
43	61	9	43	0	0	311,000	80,000	0	0	391,000	0	7,800	7,800	7,800
44	62	9	46	0	0	318,800	80,000	0	0	398,800	0	7,800	7,800	7,800
45	63	9	49	0	0	326,600	80,000	0	0	406,600	0	7,800	7,800	7,800
46	64	9	52	0	0	334,400	80,000	0	0	414,400	0	7,800	7,800	7,800
47	65	9	55	0	0	342,200	80,000	0	0	422,200	0	7,800	7,800	7,800

Copyright All Right Reserved by 株式会社 ENTOENTO

⑮

第38表　モデル賃金（高卒・総合職）

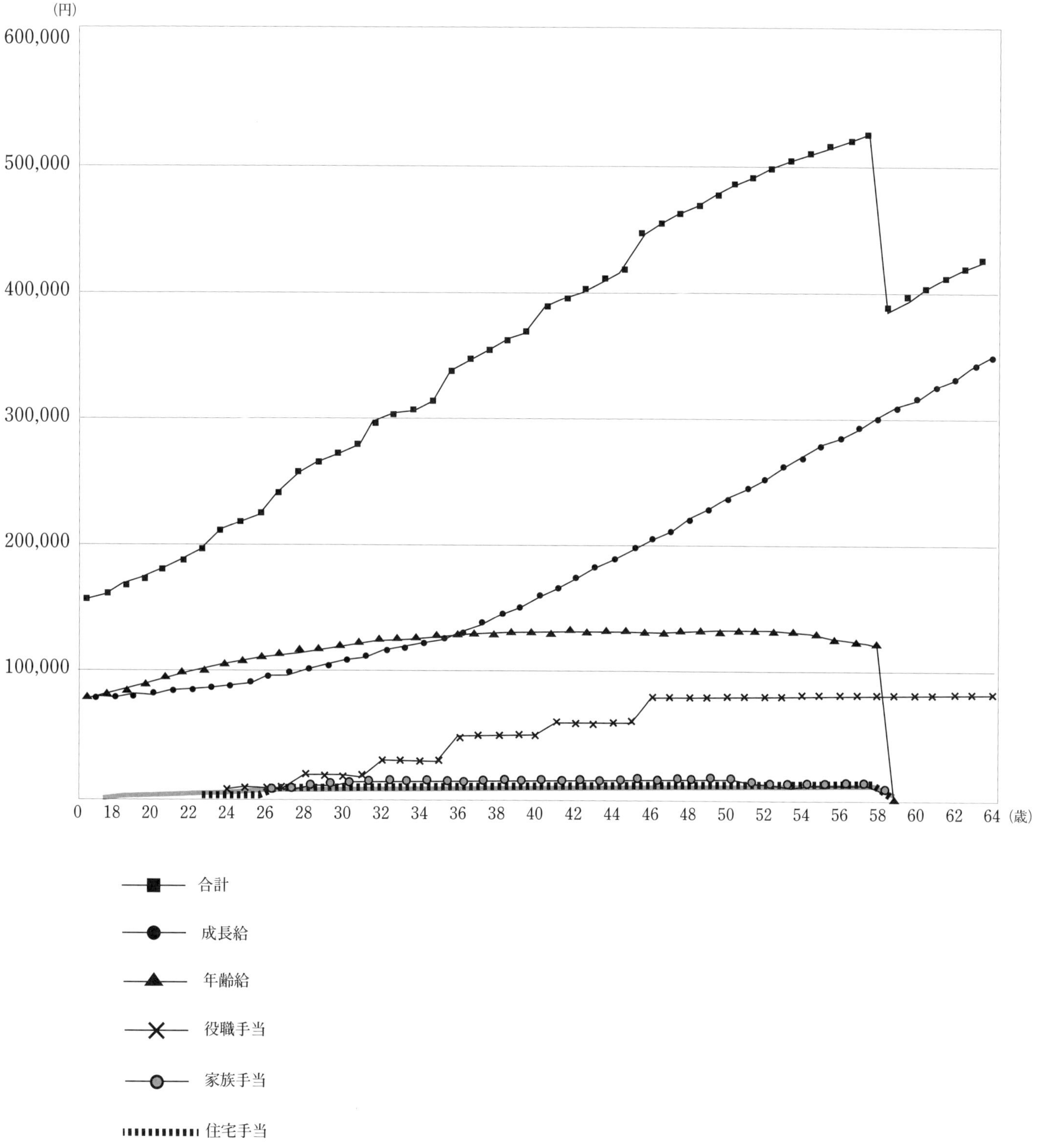

Copyright All Right Reserved by 株式会社 ENTOENTO